新堀通也、その仕事

新堀通也先生追悼集刊行委員会編

東信堂

刊行の言

本書は、新堀通也先生のご功績を記念して編纂されたものです。先生は平成二六年三月二四日に、満九二歳でご逝去されました。七カ月前に奥様を亡くされ、後を追うように逝かれてしまいました。また、葬儀はごく身近の家族だけで行うということを固く決めておられ、また、お墓も望まれず、先立たれた奥様とともに散骨を希望されたとうかがっています。私たち教え子が先生の死を知ったのは、葬儀が終わってからでした。

私たちの間では、偲ぶ会を催したらどうだろうとの意見もありましたが、みんな遠方でもあるし、それなりに高齢にもなられているので、むしろ追悼集を刊行して、新堀先生の業績を称えると同時に、研究業績や社会的活動を客観的に点検し、新堀先生の業績の何が後世に残り、伝えられるべき研究成果は何かを検証したらどうだろうかということになりました。そのため、原田彰、友田泰正、有本章、山崎博敏、加野芳正、山田浩之の六名から成る「新堀道也先生追悼集刊行委員会」を発足させました。

先生は旧制の広島高等師範学校から広島文理科大学に学ばれ、昭和二〇年八月六日に被爆されています。また、定年により広島大学を退官された後は、故郷の神戸にほど近い武庫川女子大学に移られましたが、そこでも阪神淡路大震災により被災されました。このような困難に遭遇されながらも、先生の教育研究に対する情熱はいささかも衰えることなく、まさに「前人未踏」という表現がふさわしい学問的業績を上げられました。さらには、政府審議会や都道府県をはじめとする自治体の委員、学部長や附属学校の校長などの管理的業務など、きわめて多面的な活動をされました。

先生がいったいどれだけの本や論文を執筆され、あるいは、雑誌や新聞などに寄稿されたのか、正直いって全体を把握することはできません。広島大学の退官にあわせて刊行した記念論文集の中で、先生は「印刷された出版物はおよそ千点を数えるが、論文類の多くを割愛して総計二〇〇点だけを掲げた」と書いておられます。武庫川女子大学に移られてからの二〇年も、旺盛な執筆活動を継続されましたので、まさに天文学的数字の著作物を執筆されたことになります。この膨大な研究業績は現在なお涸れることなく精彩を放ち、後学の私たちの道しるべとなり、超えるべき高い壁となって、私たちの前にそびえています。

本追悼集は三部から成り立っています。第一部は、新堀先生の歩みと研究業績を載せています。ここでは、海外に発表された欧文による論文や、『教育社会学研究』をはじめとする学会誌への寄稿論文も掲載したかったのですが、紙幅の関係から単著、共著、編著、訳書などの単行本に限らせていただきました。

第二部は、新堀先生の研究業績を整理するとともに、それが教育社会学の研究にどのような貢献をし、また、後世に伝えられるべきかを、先生が開拓されたテーマごとに検討しました。新堀通也先生の研究を語ることは、戦後に誕生した教育社会学の学問史を語ることであり、戦後教育の歩みを語ることでもあると思っています。なお、新堀先生の研究の系譜のなかに、社会教育・生涯学習に関する一連の研究があります。この社会教育・生涯学習に連なる研究は、先生が文部省に招聘され、社会教育官としてわが国における生涯教育のビジョンを執筆したことに始まる重要な研究テーマであり、関連した著作も多数ありますが、この追悼集では全体の分量との関係もあり、別の機会とさせていただきました。

そして、第三部は、先生との関わりや思い出を中心に、多くの方からいただいた貴重な寄稿を載せています。

新堀先生が亡くなられて、直接の薫陶を受けた私たちの胸にはぽっかりと穴が空いたような気持ちです。この寂しさを埋めることはできませんが、先生は私たちの心の中に生き続けていることもまた事実です。この追悼集については、主に新堀先生の直接の教えを受けた弟子たちによって執筆されましたが、第二部では、教育人間学を専門とする鳶野克己先生（立命館大学）に、また、第三部では、日本教育社会学会会長を歴任された潮木守一先生、天野郁夫先生、門脇厚司先生、竹内洋先生に、特別に寄稿していただきました。

この追悼集刊行にあたって残念なことが一つありました。それは、新堀先生とともに広島大学教育社会学研究室の発展に尽力してこられた片岡徳雄先生の原稿がいただけなかったことです。先生は体調を崩されており、現在療養しておられます。

最後になりましたが、本追悼集にご寄稿をいただいた多くの皆様、刊行事業を快く引き受けてくださった東信堂社長の下田勝司様に心より御礼申し上げます。

二〇一五年四月

新堀通也先生追悼集刊行委員会を代表して

加野芳正（香川大学）

目次

三　追憶のなかの新堀先生

新堀通也、その仕事

新堀通也先生追悼集刊行委員会編

一　略年譜・主要著作目録

■ 略年譜

年（西暦）	年齢	〔出来事〕
一九二一年		兵庫県神戸市坂口通（現、灘区）で出生（六月二六日）
一九二七年	六歳	東京府荏原郡大森町入新井第三小学校（現、大田区大森小学校）入学
一九三二年	一一歳	兵庫県武庫郡魚崎町（現、神戸市東灘区）魚崎小学校へ転校
一九三四年	一三歳	魚崎小学校卒業
		兵庫県立第一神戸中学校入学
一九三九年	一八歳	兵庫県立第一神戸中学校卒業
一九四〇年	一九歳	広島高等師範学校文科第二部（英語科）入学
一九四二年	二一歳	広島高等師範学校文科第二部第三学年修了（九月三〇日）。戦時措置により半年繰り上げ
		広島文理科大学教育学科入学（一〇月一日）。第三年次は日本製鋼所に学徒動員
一九四五年	二四歳	被爆する（八月六日）
		広島文理科大学卒業（九月二九日）
		広島女子高等師範学校教諭に任じられ、附属山中高等女学校、女子高等師範学校で英語を教える（九月三〇日）
一九四六年	二五歳	広島高等師範学校勤務を命じられ、教育学を担当（八月三一日）

一九四八年　二七歳　河瀬純子と結婚（一一月五日）
一九四九年　二八歳　広島高等師範学校教授に昇任（五月三一日）
一九五一年　三〇歳　東京教育大学における教育指導者講習（ＩＦＥＬ）特殊教育の課程を修了（一月八日―三月三〇日）
新制広島大学発足に伴い、広島大学教育学部講師兼任となる（一月二〇日）
一九五二年　三〇歳　広島大学教育学部助教授（三月三一日）
一九五四年　三三歳　琉球諸島出張。琉球大学における教育指導者講習講師（七月一六日―八月三〇日）
一九五五年　三四歳　広島大学大学院教育学科五年課程（教育社会学）担当を命ぜられる（四月一日）
一九五七年　三六歳　広島家庭裁判所参与員に選任される
一九五九年　三八歳　フルブライト交換教授としてシカゴ大学比較教育センター（アメリカ合衆国）で研究（一九五九年九月四日―一九六〇年九月二日）
一九六一年　四〇歳　広島大学広島文理科大学より文学博士の称号（旧制）を受ける。学位論文は「デュルケームの教育学と社会学」（一二月二六日）
一九六三年　四二歳　山口大学講師（非常勤）に併任される
一九六四年　四三歳　広島家庭裁判所家事調停委員に専任される
一九六五年　四四歳　南西諸島（沖縄）出張。沖縄教育の調査研究のため（三月一五日―一九日）
一九六六年　四五歳　九州大学講師（非常勤・大学院担当）に併任される
一九六七年　四六歳　サン・ファン（プエルトリコ）における学生運動に関する国際会議に出席。その後、アメ

リカ合衆国、連合王国、フランス、イタリア、西ドイツ、スウェーデンの大学事情を調査（二月二三日―四月二二日）
広島大学学生課長に併任される
南西諸島（沖縄）出張。琉球大学招聘講師として教育社会学を担当（六月四日―七月八日）

一九六八年　四七歳
文部省社会教育官に配置換え。広島大学助教授に併任される（五月一日）
ハンガリーおよびフランス出張。ブダペストにおけるユネスコ主催、文化センター発展に関する国際会議に出席の後、ユネスコ本部を訪問（七月一四日―二四日）
フランスおよび連合王国出張。ユネスコ本部における国際社会協議会主催、大学紛争に関する円卓会議に出席の後、ロンドン、放送大学その他を訪問（一二月四日―一五日）

一九六九年　四八歳
京都大学講師（非常勤、大学院担当）に併任される
フランス出張。ＯＥＣＤ主催、高等教育の危機に関するセミナーに参加（四月七日―一六日）
社会教育審議会臨時委員に任命される
メキシコ国立大学における世界ガイダンス会議に出席（八月一五日―二四日）

一九七〇年　四九歳
広島の自宅が市内井口鈴ヶ台一丁目に完成
筑波新大学創設準備に関する会議の委員を委嘱される
インドおよびタイ出張。ニューデリーにおけるユネスコ主催、生涯教育に関する専門家会議に出席（八月九日―二二日）

一九七一年　五〇歳
広島大学助教授に専任される（四月一日）

国立大学協会第五常置委員会専門委員を委嘱される
広島県社会教育委員を委嘱される
イタリア出張。ベネチアにおけるＯＥＣＤ主催、高級人材の利用に関する国際会議に出席
（一〇月二三日—二九日）

一九七二年　五一歳
社会教育審議会専門委員に任命される（一月一九日）
広島大学教授に昇任する（四月一日）
国立江田島青年の家運営委員を委嘱される
文部省、高等学校定時制通信制教育改善調査会委員を委嘱され、議長となる
ドイツ連邦共和国出張。ハンブルク、ユネスコ教育研究所における生涯教育専門家会議に
出席（一〇月九日—一五日）

一九七三年　五二歳
広島大学広報委員会委員長を命じられる
北九州市基本構想審議会委員に任命される
学術審議会専門委員に任命される

一九七四年　五三歳
ユネスコ教育研究所（ハンブルク）理事会代理理事を委嘱される
社会教育審議会専門委員に任命される（再任）
広島市公民館運営審議会委員を委嘱される

一九七五年　五四歳
ＯＥＣＤ社会科学政策カントリー・レビューに関する協力委員を委嘱される
高等教育懇談会（高等教育計画部会）専門委員を委嘱される

一九七六年　五五歳
フランス出張。ユネスコ本部における生涯教育専門家会議に出席（一〇月一八日―一〇月二七日）
愛知県学歴問題懇談会委員を委嘱される
ドイツ連邦共和国出張。ユネスコ教育研究所理事会に出席（三月二三日―二八日）
広島県地方産業教育審議会委員を委嘱される
フランス出張。ユネスコ本部における生涯教育に関するシンポジウムに出席（九月九日―九月一九日）

一九七七年　五六歳
広島市総合計画審議会委員を委嘱される
広島県高等学校定時制通信制教育検討委員会委員を委嘱され、会長となる
広島県教育問題懇談会委員を委嘱される
フランス出張。ユネスコ本部における生涯教育と大学に関する専門家会議に出席（一二月一〇日―一九日）

一九七八年　五七歳
文部省長期教育計画調査研究協力者会議委員を委嘱される
広島大学附属中学校・高等学校校長に併任される
大阪大学講師（非常勤・大学院担当）に併任される
広島県教育問題対策協議会委員を委嘱される
韓国出張。大邱啓明大学校における社会教育協議会に出席（六月二九日―七月六日）
広島県備北地域高等教育機関設置調査研究協議会委員を委嘱される

一九七九年　五八歳
中央教育審議会専門委員に任命される
広島県総合開発審議会委員に任命される
佐賀大学講師（非常勤）に併任される

一九八〇年　五九歳
広島大学教育学部長に併任され、同大学大学院教育学研究科長、同大学評議員を兼ねる
日本教育大学協会副会長に選任される
兵庫教育大学参与に任命される
岡山県高等学校教育研究協議会委員を委嘱される
広島県立博物館建設構想検討委員会委員を委嘱される

一九八一年　六〇歳
中国地方放送番組審議会委員（日本放送協会）を委嘱される
教育職員養成審議会委員に任命される
広島県専修学校各種学校振興方策懇談会委員を委嘱され、会長となる
文部省研究開発学校運営指導委員会委員を委嘱され、委員長となる
国立社会教育研修所評議員に任命される
日本教育社会学会会長に選出される（九月一四日）
広島市博物館基本構想検討委員会委員を委嘱される
中国四国教育学会会長に選出される（一一月七日）
文部省科学委員に委嘱される

一九八二年　六一歳
広島市社会教育振興計画策定研究会委員を委嘱される

一九八三年　六二歳
広島県児童福祉審議会委員に任命される
佐賀大学講師（非常勤）に併任される
大学基準協会基準委員を委嘱される
大学基準協会教員養成の在り方研究委員会委員を委嘱される
広島県生涯教育推進会議委員を委嘱され、議長となる
広島県教育懇談会委員を委嘱され、議長となる
中国文化賞（第三〇回）を受賞（一一月三日）
琉球大学講師（非常勤）に併任される

一九八四年　六三歳
広島大学大学教育研究センター長に併任される
広島県立備北大学設置計画検討委員会委員を委嘱される
大学設置審議会設置分科会専門委員に任命される
スウェーデンおよびデンマーク出張。リンシェピン大学（スウェーデン）におけるOECD高等教育セミナーに出席（九月三〇日―一〇月八日）
鳴門教育大学参与に任命される
社会教育功労者として文部大臣表彰を受ける（一一月五日）

一九八五年　六四歳
広島大学を定年により退職（三月三一日）
武庫川女子大学教授、武庫川学院教育研究所所長（四月一日）。（一九九二年より武庫川女子大学教育研究所所長）

文部省、児童生徒の学校外学習活動に関する調査研究協力者会議委員を委嘱され、座長となる

一九八六年　六五歳　西宮市婦人問題調査会委員を委嘱される

一九八七年　六六歳　紫綬褒章受章（四月二九日）

芦屋市社会教育委員を委嘱される

一九八八年　六七歳　国際日本文化研究センター研究員を委嘱される

芦屋市学校教育審議会委員を委嘱される

一九八九年　六八歳　社会教育審議会計画分科会専門委員を委嘱される

兵庫県社会教育委員を委嘱される

芦屋市生涯学習推進懇話会委員を委嘱される

一九九一年　七〇歳　広島女子大学学部学科等検討委員会委員を委嘱される

一九九二年　七一歳　勲三等旭日中綬章受章（一一月三日）

神戸市教育懇談会委員を委嘱される

一九九三年　七二歳　西宮市生涯学習推進構想策定委員会委員を委嘱される

一九九四年　七三歳　兵庫県三世代ふれあい家庭教育調査研究委員会委員を委嘱され、委員長となる

兵庫県家庭教育企画推進委員会委員を委嘱され、委員長となる

一九九五年　七四歳　兵庫県、「阪神・淡路大震災と社会教育」事業企画実施委員会委員を委嘱され、委員長となる

一九九六年　七五歳　兵庫県三世代ふれあい家庭教育手引き書作成委員会委員を委嘱され、委員長となる
兵庫県社会教育委員協議会理事を委嘱される
阪神南地区社会教育委員協議会会長となる
大阪府豊能町学校教育審議会委員を委嘱され、会長となる
日本教育社会学会名誉会員に推挙される（一〇月）
一九九七年　七六歳　大阪府学校教育審議会委員を委嘱され、会長となる
一九九八年　七七歳　芦屋国際俳句フェスタ・一九九八実行委員会委員を委嘱される
一九九九年　七八歳　芦屋市公園施設整備計画検討委員会委員を委嘱される
大阪府私立高等学校教育振興のあり方懇談会委員を委嘱され、会長となる
二〇〇〇年　七九歳　芦屋市学校教育審議会委員を委嘱される
二〇〇五年　八四歳　武庫川女子大学退職、武庫川女子大学名誉教授（三月三一日）
二〇一二年　九一歳　『歌集　戦中・戦後青春賦』により日本自費出版文化賞受賞
二〇一四年　九二歳　没（三月二四日）

※年齢は、没年を除き、当該年での満年齢

主要著作目録

Ⅰ　単書

特殊教育概論　柳原書店　一九五二年
教育愛の問題　福村出版　一九五四年
大学進学の問題―教育社会学的アプローチ　光風出版　一九五五年
ルソー（長田新監修シリーズ　叢書「西洋教育史」第五巻）　牧書店　一九五六年
日本の大学教授市場―学閥の研究　東洋館　一九六五年
デュルケーム研究―その社会学と教育学　文化評論出版　一九六六年
学生運動の論理―スチューデント・パワーと新しい大学の展望　有信堂高文社　一九六九年
社会教育の方向―変動社会の教育ビジョン　ぎょうせい　一九七〇年
教師の権威―新しい教育的権威の発見　ぎょうせい　一九七二年
現代教師の苦悩　ぎょうせい　一九七四年
教師の良識　ぎょうせい　一九七五年
現代日本の教育病理　ぎょうせい　一九七六年

ゆとりある教育の探求　ぎょうせい　一九七七年
日本の学界―《学勢調査》にみる学者の世界（新書）　日本経済新聞社　一九七八年
ルソー再興　福村出版　一九七九年
学校管理職の現実と課題　ぎょうせい　一九八〇年
ゆとりある教育　広池学園出版部　一九八二年
学校管理の基本問題（教育管理職講座第五巻）　ぎょうせい　一九八三年
「殺し文句」の研究―日本の教育風土　理想社　一九八五年
公的社会教育と生涯学習　全日本社会教育連合会　一九八六年
「見て見ぬふり」の研究―現代教育の深層分析　東信堂　一九八七年
サバイバルのための教育―冬の時代を超える道　広池学園出版部　一九八八年
生涯学習体系の課題　ぎょうせい　一九八九年
私語研究序説―現代教育への警鐘　玉川大学出版部　一九九二年
校長の帝王学　上巻　校長の権威―人間集団としての学校　教育開発研究所　一九九三年
校長の帝王学　下巻　学校の活力―人間組織としての学校　教育開発研究所　一九九三年
戦争責任の宿題―真の和平を求めて　国民会館　一九九四年
教育病理への挑戦―臨床教育学入門　教育開発研究所　一九九六年
老兵の遺言状―現代教育警世録　東信堂　一九九七年
「生きる力」の探求―「生き方と「心の教育」　小学館　一九九七年

志の教育―「危機に立つ国家」と教育　教育開発研究所　二〇〇〇年
脱・教育ポピュリズム宣言―迎合のツケ、誰が払う　明治図書出版　二〇〇二年
歌集　戦中・戦後青春賦（私家版）　文芸社　二〇〇六年
未曾有の「国難」に教育は応えられるか―「じひょう」と教育研究60年　東信堂　二〇一二年
新堀通也著作集（全七巻）　学術出版会　二〇一四年
一　わが自分史　―卒寿を超えた一教育者の歩み
二　ルソー研究と教育愛
三　デュルケーム研究と教育社会学
四　教育病理と教育風土
五　新しい比較学―県別比較、組織比較の試み
六　新・大学教育論
七　アピール―日本国民に告ぐ

Ⅱ　共著

〝学力時代〟の教育―ツメコミ競争のなかの子ども、その正しい教育のあり方（吉本均と共著）　東方出版　一九六五年

社会教育（友田泰正・有本章・野垣義行との共著）　玉川大学通信教育部　一九七〇年
文化と放送の役割—うるおいと心の豊かさを求めて（斎藤清三・岡東寿隆との共著）　第一法規出版　一九八二年
日本の再建と教育改革（遠藤藩吉・広池先太郎との共著）　広池学園出版部　一九八五年
今、子どもに何を—育つ学力と耐性（菊地邦雄ほかとの共著）　第一法規出版　一九八五年
教育社会学（玉川大学教職専門シリーズ）（加野芳正との共著）　玉川大学出版部　一九八七年
新堀通也の日本教育歴年史—一九七九—二〇〇四（安東由則編）　北大路書房　二〇〇五年

Ⅲ　編著

学歴—実力主義を阻むもの　ダイヤモンド社　一九六六年
学閥—この日本的なるもの　福村出版　一九六九年
The Notion of Modern Educational Sociology, UNESCO Institute for Education,IRE Special Number,　一九七二年
日本の教育地図—県別教育診断の試み　体育・スポーツ編　ぎょうせい　一九七三年
日本の教育地図—県別教育診断の試み　社会教育編　ぎょうせい　一九七五年
現代教育の争点—対決から対話へ　日本経済新聞社　一九七六年
教育の県別診断—あなたの県の教育を採点する　大阪教育図書　一九七七年

教育病理の分析と処方箋　教育開発研究所　一九七七年
道徳教育（講座現代教育学第九巻）　福村出版　一九七七年
日本の教育地図―県別教育診断の試み　学校教育編　ぎょうせい　一九八〇年
学者の世界　福村出版　一九八一年
社会教育学（現代教育学シリーズ11）　有信堂高文社→東信堂　一九八一年
日本の教育（現代教育学シリーズ９）　有信堂高文社→東信堂　一九八一年
教育の病理（教育病理 第一巻）　福村出版　一九八二年
学問の社会学　有信堂高文社→東信堂　一九八四年
大学教授職の総合的研究―アカデミック・プロフェションの社会学　多賀出版　一九八四年
学問業績の評価―科学におけるエポニミー現象　玉川大学出版部　一九八五年
大学生―ダメ論をこえて（現代のエスプリ　No.二一三）　至文堂　一九八五年
現代生涯教育の研究（広島大学退官記念論文集）　ぎょうせい　一九八五年
現代学校教育の研究（広島大学退官記念論文集）　ぎょうせい　一九八五年
教員養成の再検討（教師教育の再検討　第二巻）　教育開発研究所　一九八六年
知日家の誕生　東信堂　一九八六年
大学評価―理論的考察と事例　玉川大学出版部　一九九三年
戦後教育の論争点（『教職研修』一一月号増刊号、論争点シリーズ５）　教育開発研究所　一九九四年
教育「大変な時代」（教育「大変な時代」１）　教育開発研究所　一九九六年

夜間大学院―社会人の自己再構築　東信堂　一九九九年
臨床教育学の体系と展開　多賀出版　二〇〇二年

Ⅳ　共編著

現代教育社会学（木原健太郎との共編著）　明治図書出版　一九六七年
教育社会学（教育選書）（末吉悌次との共編著）　福村出版　一九七〇年
Higher Education and the Student Problem in Japan（喜多村和之との共編著）　国際文化振興会　一九七二年
名著による教育原理（片岡徳雄との共編著）　ぎょうせい　一九七五年
高学歴社会の教育　（現代教育講座第一〇巻）（潮木守一との共編著）　第一法規出版　一九七五年
教育社会学原論（講座現代教育学第四巻）（片岡徳雄との共編著）　福村出版　一九七七年
これからの放送学習―BRCの理論と実践（編集代表）　生涯教育研究所　一九七九年
教育革新の世界的動向（教育学講座第一巻）（河野重男との共編著）　学習研究社　一九七九年
教育学（小笠原道雄との共編著）　福村出版　一九八〇年
現代教育ハンドブック（「現代教育学シリーズ12」）（沖原豊との共編著）　有信堂高文社→東信堂　一九八一年
日本教育の力学（青井和夫との共編著）　有信堂高文社→東信堂　一九八三年
教育の環境と病理（教育学研修講座第二巻）（津金沢聡広との共編著）　第一法規出版　一九八四年

教師　その人間力・行動力（斎藤清三との共編著）　ぎょうせい　一九八六年

Ｖ　訳書（共訳・編訳・監訳を含む）

ペスタロッチ伝―その生涯と思想、ドウ・ガン著　学芸図書　一九五五年

誰が教育を支配するか―教育と社会階層、Ｗ．Ｌ．ウォーナー、Ｒ．Ｊ．ハーヴィガースト、Ｍ．Ｂ．レープ著（清水義弘、森孝子との共訳）　同学社　一九五六年

教育の社会心理学、Ｃ．Ｍ．フレミング著（森孝子との共訳）　東京創元社　一九五八年

大学教育論、Ｄ．リースマン著（片岡徳雄、森しげるとの共訳）　みすず書房　一九六一年

小集団の研究、Ｊ．クライン著（末吉悌次、池田秀男との共訳）　明治図書出版　一九六二年

現代のエリート、Ｓ．ケラー（石田剛との共訳）　関書院新社　一九六七年

科学と教育、Ｊ．ベン・デビッド著（編訳）　福村出版　一九六九年

イギリスの新大学、Ｈ．Ｊ．パーキン著（監訳）　東京大学出版会　一九七〇年

バークレーの大学改革、（マスカティン・レポート）
カリフォルニア大学教育特別委員会著・マスカティン委員会（監訳）　東京大学出版会　一九七〇年

世界の生涯教育―その理論と実情、Ｐ．ラングランほか著（原田彰との編訳）　福村出版　一九七二年

資格社会―教育と階層の歴史社会学、R．コリンズ著（監訳）　有信堂高文社↓東信堂　一九八四年

VI　編集・監修

知日家関係文献目録　広島大学教育社会学研究室　一九八三年
知日家人名辞典　東信堂　一九八四年
教育「大変な時代」（全六巻）　教育開発研究所　一九九六年

＊なお、これ以外にも編纂書や学会誌、大学紀要に掲載された論文、あるいは商業雑誌等に掲載された論文等が、多数ある。本追悼集では紙幅の関係上、それらを割愛せざるを得なかったが、広島大学在職中に執筆された主要日本語論文七二編、欧文論文四四編が、『現代生涯教育の研究（広島大学退官記念論文集）』（ぎょうせい）一九八五年、及び『現代学校教育の研究（広島大学退官記念論文集）』（ぎょうせい）一九八五年の巻末に収録されているので、参照されたい。
また、武庫川女子大学教育研究所『研究レポート』33号（二〇〇五）は、「新堀通也先生退職記念号」となっており、新堀先生著の「わが研究の軌跡―ある教育研究者の『自分史』」と「年譜」、二〇〇五年までの「著作目録」が掲載されている。

二　新堀通也、その仕事の検証

一章　教育社会学者としての歩み

―新堀通也氏への聞き書きを交えて―

加野　芳正

戦前に教育社会学という研究領域はなく、新堀は伝統的な教育学の中で学問的社会化を受けた。戦後の教育改革のなかで教育社会学の分野が誕生すると、新堀は教育社会学を専門とするようになり、数多くの研究業績をあげた。本稿では、(一) どのような経緯から教育社会学を担当することになり、(二) 教育学ではない教育社会学の独自性をどのように考え、(三) アメリカ (シカゴ大学) への留学は新堀の教育社会学にどのような影響をもたらし、そして、(四) 全体として新堀の教育社会学の特徴はどこにあるのか、を考察してみたい。新堀は、人生の節目ごとに自己の研究を振り返っており、参考とするのはそれらの資料であるが、亡くなる一年前の二〇一三年三月に「戦後教育学の遺産」と題するインタビューを実施しているので、そこで得られた内容も交えて論じていきたい。

1　学生時代―広島高等師範学校と広島文理科大学

新堀通也は一九二一 (大正一〇) 年、神戸市に生まれた。その新堀が教育系の学校である広島高等師範学校 (以下「広島高師」と略す) に進学したのは、旧制中学校 (神戸一中) の恩師の影響が強かった。旧制中学校の高学年になって、将来の進路の選択を迫られたとき、担任だった本間源一郎の助言と影響を受けて教職への道を選び、一九四〇年に本間の母校であった広島高師（英語科）に進学した。

専門は英語科であったが、広島高師在学中に教育の理論的研究に興味を抱き、広島文理科大学（以下「文理大」と略す）教育学科に進んだ。広島高師は文理大の予科という関係にあったため、広島高師を卒業した学生は文理大に進学するための特別な入学試験はなかった。もともと高等師範学校は四年制の課程であったが、当時の文理大入学には飛び入学の制度があり、しかも戦時措置によって半年繰り上げられたため、広島高師の在学は二年半で、一九四二年一〇月に文理大に入学することになった。

当時、文理大の教育学科には長田新、稲富栄次郎、加藤盛一、皇至道の四名の教官がいた。この中で新堀が最も慕ったのは稲富栄次郎である。稲富は広島高師の出身（大学は東北大学）で、また一時的に神戸一中で教えていたこともあり、新堀は教育学理論への関心に加えて、稲富を慕って文理大に進学した。このように新堀は、本間、稲富の両先生から「大きな影響を受けると同時に、公私ともいろいろお世話になり、教育や教育学への関心、師弟関係の意味を開眼させられた」（新堀　二〇〇六年、一頁）と述べている。その稲富は戦後、戦争への協力者とみなされ、広島大学を公職追放された**注**。

注　二〇一三年三月のインタビューでは、なぜ恩師の稲富栄次郎が公職追放（ホワイトパージ）されたのかについて語った点が印象的であった。稲富は新堀の最も尊敬する恩師である。したがって、稲富が広島大学を去ったことは失意であったと思われる。新堀が言うには、戦犯つまり戦争に協力した者を差し出せというGHQの指令があり、学内で何人か犠牲者というか人身御供を差し出さなければならないということで、教員の間に、激しい闘争があったのではないか。そして、稲富は何か書いたものを材料にして、人身御供として、犠牲者として追放されたのではないか、というのである。加えると、その当時の広島大学で大きな力を有していたのは長田新である。この長田に対して、ボス的な傾向があって、学内のみならず、教育界、教育学会に対して非常に大きな力を持っていたが、同時に「非常に時勢を見るのに敏というところがあって」（日本教育学会特別課題研究委員会　二〇一四、一六頁）とも述べている。戦中は、長田も含めて多くの教育学者が戦争を煽り、美化するような文章を書いているのに、「なぜ稲富先生だけが」との思いが、新堀にあったのであろう。稲富はその後、上智大学で教鞭を執り、教育哲学会の初代会長となった。

戦前の教育学といえば、プラトンやソクラテス、ペスタロッチ、コメニウス、フィヒテといった西洋の歴史的人物の研究が中心であった。有名な教育哲学者の教育論が、主として学問的とされた教育学の分野であり、それとの関係で教育史、中でも西洋教育史が戦前の教育学の二大分野であった。そうした知的風土の中で、新堀はルソーを選んだということになる。「ヨコのものをタテになおす」という表現があるが、西洋の思想家とその作品を紹介するというのが、その当時の教育学の中心であり、それは書かれたものもそうであったし、講義の内容もそうであった。もちろん、このような研究には語学力が求められるし、何が重要な学説であるかの当たりをつける必要があるが、自分で創作するという作業は限られていたように思われる。そうした中で、唯一社会的な角度から教育を研究し、講義したのが皇であった。

新堀から提供された『講義題目（昭和一八年一〇月）』によって、文理大時代の三年間に受講した教育学関係の講義（学科目）をみると、一年次は「教育学概論」（長田）、「教育史概説」（稲富）、「教育史特説」（稲富）、「教育学特殊講義及び演習」（長田）、教育学講読（皇）、二年次は教育史特説（長田、加藤）、教育史特説（加藤）、教育学特殊講義（稲富）、三年次は「教育史特説」（加藤）、「教育学特殊講義及び演習」（皇）となっている。もっとも三年次は勤労動員がほとんどだったというから、あるいは授業がなかった可能性もある。なお、これは教育学の授業科目であり、それ以外に心理学や哲学、社会学などの授業科目を受講している。

2　どのような経緯で教育社会学を担当するようになったのか

以上のように、戦前の教育学は教育哲学と西洋教育史が中心であり、「教育社会学」という学問領域はなかったに等しい。戦前においては、師範学校はあったが、大学に教育学部は存在しなかった。戦後の教育改革（進駐軍の方針）によって旧七帝大に教員養成を目的としない教育学部が設置され、文理大を母体にした広島大学と東京教育大学にも同様の学部が設置された。教育学部が〈ポツダム学部〉と揶揄されるゆえんである。また、そのことに伴って教育社会学や教育行政学などの戦前にはなかった学科目が配置され、教育学の学問的枠組みが大きく変わった。その教育学部は単純化して言えば、アメリカモデルが移植されたのである。教育社会学などの新しい学問分野が移植されたのは、日本の民主化にとって必要な学問であると考えられたからである。また、教員養成のカリキュラムに組み込まれ、教育社会学は日本の教育学のなかに確かな位置を占めるようになった。他方で、教育社会学や教育行政学は戦前にはなく、制度が先行してできた分野なので、それらの授業を担当するに相応しい教授が計画的に養成されていたわけではない。そこで教育社会学担当者は、伝統的な教育学か社会学からリクルートしなければならなかった。

ここで、新堀に話を戻し、大学卒業後のキャリアをたどってみよう。戦前において伝統的な教育学（教育哲学）のなかで育った新堀が、どういう経緯で教育社会学を担当することになったのだろうか。

新堀は大学卒業の翌日の日付（昭和二〇年九月三〇日）で「広島女子高等師範学校教諭を命ず」という辞令を受け取

ることになった。当時は旧制度だったので、文理大や高等師範の卒業生は、採用試験などを経ず教員に採用され、勤務校を指定された。戦時中、山中高等女学校が国立に移管され、これを母体に国立の広島女子高等師範学校ができ(一九四五年四月)、山中高女は女高師の附属となった。新堀は教諭として、この附属高女で教師生活を始めることになったのである。この人事について新堀は「有馬という先生が女高師の校長をやっていたんですね。その有馬先生という校長と稲富先生とが友人で、稲富先生のつてで最初の就職先に、その女高師の附属の教員になった」(日本教育学会特別課題研究委員会　二〇一四、一四頁)と述べている。原爆で全壊したこの学校は一九四六年四月に新一年生を迎え、1年1組の学級担任を命じられるとともに、バラック建ての校舎兼寮の中で、生徒と起居を共にした。

一九四六年八月三一日、母校である広島高師助教授を命じられ、教育学を担当することになった。当時は教育学が細分化されておらず、教育哲学、教育史、教育行政学などの大まかな区分があるに過ぎなかった。新堀は、教育哲学と西洋教育史の講義と原書講読を担当した。教育学の専門家としての道を歩み始めた新堀は、研究や思索の対象を教育の神髄、本質に求めようとし、それを教育愛に求めた。『教育愛の問題』(福村出版、一九五四年刊行)の原稿はこの頃から書き始めたという。

一九五一年に新制大学が発足することになった。広島高師・文理大を母体として、新制の広島大学教育学部が誕生した時に高師・文理大のスタッフは教育学部、文学部、理学部、政経学部、教養部に配置換えになった。専門分野別にみると、(一)高師に学科があり、かつ文理大にも講座が存したもの、(二)高師にのみ学科があったもの、(三)高師、文理大に学科、講座がなく、ただ講義のみが行われていたもの、の三タイプがあった(広島大学二十五年史(部局史)一九七七、四頁)。このうち教育学は(一)のパターンであり、新制広島大学教育学部教育学科は、高師・文理大のスタッフによって構成された。しかし、全員が移ったわけではなく、玖村敏雄のように他の大学に転出した者もいた。インタビューで新堀は年齢の問題が大きかったのではないかと述べている。

新制広島大学教育学部教育学科には、まず高等師範の教官が配置換えとなり、次いで、文理大の教官の配置換えが行われた。このような経緯の中で、一九五〇年一一月三〇日付で末吉悌次が助教授になり、新堀は五二年三月三一日、助教授に発令された。高等師範の教官の配置換えが先に進んだのは、同校が文理大よりも先に廃校となったためである。一九五三年三月「国立大学の大学院に置く研究科の名称及び課程を定める政令」が出て、広島大学大学院のなかに教育学研究科が置かれた。教育学研究科は、教育学、教育行政学、実験心理学、教育心理学の四専攻からなった。そして、教育学専攻は、教育哲学、日本東洋教育史、西洋教育史、教育社会学、教育方法学の五講座、教育行政学専攻は、教育行財政学、比較教育制度学、学校教育及び社会教育（一九六一年、教育経営学に変更）の三講座体制になり、ここに、教育社会学講座の成立を見た。なお、新堀が大学院の担当を命ぜられたのは、一九五五年のことである。

それにしても、ルソーの思想史的研究を卒論のテーマとした新堀が、なぜ教育社会学を専門とするようになったのだろうか。その経緯について「高等師範の教授であった末吉先生という方が教育社会学の講座をもたれ、助教授が必要だということで、私がその先生の下で助教授として配属された」と語るとともに、「教育社会学を私自身が、頼み込んだというか、命令されたというか、興味があって、末吉先生の下で助教授になりました」（日本教育学会特別課題研究委員会　二〇一四、一六頁）と語っている。また、別のところでは「わが国の教育学にはほとんど知られていなかった教育社会学という新しい分野に魅力を感じ、この新天地に挑戦したいという知的好奇心とフロンティア精神とが強く働いていた」（新堀　二〇〇六年、四頁）と言う。つまり、教育社会学に興味をもち、積極的に手を上げたという側面があったようだ。加えて、ルソー自体が人間と社会との関係を考えた思想家でもあったので、そのことも影響したのではないか。

3　日本教育社会学会の発足と教育社会学者としての歩み

日本教育社会学会は、一九四八年の暮れ、二〇人の会員をもって発足した。一九四八年九月から一二月まで、東京で開かれた第1回教育指導者講習会（ＩＦＥＬ）に参加した人たちから、きわめて自然なかたちで教育社会学会を結成しようという機運ができあがったという（西本　一九五一年、二二五頁）。機関誌『教育社会学研究』は一九五一年五月に第一集が刊行され、第一回研究大会は東京大学を会場に一九五〇年一一月に開催された。『教育社会学研究』第一集には会員名簿が掲載されているが、総数一八四名の名前があるので、わずか二年足らずの間に一〇倍近くに会員が膨張したことになる。その名簿には牧野巽、清水義弘、馬場四郎、浜田陽太郎、永井道雄、二関隆美、石戸谷哲夫など、教育社会学の発展に大きな役割を果たした人々だけでなく、教育史・教育学の石川謙、石川松太郎、海後宗臣、皇至道、周郷博、宮原誠一、鯵坂二夫、社会学の清水幾太郎、樺俊雄、日高六郎、森東吾、小関藤一郎、心理学の宮城音彌、など多彩な顔ぶれであったことがわかる。しかし、そこに新堀通也の名前はなく、少し遅れて参加したことになる。新堀が教育社会学者としての道を歩み始めたのは、一九五二年頃のことであろうか。

新堀が機関誌『教育社会学研究』に最初に寄稿した論文は「教育学と教育社会学」（第六集　一九五四）である。以来、清水義弘、馬場四郎らとともに、我が国における教育社会学の学問的確立と発展に尽力した。彼らは、新聞や雑誌等に執筆するときには、必ず「教育社会学」という専門分野名を書くことを申し合わせたという。その新堀が教育社会学の分野で最初に手がけたのが、デュルケームの社会学理論である。「基礎論、学論のない学問は、いわば根なし草である」（新堀　一九六六、はしがき）との問題意識から、教育社会学の基礎理論をデュルケームに求めたのである。

すでに一九五三年の日本教育社会学会第五回大会において、「デュルケームにおける道徳性の概念」を発表しているが、研究はその後も精力的に進められ、一九六一年に論文「デュルケームの教育学と社会学」で文学博士の称号を受けた。さらに、一九六六年には『デュルケーム研究―その社会学と教育学』(文化評論出版)が、刊行助成を得て出版された。新堀は「絶えず教育社会学の基礎理論の構築から逃れることができないでいる。対象から言えば教育学の一部であり、方法論から言えば社会学の一部である教育社会学は連子符科学、ないし学際的、境界領域的科学として、その若さもあってあいまい性をもち、自らの独立性、独自性を問われるが、「学論」はこうした学問にたずさわる者にとって不可避かつ魅力的な関心である」(新堀　一九八八、一三頁)という。

ちなみに清水義弘は東京帝大社会学科の卒業である。総じて旧帝大に設置された教育社会学講座は社会学出身者によって、高師・文理大に設置された教育社会学講座は教育学出身者によって構成された。このように教育社会学の講座が設置された初期、すなわち戦後しばらくの間は、ベン・デービッドのいう「役割交配」によって研究体制が構築されたが、教育社会学講座が制度化されたことによって、「教育社会学者」が組織的に養成されるようになった。

ところで、戦後新しく誕生した教育社会学にとって、自らの学問的性格を議論し、自律性を高めようとするのは、ある意味必然である。特に教育社会学は、その文献は社会学のものを利用することが多いが、日常的に付き合う同僚は教育学者が多く、かつ教育学部に所属している。そのような教育社会学者の置かれているアンビバレントな状況が、自らの拠って立つ位置をどのように設定するかという問題意識と繋がってくる。とりわけ、日本教育社会学会は日本教育学会から独立した最初の教育学系の学会であり、それだけに教育学会ではない教育社会学会の独自性がどこにあるのかを主張しなければならなかった。

新堀は、『教育社会学研究』に寄稿した最初の論文「教育学と教育社会学」において、自らの学に大体の見取図を与えずして研究を進めることは不可能であること、しかるに教育社会学の現状は見取図の欠如から来る無政府状態的混乱が著しいことを指摘し（新堀　一九五四、一六―七頁）、教育社会学が教育学において果たすべき役割、占めるべき位置について、以下のように論じている。

そもそも教育学は学としての自律性に欠ける。なぜなら、教育学に求められ期待されたのは、教育という実践の指導であり、教育学には指導意志、改造意志が打消し難く、常につきまとっている。このような性格の学問には存在科学ではなく当為科学としての性格が付与されざるを得ない。「何であるか」ではなく、「如何にすべきか」がそこでは関心の焦点をなす。しかし「如何にすべきか」はその対象が未分化の総合された現実である以上、これに理論的処方箋を与えるにはこの現実を分析した上、さらにこれを総合するという手続きが取られなくてはならない。そう考えれば、当為科学は他の諸学に基礎付けられ依存する非自律的な学たらざるをえないという宿命を有する。したがって、教育学が自律性を獲得するためには、先ず、その指導意志、改造意志を放棄し、存在科学として自らを規定することが要求される。

存在科学の一つの柱は教育哲学である。教育という行為は人格形成的な行為であるが、人格の本質は非代置性、一回性、個別性にあるとともに、不可分析性、全体性、流動性にある。行為の主体である人間は同時に生命の主体として動きつつある人間であり、生成者としての人間である。したがって、教育哲学は人間を生成の相として眺めるところに一つの特徴があり、これは教育作用の本質を究明する普遍妥当的な性格を有する。他方で、存在科学を教育哲学に限定せず、経験科学にまで拡張することが要求されねばならない。というのも、教育という現象は、社会的な現象として常に所与の歴史社会的条件によって規定されており、かかる所与性を無視することはできないからであり、ここに教育社会学の立場がある。教育社会学は社会現象としての教育を研究対象とする存在科学である。

このように新堀は、教育学が自律性を獲得するために、人間を生成の相として眺める教育哲学が一方にあり、他方に教育という行為を存在の相において眺める教育科学があり、これが自律的教育学を形成するための二大部門と考えた。そして、教育哲学が教育を自己形成作用として個人の側から眺めるのに対し、教育社会学に代表される教育科学は、教育をその客観化された行為の結果（社会的現象としての教育）から眺める。社会における教育の構造と機能を知ることは、社会科学としての教育科学に与えられた重大な課題の一つである、と主張するのである。

戦後になって教育学の内容が再編され、社会科学としての教育学の領域が拡大した。このことを受けて新堀は、教育社会学を教育哲学と並んで教育学の自律性を担保するための基礎科学と位置づけた。同時に、戦前は教育学＝教育哲学であったので、教育社会学や教育行政学のジャンルが教育学に加わることによって、教育学がより自律した学問として発展すると考えたのではないか。

なお、この『教育社会学研究』（第六集）に組まれた特集「教育社会学の問題」では、新堀論文のほかに、二つの論文が収められている。一つは清水義弘「教育社会学の構造」である。そこでは、教育社会学は「教育の社会学」であり、教育事実および教育問題を、①社会的観点から（あるいはその社会的側面を）、②実証的に、客観的に把握し、処理することを任務とすること、教育社会学の対象は、社会的事実（問題）としての教育事実（問題）に限られること、を主張している。もう一つは渡辺洋二「曖昧な教育社会学」である。渡辺は、「現実をかくかくすべきである」とか「教育はかくかくでなければならない」などという「信念」を表明し、それを第一原理として論議を進めることに対しては強く反対しなければならない。そして、教育社会学は「事実としての教育」を取り扱うのであって、たとえ彼自身に当為としての意見の開陳が望まれる場合でも、現実の教育がいかにありそれがなぜに現実となっているかを明らかにしないならば、教育学者としての資格を彼に与えることはできない、と述べている。

この三人を比較すると、教育社会学は「存在科学」であるという点では一致しているが、新堀はそれを教育学の相において位置づけ、清水は社会学の相において位置づけ、そして、渡辺は教育社会学を教育学であると同時に社会学であると述べる。このような新堀と清水のスタンスの違いは、一つには編集委員会からの求めに応じたという側面もあろうが、同時に、教育学出身の新堀と社会学出身の清水との違いでもあるように思われる。

4　アメリカ留学と新堀・教育社会学の変容

新堀は一九五九年九月からの一年間、フルブライト交換教授としてシカゴ大学比較教育センターに留学し、アンダーソンに師事した。シカゴ大学はアメリカにおける社会学研究の中心地であるが、この留学を契機として、理論的研究よりも実証的研究に大きく転換した。また、欧文による論文を執筆し、海外のジャーナルに発表することも多くなり、活躍の場が世界へと広がっていった。その意味で、新堀の学風は、アメリカ留学を契機として大きく変わった。しかし、業績リストを眺めてみると、留学以前にも「大学進学の問題について」といったタイトルの著書や論文が発表されているので、一八〇度転換したというわけではなさそうである。新堀の中にあった実証主義の芽が、アメリカ留学によって大きく花開いたというべきであろう。

新堀が一九七二年に教授に昇任すると、入学してくる大学院生たちに「教育社会学研究室入門」という冊子が配られるようになった。そのなかで、広島は日本の中では中心地から離れているが、世界から見れば東京も広島も同じ、という記述があったことを記憶している。世界に向かって研究成果を発信していくことを、重視したのである。今日でこそ、グローバル化が進み、社会科学の領域でも英文による発表は珍しくない。しかし、一九六〇年頃の日本の人文科学や社会科学では、研究論文を欧文によって発表するという知的風土はさほど形成されておらず、その意味で新堀は時代を超えていたということができる。武庫川女子大学を退職するに際しての記念論文のなかで、新堀は以下のように述べている（新堀　二〇〇五、一一頁）。

私は留学に際して考えていたことがあった。当時、留学もかなり行われるようになっていたが、どうも日本人は外国から学ぶばかりで、研究成果を外国語で発表し、世界の学界に貢献することを怠っている。特に社会科学や人文科学でしかりだ。そこでせっかくの機会をフルに利用してアメリカで論文を発表したいと考えたのである。幸いにしてセンターのアンダーソンやハヴィーガストは、その希望を聞き入れ、幾つかの論文を米国の学術誌に掲載するよう努力してくれた。渡米中、私と一緒のオフィスを与えられた招聘教授にスウェーデンのフセン、イスラエルのベン・デービッドなどがいたが、こうした学者とのパーソナルな関係もその後、私の国際的な活動に計り知れないメリットをもたらしてくれた。リースマンもまたその一人である。

新堀が欧文による論文発表を開始するのが一九六〇年であるので、まさに留学時代と一致している。例えば、Measuring a Nation's Prestige, *American Journal of Sociology*, 68 : 6, Univ.of Chicago, 1963. Comparison between Pre- and Post-war Student Movement in Japan, *Sociology of Education*, 37 : 1, American Sociological Association, 1963. Zengakuren: A Japanese Case Study of Student Political Movement, *Sociology of Education*, 37 : 3, American Sociological Association, 1964. などの論文が、世界的に有名な雑誌に掲載されている。これらの論文の掲載に当たっては、D．リースマンの推薦があったと述べている。ＡＪＳ（American Journal of Sociology）はＡＳＲ（American Sociological Review）と並んで、世界の社会学関係のなかで最も威信の高い雑誌であり、インパクト指数は最高位に位置づいている。雑誌ＳＥ（Sociology of Education）は、ＡＪＳやＡＳ

Rに比べれば威信は低いが、アメリカ社会学会が発行する教育社会学の雑誌である。いずれにしても、英語で論文を書き、海外の雑誌に投稿するというスタイルはそれまでの教育学や社会学の分野ではあまり見られないものであった。

このようにアメリカ留学は国際的な活躍を加速させたが、同時に研究内容においても変化をもたらした。すでにみてきたように留学前の研究は、ルソー研究やデュルケーム研究に代表される理論志向の強い内容であった。それが、留学経験を経て実証研究の色彩が濃くなり、また、SEに掲載された〈学生運動〉の研究に見られるような、〈日本的〉と思われる現象をテーマとした研究へとシフトしていった。こうした新堀の研究関心の変化を具体的論文として表現したのが「ネポティズム社会学の構想」（新堀　一九六二）である。この論文は、シカゴ大学滞在中に得た構想をまとめたもので、その後の新堀の研究活動を予感させるものであった。

一九五四年の論文「教育学と教育社会学」では、「見取図の欠如から来る無政府状態的混乱の著しいこと、教育社会学以上のものは見当たらないといってもさして過言ではない」（一七頁）と述べた。ところが、八年後のこの論文では、「教育社会学は新しい段階に入った」「我が国においては教育社会学ブームとさえ称せられた時代を迎えた」と高揚感のある書き出しで始まっている。その理由として、第一に、教育が社会事象であることが実感として響くようになり、社会事象としての教育の研究の重要性に注意が向けられるようになったこと、第二に、戦後の教育改革はアメリカをモデルとして行われ、教育関係学部には殆ど必ず教育社会学の講座が設けられるようになったこと、第三に、教育社会学自体の発達はそれまでの劣等感をなくし、威信を高めることによって逆に有能な研究者を惹きつけたこと、の三点を指摘している。

このような状況のなかで、日本の教育社会学は客観的・科学的な方法が広く採用され、その研究対象も日本の現実の教育に求められており、質的水準が明らかに向上している。しかし、いかなる程度の学問的な成果や貢献が得られたかということになると、楽観的にはなれない。ここから、研究成果を上げるために〈achievability〉と〈accessibility〉の重要さが主張されることになる。新堀は続けて以下のように提案するのである。

研究は常に効果や意義に対する見通しを必要とする。この見通しは、研究対象の重要性、即ち研究の意義についていえることであり、さらに端的にいえば意義ある成果の得られやすさ〈achievability〉に対する見通しである。そして成果の得られやすさは研究対象の意義に関係するが、同時にそれは研究対象への接近のし易さ〈accessibility〉を前提とする。接近のし易さとは、一方では対象が身近にあることと、他方で研究方法の水準とに依存する。そして、研究対象への接近のし易さということでいえば、我が国に集約的に存在する特徴的な現象があり、それとの関連において研究の見通しが得られるなら、材料は豊富なのであるから、優れた研究成果が期待できる（例えば、急激な教育の普及、極端な中央集権、大学卒業生の役割と過剰供給、過大学級、学生運動、入学試験、教師の政治運動、など）。こうした現象を普遍的な理論や体系に翻訳すれば、我が国固有の教育社会学を生み出すことができるというのである。

さらに続けて新堀は、ネポティズムの社会学（sociology of nepotism）とでも名付けるものを我が国で最も接近し易く、同時に意義ある成果を挙げうる教育社会学の一領域として提唱するのである。《ネポティズム》とは日本語の「閥」に相当するが、その基本理論は未だ殆ど存在しないし、学閥に至ってはその実態すら研究されていない。学閥はその日本の教育に対する重要性と、社会学の一般理論への重要性とによって、日本の教育社会学にとってみのり豊かな成果を約束する。また、ネポティズムとしての学閥や学歴は、それを獲得するまでは業績的（アチーブメント）であるが、いったん獲得するとアスクリプションへ転化するというパラドックスを抱えている。そして、ネポティズムの概念は、大学進学、エリート、ホワイトカラー、官僚制、職業社会学など多くの重要な社会問題に関連してくる。しかも、文化人類学的アプローチ、社会心理学的アプローチ、歴史―体制的アプローチのいずれもがこの現象の研究にも適用できる。日本のことを普遍的な枠組みで研究し、それを世界に発信することが、世界の教育社会学にも日本の教育社会学にも貢献することになる。

以上のような構想に基づいて、アメリカ留学以降、新堀の学風は〈日本的〉教育現象の実証的研究へと大きく転換していった。半面で、このことは、教育社会学の理論研究からは離れていったことを意味する。社会学は実証の学問であると同時に理論の学問でもある。もう少しデュルケーム研究を継続していたらどうだっただろう、社会学や教育社会学の基礎理論に傾注していたら、どのような研究成果が生み出されただろうか。もちろん、無い物ねだりの〈問い〉ではあるのだが。

新堀の「ネポティズム社会学の構想」は、日本の大学教授市場、学閥、学歴などの研究として結実し、これらの研究はさらに科学社会学の研究、アカデミック・プロフェッションの研究、知日家の研究など、高等教育の研究へと繋がっていった。また、我が国固有の現象という点では、学生運動、日本の教育風土研究（「殺し文句」や「見て見ぬふり」「私語」の研究など）へと繋がっていった。そして、こうした日本の教育がもつ負の側面については、教育の県別診断、教育病理学、臨床教育学へと発展し、さらには夜間大学院の研究へと繋がっていった。これら一連の研究は、一つの現象をさらに理論的に突き詰め、深く掘り下げるというよりも、研究対象をズラし、研究のフェースを拡大していくという発想である。したがって、理論的に物足りなく感じられる部分もあるが、それよりも研究対象を拡大して新しいテーマ、新しいトピックに発展させる方がより生産的であると考えたからであろう。新堀の研究の根幹には〈achievability〉へのこだわりがあったように思われる。

〈accessibility〉という点では、自らの経験をテーマとして設定していったことも、特長の一つである。大学研究は、まさに自らの職場の研究であり、附属中・高校校長の経験は学校管理職の研究に、文部省社会教育官の仕事は生涯学習や社会教育の研究に、臨床教育学大学院（夜間大学院）の立ち上げは臨床教育学や夜間大学院の研究に、といった具合である。また、シンポジウムや会議、あるいは審議会の委員として関わることも非常に刺激的で、大きな経験になり、それが視野と知識を身につけさせることに有効であったと述べている。そのような具体例としてあげたのが、日本教育社会学会大会における教育社会学論や教育病理学、日本教育学会大会における臨床教育学などのシンポジウムである（日本教育学会特別課題研究委員会　二〇一四、二四頁）。さらに新堀は、中央教育審議会、社会教育審議会、教育職員養成審議会などの審議会、さらには文部省の調査研究協力者会議や都道府県レベルの委員会にもしばしば参加しており、そこでの議論や配布される資料は、関連したテーマで著書や論文を執筆する際の手助けになったと想像される。

いずれにしても、〈achievability〉と〈accessibility〉という研究の見取図は、新堀の研究スタイルの核となり、研究対象がより具体的な社会現象・教育現象の解明へと向けられていった。それとともに、抽象的な論議はしだいに薄れていった。新堀は、「教育学という母国で受けた哲学的訓練は移住先の教育社会学に影響を与え続けたように思う」（新堀　一九八八、二〇五頁）と回顧しているが、研究への指向性は、ルソー研究やデュルケーム研究といった理論研究から離れ、シカゴ大学留学を契機として、新たに形づくられた部分が大きいように思われる。

5　新堀・教育社会学の特徴――おわりに

前項ではシカゴ大学留学以降、新堀の学風は大きく変わり、時代に先駆けてグローバルな活躍を見せたこと、〈achievability〉と〈accessibility〉の原理を重視して多くの研究業績を上げたことを指摘した。あまりの業績の多さは、時として〈新堀工場〉とも表現された。研究の国際化・グローバル化という点では、高等教育への関心も関連している。義務教育は国民国家を形成するための装置であり、国家を単位として動いている。そのため研究も、基本的には国内をフォローしていれば十分である。それに対して高等教育は、人の移動も国境を越え、大学ランキングに見られるように、国際的な物差しで測ることのできる制度だからである。広島大学を定年退職するにあたっての研究業績リストをみると、四四の欧文による論文が掲載されており、それは新堀の研究を特徴づけるものの一つである。

このような新堀の活躍は、語学力を含めて天賦の才能に恵まれていたのだというほかない気もするが、それでは社会学の論文としては失格である。研究は知識を創造するという営みであるが、それは社会と無関係にはあり得ず、常に社会的な影響を受けていると考えるからである。また、研究は単に個人的な営みではなく、研究を支える社会制度や環境にも依存している。このような視点から教育社会学者・新堀の特徴を二点だけ指摘したい。

第一は、共同研究主義である。すでに述べたように戦後になって教育社会学の講座が創られた。講座は、教育研究の守備範囲を決めるとともに、その分野の後継者を養成する機能を持っている。新堀は、講座を共同研究の単位として活用し、次々と研究書を刊行していった。『日本の大学教授市場』(東洋館)『学歴』(ダイヤモンド社)『学閥』(福村出版)『日本の教育地図(全三巻)』(ぎょうせい)『教育の県別診断』(大阪教育図書)『大学教授職の総合的研究』(多賀出版)『学問の社会学』(東信堂)『学問業績の評価』(玉川大学出版部)『知日家の誕生』(東信堂)などの単著・編著は、膨大なデータを集めて整理・分析された結果としてのアウトプットなので、新堀単独では困難であったに違いない。しばしば用いられたのは統計データなどの資料や職員録であるが、その分析は研究室での共同研究という形がとられた。時として、研究室のOBが加わることもあったが、基本的には新堀と大学院生とで編成されるチームであった。

共同研究への参加は、大学院生からすれば時間と労力の提供であり、それは院生個人を単位として考えれば研究の妨げになるという考え方もあろう。しかし、私の経験からいえば、研究テーマは院生を引きつける内容であったこともあり、多くの院生は興味を持って参加していたのではないか。その共同研究は、院生の学問的社会化の場でもあった。広島大学は一地方大学に過ぎず、才能溢れる大学院生が集まるというわけではない。しかし、共同研究に参加することで、研究の勘とコツを覚え、研究成果を積極的に発表するというメンタリティが養われ、とりわけ高等教育や科学社会学をテーマとした研究者集団を育てた点は特筆すべきである。これとも関連して、データを重視し、論文や図書に図表が満載されたことである。潮木守一が、「筆者はそれまでしこしこ集めてきた統計データをもとに、一つの報告を行った。その統計データを集めるのには、筆者としては他人には語れぬ苦労があっただけに、心ひそかに期するところがあった。ところが、その後に壇上に立った新堀氏は、次から次へと実に詳細、綿密をきわめたデータを挙げた報告を行い、筆者はその几帳面さ、徹底さにすっかり圧倒されてしまった」（潮木　一九八二、一六四頁）と述べている。新堀の研究スタイルをシンボリックに表現しているように思うのである。

第二は左翼イデオロギーからの距離である。戦前において社会科学とはマルクス主義を意味したが、戦後はアメリカ流の実証主義が勢いを増し、それが近代化や産業化といった概念と結びついて教育社会学は発展した。日本では、もともと戦前には見られなかったマルクス主義社会学が一九六〇年代になって勢いを増し（富永　二〇〇四年）、また、教育学では左傾文化こそが大学組織の中の体制派（竹内　二〇一一年）という状況にあったが、教育社会学者の多くはこのような傾向とは一線を画した。新堀は、学生運動や教師の政治活動（日教組の活動）について多大な関心を有したが、その視線は批判的であり、また、〈進歩的教育学者〉との接点もほとんどなかった。東大教授であった清水義弘は、東大がいわゆる〈進歩的教育学者〉の牙城であったので、教育科学論争に見られるような、学内において学問的あるいは政治的闘いを余儀なくされたが、広島大学は高等師範学校を母体としていることもあって、左翼にシンパシーを持つ教員は少なく、その点でイデオロギー的な学内闘争や葛藤は比較的少なかったのではないか。それでもインタビューのなかでは「同じ広島大学の教育学部の内部でも、……いわゆる教育科学系というか、何というか、そういう立場の人たちの集まりと、私なんかはむしろちょっとそういうものに対しては一種、違和感を感じるような人たちとの間に、溝というか、対立というかが暗黙の間にあった。これは広大だけじゃなしに、他の多くの大学でも見られるんじゃないかと思いますけどね。」（日本教育学会特別課題研究委員会　二〇一四、二三頁）と述べている。私が大学院に入学する頃、ある週刊誌に各省庁のブレインは誰かという記事があったが、文部省のブレインとして名前が挙がっていたのが新堀と市川昭午であった。しかし、この両人とも体制におもねるのではなく、常に自分の頭で考える人であり、その点でリベラルであった。反対に戦後の教育学の大きな勢力は、左翼イデオロギーの公式に当てはめて体制を批判するという姿勢が顕著であり、学問として硬直していた。五五年体制の下で、教育社会学者の多くは西側陣営にシンパシーを持っていたが、新堀もそうだった。

以上、多産主義、共同研究主義、グローバルな視野、日本的教育現象の解明、アンチ左翼イデオロギー、の五点を新堀・教育社会学の特色として指摘し、本章（文中敬称略）を終えたいと思う。

【参考および引用文献】

潮木守一　一九八二年「書評　新堀通也編『学者の世界』ほか」『教育社会学研究』第三七集
新堀通也　一九五四年「教育学と教育社会学」『教育社会学研究』第六集
新堀通也　一九六二年「ネポティズム社会学の構想」皇至道先生還暦記念論文編集委員会『現代教育学の諸問題』学研書籍、一五五―一八一頁
新堀通也　一九六六年『デュルケーム研究―その社会学と教育学』文化評論出版

新堀通也　一九八八年「教育社会学と私」日本学術振興会『学術月報』第五一九号
新堀通也　二〇〇五年「わが研究の軌跡―ある教育研究者の『自分史』『武庫川女子大学教育研究所　研究レポート』第三三号
新堀通也　二〇一四年『新堀通也著作集　全七巻』日本図書センター
竹内洋　二〇一一年『革新幻想の戦後史』中央公論新社
富永健一　二〇〇四年『戦後日本の社会学―一つの同時代学史』東京大学出版会
日本教育学会特別課題研究委員会・「戦後教育学の遺産」研究会（編）二〇一四年『「戦後教育学の遺産」の記録（資料集 No.2）』
西本三十二　一九五一年「教育社会学の当面する二、三の問題」、『教育社会学研究』第一集
広島大学　一九七七年『広島大学二十五年史（部局史）』

2013 年 3 月 18 日、「戦後教育学の遺産」インタビュー時に撮影。

二章　愛に生きた人の肖像

―新堀通也『教育愛の構造』へのささやかなオマージュ―

鳶野　克己

「何一つ人に勝れることのなき　我捧ぐるはこの心のみ」（新堀通也）[1]

1　教育愛研究者としての新堀通也

『教育愛の構造』は、日本における教育社会学研究の泰斗、新堀通也氏の最も初期の作品である。この作品は最初『教育における愛の問題―教育哲学の根本問題―』として学術刊行会から一九五四年に刊行された。そして同年『教育愛の問題―教育哲学の根本問題―』の書名で、福村書店（現在の福村出版）から改めて出版され、さらに後の一九七一年、『教育愛の構造』と改題されて、福村出版から再刊された[2]。

この作品の成立について、新堀氏は一九七一年版の『教育愛の構造』の「あとがき」で、次のように述べる。

「本書は、二十数年前、私が大学卒業直後（それは同時に終戦直後の窮乏と混乱の時期でもあった）、はじめてある中等学校の教師として教壇に立ち、寮に起居して若い生徒たちと生活を共にしながら、書き始めたものである。読み直してみると私自身の若さと気負いとが出すぎているようにも感じる。しかし一見、あまりに抽象的とも思われる本書は、実はこのような事情のゆえに、私自身の体験から生まれたものであり、私自身にとっては処女作でもあるため、極めてなつかしい」（二二八―九頁）。

周知の通り新堀通也氏は、教育社会学研究の分野で、長く日本国内における第一人者であり続けたのみならず、アメリカ合衆国をはじめとして国際的にも広く活躍し、数々の優れた研究業績を上げ、偉大な足跡を残した人である。加えて、新堀氏は、教育社会学をベースとして、学歴・学閥、大学教育・教授職、学生運動、教育病理、生涯教育、教員養成など、隣接や関連の問題群へと視野を広げ、知的刺激と現代的課題に満ちた教育学研究の領野を絶えず新たに切り開き続けた人でもあった。そしてこれもよく知られるように、とりわけその研究生活の後期において、臨床教育学の学問的構築と展開に並々ならぬ精力を注ぎ[3]、今日の日本における臨床教育学研究の潮流の大きな一つを形成する業績を次々と生み出していった。

教育社会学はいうに及ばず、現代日本の教育にかかわる主要な学問諸分野で研究を進める上で、新堀氏の業績に出会わない人はいないといっても過言ではないだろう。まさに教育を対象とする学問における巨人とも称されるべき研究者である。こうした新堀氏の実質的な学問的処女作[4]が「教育愛」に関する精緻な教育哲学的研究であったということに対し、教育の哲学的・人間学的研究に携わる者のひとりとして、私は深い共感を覚えまた誇りに思う。『教育愛の構造』は、若き日の新堀氏が、高等女学校の教師として、寮に起居しつつ朝な夕な生徒たちとともにあるなかで直向きに深め磨いた思索の精華ともいうべき作品である。教育の本質へと弛みなく迫ろうする精密で鋭い論理性と眼前の生徒たちのいのちの姿へも向けられたであろう繊細で温もりのある感性を併せもつ文体によって構築された、力強さと美しさを兼ね備えた希有な理論的研究であるということができよう。小論は、教育人間学の立場から、こうした『教育愛の構造』を読み解き、そのエッセンスを提示しつつ、新堀氏における愛の問題を軸とした教育観と人間観の特質を明らかにする小さな試みである。

2　教育愛への関心の所在

教育愛の問題を直接的な主題として考察の対象とする論考は、教育についての哲学的・人間学的研究においてさえ最近目にすることが少なく、ましてや科学的実証的な方法論にたつ教育学研究では極めて稀であろう。そもそも、今日、教育と愛とを本質的に結びつけて語ろうとすること自体が、ときに学問的研究として陳腐で凡庸であるかのように断じられてしまう。確かに、日常的で身近な体験としての愛をめぐる喜びや悩み、助言や指南の言説はさまざまなメディアに溢れている。また学校や家庭の内外における子どもとの教育的なかかわりに関しても、例えば子育てや教育実践の報告や記録には、愛にかかわるあるいは愛から派生する語や章句が散見されはする。しかし、それらは残念ながら、問題の設定、認識の枠組み、論理の構成、用語法などの点で、厳密な学問的反省と批判に耐えうるものばかりではないといわねばならない。

また、教育と愛との本質的な結びつきをめぐって、そうした学問的反省と批判を通じた思索から紡ぎ出される言説であっても、今日における、教育をめぐる社会経済的な視点からの議論の隆盛や教育学研究の趨勢に鑑みるとき、その言説の意のあるところが正面から受け止められ、継続的に議論が深め広げられるような事態を想像することはおそらく容易ではないだろう。現代社会における教育に対する関心の在り方や語られ方の多くは、制度論や政策論あるいは科学技術論や機能論の視点から、教育の議論を、国際社会における国家的威信や国民的統合、社会的な組織と制度の改革や経済的な発展、市民性の涵養や個人の能力開発と適応などにかかわる問題圏へとややもすれば回収する傾向にあるように見えるからである。

しかし、教育の営みがたとえこれらの問題圏において、極めて重要で有効な研究対象であるとしても、教育の中で育ち教わり、現に一人ひとりそれぞれの生活の場で、子どもや若者のみならずあらゆる世代との教育的なかかわりを生きる私たちにとって、教育の営みへの関心は、教育に関する制度や科学技術といった領域には決して回収され得ないものを含んでいる。私たちは、日々の生活のなかで、現に子どもをはじめとする発達への援助や教育を必要とする人々を前にして、眼差しを向け、声をかけ、手を差し伸べ、寄り添い、支え、励まし、促し、導こうとする。私たちのその営みが、機械的な運動や生物学的な行動には収まらない、優れて自覚的な行為であり得るとき、私たちは、制度を活かし科学技術を利用して具体的で実践的な教育の諸課題に取り組みつつ、そのような取り組みへと向かう自分自身の在り方、そして、教育を必要とする子どもたちと私たち自身とのかかわりの在り方について、社会経済的な視点からの利害や関心を超えて思いを致すことができる。さらにその思いは、子どもたちと私たちの生が教育の営みを通して「ともにそこにおいてある場としての世界」の問題へとも歩みを進めることになるだろう。

私の理解する限りでは、教育についての人間学的な研究の最も基本的な課題は、教育を人間に固有な営みとして位置づけ、その営みの意味を「人間とは何か」という問いと相互循環的に連関させつつ考究していくことを通じて、「教育における人間の問題」と「人間における教育の問題」との総合的な解明を目指すところにあるということができる。このような理解が許されるなら、教育は、限りあるいのちをこの世界に享けた人間が、同じく限りあるいのちを享けた他者とともに生きるという仕方で人間として生きることの根源にかかわる営みである。人間学的な視点に立つ教育

について の原理論的研究にとって、ともに生きる他者とのこうしたかかわりの在り方と、そのかかわりがそこにおいて立ち現れるこの世界の実相についての学問的関心を欠くことはできないと思われる。

愛が、最も形式的には、広く世界におけるあらゆる存在を貫いて働く主体と客体との価値的な合一や融合を志向する原理であるといえるなら、生き死にの後先や齢の差を超えて、自己と同じく限りあるいのちを生きる眼前の他者とともに生きようとし、その他者に意を注ぎ思いを込めて働きかけ、その他者とのかかわりを通じて生における価値的な合一や融合が実現することを目指す教育の営みは、紛れもなく愛の視点から捉えられ論じられうる性格を有している。上述のように、現代社会における教育や教育学への関心の在り方が、教育の原理論的研究として教育愛を論じることから、一見如何に遠く離れていようとも、私たちが具体的な日常の生活のなかで、いのちある一人ひとりの生身の人間として、私たちに差し向けられた子どもたちを育て教えるべく我が身を差し出すとき、私たちにとって、教育と愛とをその原理的かつ本質的な結びつきのもとに語ることは、決して陳腐でも凡庸でもない。むしろ自身が気がつけばその場へと遣わされている人間という存在における教育の営みの本源を思い、そこへと立ち還ろうとすることだといえよう。

ソクラテス、プラトンをはじめ、ルソー、ペスタロッチ、フレーベル、ケルシェンシュタイナー、シュプランガー、ボルノーらにいたる西洋教育思想における愛の言説の脈脈たる流れは、流域の風景や水面の揺らめきこそ異なれど、その根底にそれぞれの教育体験に根ざした愛の直観があるように思われる。そして、新堀氏の『教育愛の構造』もまさにそうした直観をなみなみと湛えた教育における愛の言説の豊かな流れを汲む作品である[5]。氏はこの作品で、教育の本質を愛と規定し、教師は「愛が最も直接的に具現する唯一の職業」（二一七頁）であると明言する。そして「教育の本質を明らかにしようとする理論、すなわち教育哲学の中核は教育愛の分析となろう」（二一八頁）と述べている。

私たちを呼び、求め、信じ、頼り来る子どもたちの眼前にあって、その子どもたちへの教育的働きかけを愛の問題として語ることは、とりもなおさず教育の営みが須くそこから生じそこへと還るべき人間として生きることの秘密に触れることである。以下、『教育愛の構造』の内容に沿って、新堀氏における教育の本質と愛にかかわる問題の語られ方、人間として生きることの秘密への触れられ方を探っていく。

3　『教育愛の構造』を読む

前述のように『教育愛の構造』は、戦後間もない時期における新堀氏自身の青年教師としての具体的な教育体験の直中で書き進められたものでありながら、優れて抽象度の高い理論的作品である。「あとがき」を除く章立てを目次に則して示せば、以下のようになる。

第1章　教育における愛の位置
第2章　エロス
第3章　アガペー
第4章　フィリア
第5章　教育愛

一見して気づかれるように、シンプルでありながら、主題を見据えた明瞭な論理的構成である。新堀氏がこの作品において、教育愛に関するどのような思想の伝統と枠組みのもとに論を進めようとするのかが、明快に示されているといえよう。

まず各章の要点をごく簡略に紹介する。第1章では、主題となる教育愛へのアプローチとして、教育という営みの基本的な構造が分析され、そこから明らかにされた特質に則して、愛の概念が教育の本質と原理的な結びつきを有することが論証される。次に第2章では、こうした教育の本質と愛との結びつきを踏まえ、古代ギリシャ起源の価値愛としてのエロスの定義、その構造と働きが反省的に明らかにされる。第3章では、宗教愛としてのアガペーが取りあげられる。エロスが価値愛として、対象の価値実現性を判断し選択的に働くのに対し、アガペーは隣人存在としての対象の人格性そのものへと向けられる無差別的な働きであるとされ、アガペーの本質がその無差別性ゆえの固有な困難性を含めて解明される。さらに第4章では、人間同士の相互的愛としてのフィリアが考察される。フィリアは、アガペーと同じく対象の人格性そのものへと向かう愛だが、互いに愛し愛されるという相互性が特質として強調されるとともに、その相互性の内実が詳論されていく。最後の第5章では、主題たる教育愛そのものへと論究が進められる。教育愛は、如上の三種の愛とは別種の本質を持つ愛ではないとされ、教育の営みにおける三種の愛の相互関係性という観点から考察されていく。そして、教育者から被教育者への意識的教育に見られる教育愛の一応の完結状態が示されるとともに、教育者からの与える愛の限界に言及されて、論が閉じられる。

ここでは以下さらに、第1章から第4章の内容をそれぞれにやや詳しく見ていく。この作品の結論となる第5章については、先立つ四つの章を踏まえ、節を改めて論じる。

第1章で、まず新堀氏の教育を捉える根本的視点が、端的に表明される。氏は、教育は一つの行為であるとし、行為としての教育を「被教育者の自己形成的行為」（五頁）、すなわち「自己教育」という根本構造において把握する。氏は、人間が教育されるのは人間によってだけではなく、自然、社会、書物などによってもなされることを挙げ、「教育は教育者なくしても現に行われている。教育は被教育者が教育されるという行為と言わなくてはならない」（五頁）と明言する。

新堀氏は、教育を、教育者による被教育者への行為として見るといった「従来考えられていた如き狭い地盤から解放して凡ゆる人間の人格形成的行為」（一六頁）と考え、教育学を「被教育者という一箇の個人の人格形成作用の行為学」（二二頁）とする。自己形成的行為の主体としての被教育者を教育者から解放するというこうした立場は、既に教育科学の出現において得られているという主張に対して、氏は、教育科学が従来の意図的具案的な教育者対被教育者関係に留まらない教育への視点をもたらしたとはいえ、そこでは、やはり「社会が如何に教育するかという問題が中心問題となって、個人が如何に教育されるかという問題は後方に退く」（一六頁）と批判する。「教育は教育されることであり、教育されるのはあく迄被教育者という個人」（一七頁）であり「教育は個人主義的基礎の上に立っている」（一二頁）とする立場は、後述するように、新堀氏の教育愛論を最も鮮明に特徴づけるものである。

氏は、かかる前提の下に、教育における愛の位置づけへと向かう。まず様々な愛の様相を概観した上で、「人間形成の契機としての愛は価値と関係を有する価値への志向性」（一七―一八頁）であるとし、ある対象へと向かう「動物の志向性が愛と言われないのは、動物が価値と独立した自然的存在」（一七頁）であるからであり、「愛とは本質的にいって価値への愛でなくては愛と名付けることは出来ない」（一八頁）と明言する。そして、人格は価値への志向性すなわち愛とともに生まれるがゆえに、「愛は根本的に言って人格から価値への愛である」（二一頁）とされる。愛することが価値にかかわる人格的行為である限り、愛する主体は人格体でなければならないが、客体は人格体と非人格体とを問わない。愛は、人格を有しない生物や非生物にも向けられるのである。

愛は価値への志向性であるが、必ずしも価値自体にのみ注がれるわけではない。私たちは普遍妥当的な価値そのものを愛する（価値愛）とともに、その価値が客観化された文化を愛する（文化愛）のである。さらに、文化を愛するとは、具体的には個々の文化的形成物を愛するのである。その意味で私たちは、現象的には、価値を分有した個々の存在を愛する（存在愛）のみともいえる。そして、「価値愛も存在愛も広義の価値愛に基底付けられながら、価値愛と存在愛とは等しく具体的には一定の存在に向って」（二三頁）おり、眼前の存在が分有する価値への愛も、その価値を分有する眼前の存在への愛も、現象的には等しく眼前のこの存在を志向しているのである。しかし、新堀氏によれば、教育愛研究にとって重要なことは、こうした愛する対象の区別に関する議論ではなく、価値への志向性としての愛の「内容的な方向」（二四頁）、すなわち、「如何なる価値愛が現象的な存在愛を基底付けているかという意味に於ける方向」（二四頁）を弁別して、その特質を解明することである。以下、この視点から、「エロス（下より上への価値愛）」「アガペー（上より下への宗教愛）」「フィリア（横より横への人格愛）」が分類され、考究されていく。

第2章で新堀氏は、まず、価値愛のギリシャ的プラトン的概念としてのエロスの構造を、プラトンの諸著作の精密な読解を通じて解明していく。そして、イデアに向けて、自我が努力を通じて価値的上昇、合一を目指す道として、エロスの自我中心主義性を指摘した後、エロスはその完成とともに、その眼差しが「イデアから他人へと向けられなくてはならない」（四九頁）とし、他者へと向かうエロスの倫理性の議論へと進むことになる。

新堀氏は、エロスの倫理的意味を、ニーチェの「遠人愛（Fernstenliebe）」の概念を批判しつつ、明らかにしていく。遠人愛は、空間的社会的ではなく時間的歴史的に遠く離れた他者との結びつきとして、キリスト教的な隣人愛（Nächstenliebe）と対立する。氏によれば、こうした遠人愛としてのエロスの倫理は、「現在の未来に対する倫理」（五〇頁）であり、遠人愛を生きる人は、同時代人とではなく、未知の、最も遠くにある者との結びつきを求める。「遠人愛の目指すところは進歩であり、上昇であり、未来である」（五一頁）から、「具体的な個別的な、今この我の眼前にいるところの隣人を見てはならない」（五二頁）のである。しかし、新堀氏は、遠人愛において遠人に要求される価値の高さが、そのまま遠人愛における愛の高さを意味するのではないという。遠人愛は遠人のみを価値として見て、眼前の隣人を見ないが、隣人愛における隣人に対する志向性と遠人愛における遠人への志向性は、「本質的に価値的な優劣を有たない」（五五頁）のであり、遠人愛の完成のために隣人愛を犠牲にすべきではない。氏は、隣人愛を価値的に低め、隣人を敵とさえ見なしたニーチェの遠人愛の誤りをこのように指摘する。そして、ギリシャ的エロスが、自我中心的な完成を終えた後に人間に対するのに比して、遠人愛は最初から人間に対していると捉えられる点で両者を区別しつつ、しかし両者とも「現象的には価値を所有しイデアを獲得せんとする意志」（六四頁）であり、「下から上へという意味に於いて同一の類型に属する愛である」（六五頁）として、次のアガペーの分析へと向かう。

第3章で扱うアガペーは「全く新たなる愛の類型」（六八頁）である。アガペーは、イデアを獲得せんとして遠く未来を見つめる戦闘的な知と力を要求するエロスから解放され、「人間に向って放射され、人間を温かく抱擁する愛」（六八頁）であるとされる。価値的に選ばれた者にかかわる愛として、本質的に貴族主義的であったエロスに対し、アガペーは貴賤、貧富の区別なくあらゆる人間に平等に与えられる愛である。

まず、新堀氏は、旧約から新約へと至るキリスト教における中心的な「愛」の概念であるアガペーの成立と展開を丁寧に踏まえていく。そして、神から人への愛が最も固有な意味でのアガペーであるとはいえ、人から人への愛である「隣人への愛は隣人への愛として、それ自体アガペーでなくてはならない」（八二頁）とする。さらに、アガペーは、個物としての絶対性を有する個々の存在、言い換えれば一人ひとりの代替不能な個人に向かう愛として、エロス的で抽象的な「普遍的人間愛」（八三頁）と峻別される。

しかし、アガペーにおけるその対象選択の無差別性は、アガペーが一旦選ばれた個物としての「その対象と絶対的直接的に関係」（九三頁）し、対象以外の存在が排除される点で、深い矛盾を産むことになる。すなわちアガペーでは、

「自己の出会った最初の隣人は徹底的に、即ち排他的、絶対的に愛されねばならぬと同時に、可能的に存在する万人が、その隣人と平等の愛への権利を有」（一〇四頁）っている。ここにアガペーの苦しみがある。そして氏は、アガペーの真摯さはむしろこの苦しみにこそあるとしたうえで、ただ一人の汝を愛することが内面的消極的には万人を愛することにつながるとする論理によって、アガペーにおける隣人の絶対性と万人への抱擁性の両立可能性を提示するのである。とはいえ、こうした両立可能性にもかかわらず、氏によれば、眼前の隣人の人格性へと直接に向かい、「自我を対象的に無とする」（一一四頁）絶対的傾注における隣人救済の努力は、しばしば隣人における未来展望的な価値への志向性を見失い、また「対象以外の存在に対しては盲目になり勝ちである」（一一五頁）といった根本的欠陥が、アガペーについてやはり指摘されざるを得ないのである。

第4章で、新堀氏は、アリストテレス、ジンメル、ハルトマンなどにおける愛の思想を手がかりとして、人間的なる「相互的な愛（Wechselliebe）」であるフィリアへと論を進め、その相互性の深い襞へと分け入っていく。新堀氏によれば「人間的なる愛は何よりも先づ相互に有限的孤独的なる存在としての相互の親近性」（一二四頁）から出発するという点が、いずれも相互性を求めない英雄的な愛であるエロスや神的な愛としてのアガペとは異なるフィリアの特徴である。人間と人間との相互的な愛としてのフィリアは、我と汝が「ただ愛し愛されることによってのみ満たされる」（一二四頁）愛である。そして氏は、フィリアには、エロスの如き所有意志や獲得意志でもなく、アガペーの如き単なる自己否定や奉仕意志でもなく、愛する者同士の「所有しつつ所有され、肯定しつつ肯定されるという相互応酬的な意志」（一二五頁）が働いていることを詳細に記述していく。

しかし、ここに、孤独な人間の主体的行為として相互性を求める愛において発見された汝は、主観的客観として、いわば理想化された我の延長に過ぎず、他者としての汝ではないという難問が生じる。フィリアが真の相互性を得るには、汝を我ならざる知られざる存在として承認、肯定しなければならない。そして、新堀氏によれば、それは我が求める汝の既に有する価値的内容を判断した後に、汝を承認、肯定することではなく、我の眼前にそのままで一つの価値存在としてある汝という存在に対する「絶対的な態度、運動方向を採ることを意味する」（一三六頁）。ここでは、存在の肯定がそのまま人格的価値の肯定となり、人格愛となるとされる。すなわち「母は「子なるが故に」子を愛するのであり、教師は「生徒なるが故に」生徒を愛するのである」（一六四頁）。この子は単に偶然に我が子であった。この生徒もまた単に偶然に我が教え子であった。「母がこの子を有ったこと、教師がこの生徒を受持ったこと」（一六五頁）の選択できない運命的な偶然性によって互いに結合されているということが、人格愛としてのフィリアにとって重要なのである。

新堀氏の議論でさらに特記すべきは、眼前のこの具体的な対象としての人格は、人格としての普遍的な精神性を有しているが故に、「人格愛の偶然性又は感覚性は直ちに普遍性乃至は精神性にと転化する」（一六六頁）とされることである。人格愛の特質を、偶然に出会った対象たる眼前の存在に普遍的な精神性を認め、さらにその対象たる人格の自律性を尊重する点にあると捉えるところに、新堀氏の教育における愛の理解の独特な光彩を見ることができる。

私たちは、新堀氏における以上のエロス、アガペー、フィリアの三愛をめぐる論究を踏まえ、次に、氏の教育愛論の核心部分を読み取りつつ、その人間学的な特質を明らかにしていこう。

4　新堀教育愛論の人間学的特質

エロス、アガペー、フィリアの本質を踏まえ、第5章では教育愛それ自体が主題的に論究される。その際、教育愛は、

「之等三愛を内に含んだものとして、之等三愛以外に存在する愛ではない」（一七一―二頁）とされ、三つの愛の相互関係性という観点から考察されていく。新堀氏によれば、教育愛は根底においては価値実現にかかわるが故にエロス的、価値愛的な性格を有するとともに、非選択的で、万人の平等性を認める点でアガペー的、宗教愛的であり、価値可能性の意識の違いを除けば教育者と被教育者が同一水準にたって、互いに呼応するという点で、フィリア的、人格愛的であるといった「三愛の綜合形態」（一八一頁）として理解される。新堀氏にとって、教育の営みは人格的存在としての人間における価値志向的行為として、人間にかかわるエロス、アガペー、フィリアの全ての愛がそこに働いているのである。教育愛にとって、「被教育者たる汝を愛する愛そのものが目的でもなく又存在としての汝自身が目的なのでもない」（一九一頁）。眼前のこの被教育者たる汝が価値的に上昇することのみが目的なのである。

また、教育愛における相互の呼応性は、教育者と被教育者が互いに愛し愛されるという相互性ではない。「汝が我を愛し返すことはあるにしても、教育愛はそれが汝のイデアへの愛となる限りに於いて喜ぶ」（二〇五頁）のである。教育者は、教え子が教育者から離れていくこと、教育者を忘れていくことを喜ばねばならない「淋しき存在」（二〇五頁）である。その意味で教育愛は人間からの人間への愛でありながら、アガペー的な「与える愛」である。しかしこの与えることは、被教育者の価値可能性と無縁な人格性に対して向けられるわけではない。与える愛によって、被教育者をして自身の価値可能性を自覚せしめるのである。このとき、教育愛のアガペー的性格は後方に退き、「我と汝とのフィリアが表面に出、我と汝とは同一の水準に立って共同的にイデアに向って」（二一〇頁）歩み始める。

このイデアに向かっての共同の歩みにおける教育者の我は、教育愛のエロス的性格にかかわるとはいえ、まず自身のイデアの完成を経て、しかる後に被教育者の汝の水準へと下ってくるのではない。教育者はエロスが完結することのない価値実現の無限の課題であり、被教育者に比して自身が現時点で相対的段階的に上位にあるだけであることを知っている。教育愛においては、我が汝の水準にまで下って、相対的段階的に上位にある自身におけるエロスを与え、汝をその内側から「フィリア的に上昇せしめた後、汝がこの我の水準より更に上昇して行くことを背後から、若しくは汝と共に望む以外にはない」（二二三頁）と新堀氏はいう。そして、被教育者が教育者を超えていくとき、「我は既に汝の後にあるのであって、そのとき我は汝を教育することは出来ず、従って教育愛は自己を具体化することは出来ぬ」（二二四頁）のであり、ここに教育愛は「一応完結した」（二二四頁）とされるのである。

新堀氏は教育愛をひとまずこのように結論づけた上で、最後に、被教育者が教育されるという視点から教育の本質を捉えるという氏の根本的立場に基づき、教育者から被教育者への意識的働きかけにおける愛としての教育愛がもつ根本的限界と課題を鋭く指摘する。かかる教育愛は、「あく迄教育者の愛である限りに於いて与える愛であって、受け取る愛ではなかった」（二二四―五頁）。氏によれば、与えることはそのまま教育を可能ならしめる唯一の条件ではなく、受け取ることによって初めて教育が成立する。そして、「受け取るためには与えられたものに対するかの根源的な愛が必要である」（二二五頁）。教育における与えることと受け取ることの間には、理論的にも実践的にも大きな溝がある。私たちは、与えたからといって受け取ってもらえたとは限らないのである。ここに教育愛は明らかな限界をもち、「この限界こそ又同時に教育者の限界でもある」（二二五頁）。新堀氏はこの限界を意識し承認することに教育者の教育愛の課題を見るのである。

氏が、教育は教育されることであるという場合、その「されること」とは被教育者の受動性ではなく、被教育者における受け取る愛の自発的発動によることを示している。受け取る者の問題として教育の本質を規定するところに、先述のように、教育を徹底して個人主義的基盤において捉える新堀教育愛論の特質の核心があるといえよう。教育の本質を被教育者自身による人格形成作用に求める個人主義的人格主義的視座は、氏の教育観と人間観全般を貫く思想的支柱でもある。そしてかかる視座こそまた、新堀氏の教育社会学的教育学研究にひときわ独自の輝きをもたらしていると思われる。

こうした個人主義的人格主義的視座に立って、新堀氏は、人間存在の不可避的な有限性と孤独性の自覚から出発する私たち一人ひとりの実存における切実な価値希求の営みとして愛を見つめ、愛を理解しようとしたのだといえる。氏にとって、愛に生きる人の秘密とは、人間であることの有限性と孤独性への実存的自覚のことであり、もし愛が分かち合えるとすれば、それは愛する人同士がこの自覚をともに深めつつ生きることであろう。

5　愛からの研究者／愛への研究者―結びにかえて―

新堀氏は、『教育愛の構造』が『教育における愛の問題―教育哲学の根本問題―』として最初に出版された一九五四年には既に広島大学に職を得、フロンティア的情熱をもって教育社会学者としての道を歩み始めていた。教育社会学者新堀氏は、その後詳密なデュルケーム研究で学位を取得し、幅広く柔軟な視点の下で自ら発見した多くの学問的種子と苗木を植え、小論の冒頭に述べたように、現代日本の教育と教育学研究に滋味豊かな果実と効能鋭い薬草をもたらした。しかしながら、それらの種子と苗木が充分に養われ育まれるには、若き日に氏が精魂込めて鍬を入れたほかでもない教育愛という思想の沃土が不可欠であった[6]。氏が本作品で追究し解明した教育における愛の理論的実践的な総合理解の在り方は、時を経た今日些かも色褪せず、その全体性と根源性において、愛をめぐる教育の人間学的研究はもとより、教育の本質についての原理論的研究にとってますます重要な現代的論点を提供し続けていると思われる[7]。

今回、『教育愛の構造』について稿を起こすにあたって、新堀氏の著作集を繙き、改めて氏の壮大で知的刺激に満ちた諸業績に触れた。教育社会学の門外漢である私でさえ、氏が自選の著作集の形で遺した研究遺産を前にして身の引き締まる思いを禁じ得ない。だが私にとって何よりも新鮮な驚きであったのは、著作集を繙いたことを機縁に、そうした学問的業績とともに、劈頭に掲げた一首のごとき、新堀氏が若き日に、当時の喜びや憧れ、苦しみや悩みを丸ごと呼吸しつつ詠んだ、瑞々しいいのちの迸りを思わせる多くの抒情歌に出会ったことであった。そこには、戦中の学生生活における友情と愛と学問への憧れ、終戦の混乱のなかでの卒業を経て教壇に立った頃の生徒たちへの思いや学問への志などが、目を瞠る率直さと誠実さで詠いあげられていた。直接に新堀氏に教えを受けることが叶わなかった門下外の一後進である私にとって、このような形で人間としての氏の魅力に触れえたのは、まさしく僥倖であったというほかない。

教育社会学の巨人新堀通也氏の多様多彩な研究には、振り返れば、社会的事実としての教育の根底を見据えるその眼差しに、一つの揺るがぬ特質があるように思われる。それを私は、「愛の眼差し」と呼びたい。教育の本質を愛と捉えることから出発した新堀氏はまた、その生涯を通じて教育と教育の研究に向けて一途に愛を注ぎ続けた人であった。

1　新堀氏は早くから和歌芸術に親しみ、戦中から戦後にかけて多くの短歌を詠んだ。二〇〇六年には、それらを編んだ『歌集　戦中・戦後青春賦』が私家版として出版され、後に、自選の『新堀通也著作集』第1巻に収められた。ここに掲げた歌はその歌集中、「戦後編　第四章　学園物語」として括られた歌群のなかの一首であり、著作集から引いた。本歌集に溢れる情熱的なまでの抒情歌の数々は、直接に教育愛を詠ったものではない。しかしこの「戦後編　第四章　学園物語」の解説で、新堀氏は、これらの歌について、「昭和二二年から翌年にかけて若き教師と女生徒との間の愛を小説風に歌ったのである。この時期、私の学術的な処女作『教育愛の問題』（昭和二十九年　福村出版）の原稿が書かれたのも、これと無関係ではない」（二〇八頁）と述べている。

2　『教育愛の構造』は、ここに示したように、一九五四年と一九七一年の二度にわたり改題され、厳密には三つの書名をもつ作品である。一九五四年の学術刊行会版から福村書店版への場合は書名の改題のみであったが、一九七一年版では、改題に加え、一九五四年の両版にあった「序」が削除され、新たに「あとがき」が添えられた。また、二〇一四年には注1でも触れた新堀氏の自選による『新堀通也著作集』全7巻が刊行されたが、その第2巻『ルソー研究と教育愛』に一九七一年版の単行本がそのままの形で収められた。全二章からなるこの巻は、第一章に、一九五七年に出版された『ルソー』（牧書店）を前身とし、一九七九年『ルソー再興』（福村出版）として増補され纏められた若き日の氏のルソー研究が置かれ、第二章に一九七一年版の『教育愛の構造』が位置している。この巻の新堀氏自身による「解説」で、第一章と第二章は、「何れも哲学的な性格をもっているが、それらが共通して問題としたのは人間であり人生である」（ⅶ頁）とされている。この巻は、いわば、以後の氏の生涯にわたる研究生活の礎をなす、人間と人生に向けられた切々たる思索の清冽な学問的表現であるといえよう。

　小論で用いる『教育愛の構造』のテクストは、基本的に一九七一年に刊行された単行本とする。したがって『教育愛の構造』からの引用頁番号もこの版によるが、一部一九五四年の福村書店版『教育愛の問題―教育哲学の根本問題―』によった。

3　臨床教育学分野における新堀氏の業績のなかで、特に重要なものとして、『教育病理への挑戦―臨床教育学入門』（教育開発研究所）と『臨床教育学の体系と展開』（多賀出版）を挙げる。前者は教育病理学の視点から構築が試みられた新堀臨床教育学の総合的入門書であり、後者は、科学研究費補助金を得て、臨床教育学の学的体系の確立とその展開にかかわる諸課題に取り組んだ理論的実証的共同研究を、編者として纏めたものである。

4　学術的単著の刊行時期という点では、既に一九五二年に『特殊教育概論』（柳原書店）が上梓されていた。この著作は、「教育を社会学的見地から眺めんとする」（序言）立場から、特殊教育の原理的体系の叙述を試みたもので、新堀氏が前年一九五一年に、GHQの主導の下に実施された教育指導者講習（IFEL）を受講したことを契機として執筆された作品である。すなわち実質的な執筆時期という点では、『教育における愛の問題　―教育哲学の根本問題―』が最も先んじている。

5　こうした西洋教育思想における愛の言説の流れに触れて、日本においても戦前から戦後にかけ、『教育愛の構造』に先だつ形で少なからぬ教育愛論が展開された。今回の小論の趣旨からして、それらの個々に論及することはできないが、代表的な論考が収められている著作として、さしあたり、長田新『教育学』、篠原助市『教育学』、木村素衞『国家に於ける文化と教育』、稲富栄次郎『教育作用の本質』などが挙げられる。このうち、新堀氏が「一番尊敬をしている先生」(『「戦後教育学の遺産」の記録(資料集No.2)』に所収のインタビューでの発言)と仰ぐ稲富氏とその著作については、一九五四年版の『教育愛の問題』の「序」で、出版に際して稲富氏から与えられた幾多の援助に対する謝意が述べられているとともに、「学生時代の私に教育及び教育学に対する最初の感激を与え、教育愛に対する最初の関心を目覚ましめた思い出多き書であった」(三頁)と記されている。

6 新堀氏は、教育学研究における教育哲学の意義について、一九五四年版の『教育愛の問題』の「序」で次のように述べている。「教育学は科学として成立し得るし、又成立せしめられねばならぬ。事実、現在の私の主要な関心は教育を社会事実として取扱うこと、特に教育社会学に向けられている。併しもし教育をして教育たらしめているその本質構造を見出すことが出来なければ、換言すれば教育科学の基礎に教育哲学がなければ、その教育科学はいわば自律性なき根無し草になるであろう」(二頁)。

7 新堀氏は、現在のところ最も広範で網羅的な専門事典である『新教育学大事典』全8巻における「教育愛」の項目執筆を担当している。『教育愛の構造』の著者として、新堀氏が現代日本の教育学研究者のなかで、教育愛の研究において変わらず重要な位置を占めていることの証左の一つといえる。

【参考文献】

稲富栄次郎　一九四九年『教育作用の本質』福村書店
長田新　一九三三年『教育学』岩波書店
木村素衞　一九四六年『国家に於ける文化と教育』岩波書店
篠原助市　一九三九年『教育学』岩波書店
新堀通也　一九五二年『特殊教育概論』柳原書店
新堀通也　一九五四年『教育における愛の問題―教育哲学の根本問題―』学術刊行会

新堀通也　一九五四年『教育愛の問題―教育哲学の根本問題―』福村書店
新堀通也　一九五七年『ルソー』牧書店
新堀通也　一九七一年『教育愛の構造』福村出版
新堀通也　一九七九年『ルソー再興』福村出版
新堀通也　一九九〇年「教育愛」細谷俊夫・奥田真丈・河野重男・今野喜清編『新教育学大事典』第2巻、第一法規
新堀通也　一九九六年『教育病理への挑戦―臨床教育学入門』教育開発研究所
新堀通也　二〇一四年『新堀通也著作集　わが自分史―卒寿を超えた一教育者の歩み』第1巻、学術出版会
新堀通也　二〇一四年『新堀通也著作集　ルソー研究と教育愛』第2巻、学術出版会
新堀通也編　二〇〇二年『臨床教育学の体系と展開』多賀出版
日本教育学会特別課題研究委員会・「戦後教育学の遺産」研究会（編）　二〇一四年『「戦後教育学の遺産」の記録（資料集No.2）』

三章　ルソー研究・デュルケーム研究・教育社会学

原田　彰

全体を知らずして部分は明らかにならず、部分を知らずして全体は明らかにならない（『新堀通也著作集』第三巻「デュルケームと教育社会学」二〇一四、九頁）。

1　ルソー研究からデュルケーム研究へ

新堀通也の大学卒業論文のテーマは、「ルソー教育思想の研究」だった。その後、彼はこのテーマを発展させ、一九五七年、『ルソー』（長田新監修シリーズ『西洋教育史』第五巻、牧書店）を公刊した。そして一九七九年、彼は旧著に「補稿」（「社会契約」「国家と教育」「道徳教育」に関する三つの論文）を加えて『ルソー再興』（福村出版）と書名を変えて再刊し、さらに二〇一四年、この『ルソー再興』を『新堀通也著作集』第二巻（全七巻、学術出版会）に収録した（以下、『著作集』と略す）。ルソー研究は、「教育愛」の研究（『教育愛の問題』福村出版、一九五四）と並んで、彼の研究歴における「自分史」の出発点だった。

「自分史」については、研究歴に限定しなければ、新堀が戦中・戦後の若い時代（一九四二―四八年）に作った短歌もまた、「自分史」の出発点に位置づけることができるだろう。それは、『歌集　戦中・戦後青春賦』（文芸社）という題名で二〇〇六年に出版された。彼はこの『歌集』を『著作集』第一巻に収めているが、そこには、彼特有の「自分史」的思考が働いており、しかも、この「自分史」的思考は『著作集』全体の構成のしかたにも適用されている。つまり、彼の『著作集』は、彼の全思想体系（それは彼の全人格構造の反映でもある）の生成・発展を「自分史」として再構成したものだと考えられる。

こうしてみると、研究歴における「自分史」の出発点には「ルソー研究」と「教育愛の研究」があり、青春という「自分史」の出発点には「短歌」（もう一つ、高等女学校教師の経験）があったことになるが、ここで取り上げるのは「ルソー研究」である。

新堀によれば、ルソーは「自分史」的思考の体現者であり、「自分史」法を実践した先駆者である（『著作集』第二巻v―vi頁）。実をいえば、新堀自身、「自分史」法の提唱者である。それは具体的には、とりわけ『夜間大学院―社会人の自己再構築』（東信堂、一九九九年）の中で適用されているが、それだけでなく、たとえば「自分は教員であり研究者だから、大学や学界を観察し分析することは、自分を観察し分析することである」（広島大学最終講義、一九八五年）といった彼の考え方には、「自分史」的思考が独特の形で働いていたと考えられる。

『ルソー』第一版序は、次のような文章で始まる。「わたくしは本書においてルソーの教育思想をその全思想体系の上に立って明らかにしようと努めた。（略）わたくしはかれの生涯と性格とを通してかれの魂に一定の構造と発展があることを見出し、その反映としてかれの思想をつかむことによってそれが体系的に理解できると考える。そしてかれの教育論もその一環として位置づけてみることによって初めてその正しい理解が可能であると思う」（『著作集』第二巻一一頁）。

ルソーの生涯と性格を通して見出される魂の一定の構造と発展→その反映として把握される彼の全思想の体系→その全思想体系の一環として位置づけられる教育思想。この図式は、新堀のルソー研究を貫く基本的な枠組みだったと考えられる。

ちなみに、新堀が編集した『名著による教育原理』（片岡徳雄と共編、ぎょうせい、一九七五）というテキストがあるが、それは近現代の著名な人物二六人の代表的著作を取り上げて「名著による社会学的立場からの教育原理」を展開したものである（ルソー、ペスタロッチー、コンドルセ、ナトルプ、デュルケーム、デューイ、マカレンコ、フロイト、ミード、エリクソン、パーソンズ、リースマン、ピアジェ、コーエン、シェルスキー、ミルズ、マンハイム、ヴェブレン、ウェーバー、マートン、モンテッソーリ、ロージャズ、ブルーナー、ウォーラー、ハーヴィガースト、ホーマンズ）。分担執筆者はほぼ全員が広島大学教育社会学研究室出身者である。この中で、新堀はルソー『エミール』を分担執筆しているが、そこでも、上記のような基本的な枠組みが、次のように述べられている。

「彼（ルソー）は世に多く見られる気の利いた才子、文化人、評論家ではなかった。彼はもっと粗野であり素朴であり生真面目である。既成の社会や文明に対する彼の告発、反抗は言葉や観念の遊戯や修辞ではなく、彼の本心から出たものであり、彼は身をもって、その生涯によってこの告発と反抗を実践したのだった。言葉の前に行為があり、観念の前に生活があった。それ故、彼の教育思想を『エミール』だけで知ろうとしても無理である。彼の教育思想は『エミール』以外の多くの著作に現れているし、『エミール』を理解しようとするなら、彼の全著作の中にそれを位置づけなくてはならず、彼の教育思想は彼の全思想体系を前提としてのみ正しく把握することができる。そして、彼の思想は彼の生活、性格、人間の反映なのだから、まず彼の生活、性格、人間をこそ知らなくてはならぬ」（七頁）。

こうして新堀のルソー研究は、「ルソーの生涯、生活、性格、人間の把握→これらの反映としての彼の思想の把握」

を全著作の解読を通して行われることになる。

実をいえば、私が考えてみたいのは、ルソー研究そのものについてではなく、新堀がどのようにしてルソー研究からデュルケーム研究に移っていったか、という問題である。この点からみて興味深い新堀自身の言葉がある。

「エリクソンはガンジーやルーテルという個人の研究を通して大きな業績を上げた。私もルソーとデュルケームの教育理論を、その全思想体系の中に位置付けて解明しようとした。思想体系は思惟様式の産物であり、思惟様式はさらに人格構造の反映であるという仮説に立って、この一見、正反対に見える生涯を送った二人の巨人を研究したのである。『ルソー再興』（一九七九、福村出版）と『デュルケーム研究』（一九六六、文化評論社）とがその結果である」（『著作集』第一巻三三七頁）。

この引用文の中には、今までまだ出てきていなかった「思惟様式」という言葉が用いられている。この言葉を含めると、基本的な枠組みの図式は、次のように改めることができるだろう。しかも、それは、ルソーにもデュルケームにも共通に適用されるのである。

「生涯、生活、性格、人間を把握することによってとらえられる人格構造」→「人格構造の反映としての思惟様式」→「思惟様式の産物としての思想体系」→「全思想体系の一環として位置づけられる教育思想（教育理論）」。

しかも、この基本的な枠組みが「仮説」として提出されていることにも留意する必要がある。この「仮説」が検証されうるものかどうかも問題だが、検証されるかどうかということよりもむしろ、この「仮説」のうえに立たないと、ルソーなりデュルケームなりの「人間」や「思想」を正しく理解することはできないのだ、という新堀の強い信念がこの「仮説」の論証の試みを支えていた、と考えた方がよいのかもしれない。

先ほど、『ルソー』第一版序の出だしの文章を引用したが、『デュルケーム研究』の序章を見ると、その冒頭の文章は、次のようになっている。「本研究の目的は三つの点にある。即ち（一）デュルケーム教育理論をその全思想体系の中に位置づけることによって明らかにすること、（二）教育理論、特に教育社会学の基礎理論をデュルケームを通して明らかにすること、(三) デュルケームの教育思想の研究によって教育社会学史上におけるその地位を明らかにし、この学の方向を示すこと、以上である」（『著作集』第三巻七頁）。

『ルソー』第一版序と『デュルケーム研究』序章の出だしの文章を比べてみると、ほぼ同じであることがわかる。また新堀は、ルソーの『エミール』について「彼の教育思想は『エミール』以外の多くの著作にも現れているし、『エミール』を理解しようとするなら、彼の全著作の中にそれを位置づけなくてはならず、彼の教育思想は彼の全思想体系を前提としてのみ正しく把握することができる」（前掲引用文参照）と述べていたが、ルソーの全思想体系をとらえるとは、彼の全著作を通して彼の全思想を理解することにほかならない。この引用文は、「ルソー」を「デュルケーム」に、『エミール』を『教育と社会学』に置き換えても、そのまま成り立つだろう。

すでに見たように、新堀が考えた基本的な枠組みの中では、「人格構造」と「思想体系」をつなぐものとして、「思惟様式」という言葉が使われていた。彼はルソーの思惟様式を具体的に考察したうえで、次の三つに要約している。すなわち、①モラリズム（道徳優位、つまり思惟に対する実践、理論理性に対する実践理性の優位というルソーの思想を貫く原理）、②アナロジー（特殊によって普遍を直観するという原理）、③弁証法（本質的なものと派生的なものとを対立させつつ、その派生的なものはあくまで本質的なものから派生したものと考える思惟の方式）である。このような「思惟様式」の産物が「思想体系」であり、このような「思惟様式」は「人格構造」の反映である。具体的なことは新堀の著作を手に取って読むほかないが、ここでは彼自身の次の言葉を引用しておこう。

「例えばかれ（ルソー）が客観的に善人であったかどうかは決定できないにしても、かれが自分を善人であると主観的に信じていたということは客観的な事実なのだ。そしてかれの思惟の方式、さらにはそれから生まれた思想の内容は、かれ自身から出発したのだったから、まさにそうした主観的な自己観察の反映なのである。人間一般の本質をかれが自己を内省することによって直観したとすれば、内省されたものは他の誰でもない、かれが見たところのかれ自身であるはずだ。かれはその著作の至るところで「どうあるか」ということを「どう見られるか」ということに対立させて強調し、自我への復帰を説いた。そしてまたかれ自身を研究することも他人が見たかれによってではなく、かれ自身の内部に入りこむことによってのみ可能であると主張した。だからかれおよびかれの思想を理解しようとする場合、かれの主観的な自己観察の結果を資料とすることがかえって最も客観的であると断言するのははたして詭弁だろうか」（『著作集』第二巻八四頁）。「ルソーの見たルソー自身の内部には人間愛と人間嫌い、感情と理性との対立があった。かれは自らの中に個人と社会、自然と文明との対立を見た。かれの思惟方式の原理となった弁証法はこうしたかれ自身の反映である。かれはこの自らの矛盾を自らの自然的な良心に対する自信によって解決しようとした。かれのこの自信からはやがて人間や自然に対する信頼が生まれた。この自信、そしてまた自己の魂に関係したことでなければ何一つ熱中することのできないかれの感情、そこからかれの思惟方式のもう一つの原理、アナロジーが生まれた。かれはかれ自らを素材としなくては人間が考えられなかった。そして最後に再び、この人間や自然に対する信頼は結局、その善に対する信頼であり、さらにもとをただせばかれ自身の善に対する自信だったが、そこからかれの思惟を貫く原理、モラリズムは生まれた。こう見てくるとかれの思惟の方式はそのまますべてかれ自身の反映である」（同書一一四頁）。

こうして、ルソーの自己観察（内省）から浮かびあがってくる「自信」と「良心」が彼の性格、つまり「人格構造」を形づくり、その「人格構造」の反映としての「思惟様式」は、思惟の内容である「人間」（自愛心、利己心、憐憫）や「社会」（法、祖国愛、教育）に適用されていく。実は、思惟の内容である「人間」や「社会」について、新堀は「個人と社会、政治と教育の関係を中核とする彼（ルソー）の思想は教育社会学に連なるものがある」と指摘している（『著作集』第一巻、二六八頁）。この「ルソーの思想は教育社会学に連なるものがある」という言葉は、見落とすことができないと考えられる。

ちなみに、『ルソー』第一版（一九五七）では、最後に設けられた「教育」（第四章第三節）はわずか八頁にすぎないが、『ルソー再興』（一九七九）では、「補稿」として「契約概念」、「国家と教育」、「道徳教育思想」に関する三つの論文が加えられている。新堀は『ルソー再興』の「まえがき」で「私はルソーを再興する道として、いわばルソーの内部に入り込み、ルソーになりきることによって（もちろん、そんなことが完全に成功する見込みはありえないが）、ルソーの精神、ルソーの全体構造を私なりに把握しようと試みたのである」（『著作集』第二巻、三頁）と述べているが、「補稿」の三つの論文は、この「再興」の試みを補うものであろう。なお、この「まえがき」の中に、「（ルソー研究ののち教育社会学という学問に移ったが、）そこにはルソーによって開眼された、社会と個人や教育との関係への関心があり、また移ってからもルソーによって教えられたとおり、自らの魂に無縁な学問はやらなかったつもりだ」（四頁）という言葉が見出されることをつけ加えておこう。

2　デュルケーム研究

さて、次に考えたいのは、新堀がルソーの中に見出した「生涯、生活、性格、人間の解明によってとらえられる人格構造↓人格構造の反映としての思惟様式↓思惟様式の産物である思想体系↓全思想体系の中に位置づけられる教育思想」という基本的な枠組みをデュルケームに適用するとどうなるか、という問題である。だが、その前に少し回り道をして触れておきたいことがある。

新堀は、一九六一年に学位論文「デュルケームの教育学と社会学」によって文学博士の称号（旧制）を受け、一九六六年に『デュルケーム研究　その社会学と教育学』を公刊した（学位論文と出版された著作とでは、「教育学」と「社会学」の順序が逆になっていることに留意したい）。彼がデュルケーム研究に取り組んだのは一九五〇年頃以降だと推測されるが、必ずしも明らかではない。一九五五年前後の彼の教育社会学の具体的で実質的な研究としては、『大学進学の問題─教育社会学的アプローチ』（光風出版　一九五五）や「社会階層と教育」（『教育社会学研究』第一三集　一九五八）があるが、これらはデュルケームと直接のかかわりはない。また「教育学と教育社会学」（『教育社会学研究』第六集　一九五四）は、教育学から教育社会学へ移行したばかりの新堀が両者の関係を考察しながら教育社会学の基礎論を探ろうと試みたものであるが、ここでもまだデュルケームの名は出てこない。デュルケームの名が出てくるのは、学位論文「デュルケームの教育学と社会学」完成の翌年に書かれた「研究の動向と課題」（『教育社会学研究』第一六集　一九六二）においてである。たとえば、「教育社会学は必然的にインターディスシプリナリー・アプローチを要求するが、それが同時に方法原理であるというのは、デュルケームのいう『社会学的精神』がそこに支配していなくてはならぬということである」（二一九頁）という言葉が見られる（テキスト『現代教育社会学』（木原健太郎と共編、明治図書　一九六七）でも、新堀はこの「社会学的精神」という言葉を用いている）1。

デュルケームのいう「社会学的精神」とは、『社会学年報』第一巻・第二巻の「序文」では、①社会的諸事実の連帯性、全体性の認識、②類型と法則の重視、③歴史法の援用、歴史学と社会学の連携、④汎宗教主義ともいえる宗教社会学の重視を指していた。またデュルケームの「社会学的精神」を支える「社会学主義」（タルドの心理学主義と対立する）

の原理について、新堀は次のように要約している。①社会事象の客観的研究（価値判断の排除、実証主義的方法―もの主義、絶対主義の否定）、②社会学的説明（社会事実の決定―指標と定義の必要、社会法則の探究―社会学的自然主義、社会学的方法―「社会は社会によって」説明される―創発主義）、③綜合社会学の立場（社会諸科学の頂冠、知識社会学としての性格、人間科学としての性格、社会学的哲学としての性格）、④全体社会の発見（教育学テキスト講座第1巻『教育哲学』御茶ノ水書房　一九六二、一三三―五頁、『著作集』第三巻　一一六―一二〇頁参照）。これら一つひとつについては、もっと詳しく見てみないと容易に理解することはできないが、たとえば「綜合社会学の立場」について、新堀は次のように述べている。

「例えば政治と経済との相互依存、相互作用とは、政治が全体としての社会に関連し、経済が全体としての社会に関連するが故に、全体としての社会を媒介として両者が関係するということに他ならない。その意味からいって政治学、経済学等々の社会諸科学が独立して別々に歩むならば、政治、経済等々の社会事実を充分に、すなわち科学的に究明することは不可能である。かくして社会諸科学は一つの全体的体系の中に統合されてのみ、真の実証的性格を獲得しうる。社会学は社会諸科学と相互依存の関係にあると同時に、社会諸科学を自らの中に統合する。研究者が何を専門とすると自称するか、いかなる講座に所属するか、いかなる表題の書物を書くかなどという如きことは、この場合問題にならない。社会学的方法を以て研究を進めるときには、それが何であろうとも、社会学は成立しているのである。社会学主義はいわば汎社会学主義であるといえる。だが彼のいう社会学は社会諸科学の体系であって、決してその寄せ集め、要約ではない。また社会学固有の、否、もっと具体的にいえば狭義のいわゆる社会学者に固有の仕事がなくなってしまうのでもない。（一）社会学的方法、（二）社会事象相互の関係、（三）社会事象の依存する全体社会の研究が残されているし、（四）《社会的なるもの》の成立と本質の究明は社会学固有の課題である。（一）は一般社会学に、(二)は社会生理学に、(三)は社会形態学に、(四)は社会学的哲学にそれぞれ関係する。こうした綜合社会学としての社会学の性格づけは、デュルケームのフランス社会学史上における根本的な功績であり、彼はこの社会諸科学の体系化を『年報』に拠って企てることにより、社会学が知的協同によってのみ成立することを身を以て立証したのであった」(『著作集』第三巻　二〇〇―〇一頁)

また「社会学主義」については、次のような新堀の説明があるが、その核心がどこにあるかを示してくれている。それは、創発主義の原理のうえに立った説明の仕方である。

「デュルケームの社会学主義とは、一言にしていえば、社会はスイ・ゲネリスな実在であり、それを構成する要素の性質によってはこの実在を説明することはできぬ、すなわち社会は社会によってのみ説明可能である、何故なら要素の結合は要素になかった新しい性質を生み出すから、ということであり、そこから社会という独自な実在を対象とし、固有な方法をもった社会学の自律性が基礎づけられる、ということであった」(同書　三〇頁)。

実は、同じ一九六二年、新堀は教育学テキスト講座第一巻『教育哲学』(御茶の水書房)で「デュルケーム」という一章を分担執筆している。ナトルプ、シュプランガー、リット、デューイ、キルパトリック、ラッセル、マカレンコと並んで、デュルケームの教育哲学が取り上げられているのである。新堀は、次のように書いている。

「フランス社会学史がデュルケームを措いては語りえないと同様に、かれはフランス哲学史の最も重要な一環であるとともに、フランス教育学史もかれの名をぬきにしては成立しえない。科学と哲学との綜合の上に立ったかれの教育学は一方では教育科学として、他方では教育哲学として語ることができる」(二一九―二二〇頁)。「デュルケーム教育学はかれの全理論体系の理解に不可欠な部分であると同時に、フランス教育学の最高の代表である。われわれは社会学的に方向づけられた教育哲学をそこに見ることができるとともに、教育科学、特に教育社会学の基礎理論、先駆を認めることができる」（同書　二四八頁）。

デュルケームの教育学は、一方では教育科学として、他方では教育哲学として語ることができる。つまり、一方には特に教育社会学の基礎理論が認められ、他方には社会学的に方向づけられた教育哲学が見出されるのである。こうした新堀の指摘が、フランス教育学がフランスの文化に一貫した伝統としてのユマニスムないしモラリスムを背景として成り立ってきたことを前提としたうえでなされている、ということに留意する必要がある。しかも、デュルケームのいう「社会学主義」自体が「社会学的哲学」の性格を持っていたことも新堀は指摘しているのである。

このようにデュルケームの教育学を教育哲学ないしは教育思想としてとらえる方向は、たとえば梅根悟・長尾十三二編『教育学の名著一二選』（学陽書房　一九七四）というテキストに新堀が執筆した「デュルケーム『教育と社会学』―教育社会学の祖」にもあらわれている（このテキストには、コメニウス、ルソー、コンドルセ、ペスタロッチ、フレーベル、シュライエルマッヘル、ヘルバルト、スペンサー、クループスカヤ、デュルケーム、デューイ、ラッセルが取り上げられている）。デュルケームは、社会学によって方向づけられた教育学者として遇されているのだといえよう。だが、新堀が「教育実践への指針や情熱を得ようとして『教育と社会学』を読んでも、人は失望するであろうが、教育研究者、特に教育を社会学的に研究しようとする者にとって、この書は必読の古典なのである」（二一二頁）と述べているところに、『教育と社会学』のユニークさがあることも確かであろう。[2]

ここで、もう一つつけ加えておきたいことがある。新堀は一九五〇年代にデュルケーム研究に専念していたと推測されるが、同じ時期に、彼はアメリカ社会学の摂取に努めていた。『大学進学の問題―教育社会学的アプローチ』（光風出版　一九五五）、ウォーナー他『誰が教育を支配するか―教育と社会階層』（共訳、同学社　一九五六）、「社会階層と教育」（『教育社会学研究』第一三集　一九五八）、リースマン『大学教育論』（共訳、みすず書房　一九六一）などを見れば、それは明らかであろう。とりわけ論文「社会階層と教育」は、階層と階級を同一視する見方には与せず、社会学的な意味における階層と教育との関係に限定し、主としてアメリカの「階層と教育」に関する研究文献（日本の文献も一部含まれる）[3]を用い、「階層に対する教育の影響」と「教育に対する階層の影響」の両面にわたって予想的仮設を述べたものである。彼は、この論文の最後を次の言葉で締め括っている。

「教育が階層、即ち人々の社会的地位の不平等に対し如何なる態度や手段をとるべきか、又民主主義的理想に対して教育は果たしてこの点で成功しているか失敗しているかという如き、価値判断的考察は、かかる綿密な事実の研究を基礎とした上で始めてなし得るものであって、形式的、先入主的公式を以て予めわり切れるものではないのである」（一八八頁）。

少し回り道をしたが、元に戻ろう。新堀は『デュルケーム研究』序章（研究の目的と方法）で次のように述べている。「我々は彼の教育学と社会学との一貫性、連続性を証明した上で、先ず彼の社会学の基礎理論を明らかにすることによって、その教育社会学理論に到達するという方法をとったが、この前半の操作において、研究の客観性を一層確保せんとして、（一）彼の社会学理論に関する主要な研究物に目を通し、特に彼に対する各種の批判を検討するという仕事を試みること、（二）彼の思想の発展と展開を眺め、それによって思想の一貫性を側面から明らかにすると共に、そこにふくまれる萌芽が彼以後に如何に展開したかを明らかにすること、（三）思想の一貫性の究明のために、彼自身の心理の反映としての論理、即ち思惟方式を明らかにし、その論理が思想に反映されていることを明らかにするという内面からの思想理解の方法をとること、という三つの手続きをとったのである」（『著作集』第三巻一六頁）。

この中で注目されるのは、「デュルケーム自身の心理の反映としての論理（思惟方式）を明らかにし、その論理（思惟方式）が彼の思想に反映されていることを明らかにする」という言葉である。この基本的な枠組みは、すでに見た「ルソー研究」の場合と同じであることがわかるだろう。ここでは「心理と論理」という言葉が使われているが、「心理」は「生涯、生活、性格、人間の解明によってとらえられる人格構造」、「論理」は「思惟様式」と言い換えることができる。もちろん、ルソーとデュルケームは一見対立する人間に見えるから、論理と心理の具体的なあり方は同じとはいえない。しかし、ルソー（一七一二―七八）とデュルケーム（一八五八―一九一七）は、異なった時代を生きたとはいえ、同じフランス的な文化の伝統（とりわけモラリスム）を背負った思想家として共通面も持っていたと考えられる。

新堀は、デュルケームの思想構造を、その「心理」と「論理」から解明しようとする。まず、「心理」はデュルケームの性格と意図としてとらえられる。「直ちに反駁できない力強さを以て感じられるのは、彼の性格における真摯さとでも名付くべきものであろう」（『著作集』第三巻二六四頁）。「最も基本的なものは、やはり彼の真摯な性格が人間、道徳を問題にせざるをえなかったということであろう。この点において彼は（略）モンテーニュに発するといわれるモラリスムの伝統の中に掉さしているといえよう。彼はいわばモラリスムの主題を、文学的、哲学的にではなく、科学的に、実証的に扱い、又解決せんとしたのである」（同書　二七二頁）。なお、新堀はデュルケームの楽天的な性格（それは対象への真摯な態度、つまり信頼から生まれる）を指摘しているが、そこから保守主義（デュルケーム自身は「健全な保守主義」という）も生まれ（同書二六九―二七一頁）、また、それは楽天的な国家観にもつながるのだろう（同書五〇一頁）。

次に、「論理」、すなわち「思惟様式」の特性として、新堀は（一）連続性、（二）体系性、（三）実証性、（四）二分法を挙げる。ごく簡単な説明を加えよう。（一）非連続、矛盾と見る研究者もいるが、デュルケームの思想は連続的発展をたどっていると解釈できる。（二）デュルケームの思惟の体系性は、二つの特徴を持つ。「彼は哲学から出発して哲学に帰った」、「哲学が全体性の学であり、綜合の学であり、又人間の学であり、学問の学、即ち方法論であるとすれば、彼の社会学はある意味からいって哲学という名を以て呼ぶに相応しい」（『著作集』第三巻二八〇頁）。もう一つの特徴は、デュルケームが対象の取り扱いにおいて何よりも全体的だったことであり、全体性の感覚、全体的な接近法は思惟様式の体系性を表わしている。（三）事実、実在が思惟の出発点である。（四）「二分法は先ず第一に他への反撥となって表現されるが、これは自律性への要求という心理によって裏付けられる」、「第二に二分法は思想自体においても研究対象に二つの対極的な概念、局面を認めることに反映された（社会的事実と個人的事実、内と外、機能と構造、拘束性と外在性、制度・基体と集団意識・集団表象、善と義務、道徳と道徳性、俗と聖、等々）」、「この二分法的思惟形式の必然的結果として、いわば二元論的論理が生まれる傾向のあることを見逃すわけにはいかない（理論と実践、個人的立場と社会的立場、心理学と社会学、合理主義とモラリスム、等々）」、「彼の思惟形式の特長たる体系性、連続性がいわば一元論的思惟を要求したに対し、この二分法は二元論的思惟を要求したため、この二つの思惟の態度が葛藤したともいえる。勿論一元論的態度、統一、体系への要求はあまりに強かったため、二元論的態度をより高い見地から一元化することに彼の基礎理論の努力は注がれたといってよいが、なお二元論の一方に傾倒しえなかったところに、彼の理論の長所と共に短所もあったといえよう。彼の思想が実践的関心や哲学的関心のために、純粋な科学性をもちえなかったという批判が屡々行われるのは、かかる二つの態度が完全に調和しない場合のあったためであろう」（同書二八二—三頁）。

かなりわかりにくい要約になってしまったが、新堀は、デュルケームの二分法的思惟様式について、その長所とともに短所を認めた。

二分法的思惟の典型的事例としては、実践と理論、あるいは実践的理論と科学的理論を挙げることができるだろう。新堀は、教育学と教育科学、実践的道徳理論と道徳の科学、実践的理論としての社会主義と科学の対象としての社会主義という三つの事例を検討し、次のようにいう。「三つの顕著な例を見ることによって、理論と実践、ないし科学的理論と実践的理論との二分法的対立の意味は明らかである。自律性への要求と専門化の尊重は必然的に前者を高く評価せしめる。実践のための、応用のための理論は、理論自身の自律性を失わしめるからである。他方、彼自身の実践的意図、モラリスム的傾向は、実践と無関係な理論の実践を疑わしめる。そこでこの２つの傾向の葛藤を調停するため、彼は理論は科学的であればあるだけ、ますます実践を指導しうる力をもつと主張する」（『著作集』第三巻二九二頁）。こうして科学的理論としての社会学は、客観的・無私的態度、実証主義的態度、自然科学に範をとった態度、もの主義が要請されるが、実践・応用・技術とは無関係であればあるほど、ますます実践に役立ちうる。「ある問題を社会学の対象として取り上げる際の実践的意図や結果としての実践への指針の出現は、科学としての社会学の性格に決して矛盾するものではなく、かえって自然なことであり、又市民としての学者にとって倫理的なことでもある」（同書三二六―七頁）。

なお、新堀は、「内と外」をいろいろなレベルであらわれる二分法的対立として考察し、この概念の曖昧さを指摘しており（同書四二八―九頁）、さらに「人間の二重性」という二元論的なとらえ方も問題にしている（同書四六〇―三頁）。実は、『デュルケーム研究』については、「社会学基礎論」（『著作集』第三巻　二八五―四五二頁）や「教育社会学」（同書四五三―五六七頁）を検討することが大幅に残されてしまった。だが、一応ここで終わりにしたい、と私は思う。というのは、私の意図は、新堀が「人格構造（心理）→思惟様式（論理）→思想体系」という基本的枠組みをルソーとデュルケームにどのように適用したか、を見ることにあったからである。

ところで、新堀は、いわゆる教育三部作と呼ばれる『教育と社会学』（講義録と論文、死後出版　一九二二）、『道徳教育論』（講義録、死後出版　一九二五）、『フランス教育思想史』（講義録、死後出版　一九三八）がその実質的内容から見て『社会分業論』、『自殺論』、『宗教生活の原初形態』などに比べて劣るものであることを認めながらも、これらが「教育社会学」の研究成果を含むものだと主張する。だが、『道徳教育論』が初等教員対象の公開講義であり、『フランス教育思想史』が中等教員志望者対象の講義だったことからすれば、また当時「教育科学」が未発達の状態にあったことからすれば、これらの講義録は、道徳社会学や歴史法に基づく社会学の研究成果を含むとしても、そこに実践への指針として提示されたものは、「実践的理論」としての性格（デュルケーム自身の実践的意図やモラリスム的傾向があらわれやすい）をまだ残しているのではないか、と私には思われる。しかし、新堀はそのことを承知のうえで、プラスの方向を見出そうとしたのだ、と考えるべきなのだろう。

新堀がデュルケームから引き出した「教育社会学」の実質的内容を要約すれば、次のようになる（『著作集』第三巻五五五―六頁）。

（一）教育社会学論（デュルケームの『教育と社会学』は、彼の全思想体系との関連で理解されねばならない。新堀自身は、デュルケームの理論を発展させて彼自身の教育社会学論を確立しようと真摯に努めた）。

（二）教育本質論（その基礎には社会学的哲学がある）

（三）道徳教育論（社会心理学的研究）

①教育的集団論（学校の社会学、学級の社会学）

②道徳性陶冶論（教授の社会学、教育環境論、各科教授の道徳教育的役割）

（四）教育の歴史的―体制的研究

①道徳の社会的規定（道徳社会学）

②教育制度の社会的規定（教育制度の社会学）

③教育目標の社会的規定（教育目的の社会学、教育学の社会学）

④教育内容の社会的規定（カリキュラムの社会学）

これらについての説明も省略するが、新堀の次の言葉を引用しておきたい。「デュルケーム研究に従えば、教育社会学には社会から教育へ、教育から社会へ、社会としての教育という三つの局面があり、それぞれに負の側面があって、本来の人間の正常な発達、社会化を阻害することがあるし、教育と社会との乖離、対立があって社会から教育への不当な圧力、影響にさらされ、その結果、社会にも個人にも望ましからぬ『病的』な状況が生まれる。また教育自体が内部分裂、不統一、非一貫性などによる『病的』な構造や機能を内在している」（『著作集』第四巻ｖ頁）。ここから、「教育病理学」という着想が生まれる（デュルケームの「正常―病理」を判定する規準について新堀がどう考えたかという問題があるが、この点については『著作集』第三巻一七五―一八三、四二二―四頁）。

なお、デュルケーム教育理論を踏まえて新堀が書いたものとして、「学級集団」末吉悌次編『集団学習の研究』明治図書一九五九、「教師にとっての道徳教育」新堀編『道徳教育』（講座現代教育学第九巻）福村出版、一九七七などがあることをつけ加えておこう。

3　新堀通也以後のデュルケーム研究

宮島喬は、『デュルケム社会理論の研究』（東京大学出版会一九七七）の「はしがき」で「すでに新堀通也教授の『デュルケーム研究』のような行き届いた学説研究もあり、英書にまで範囲をひろげれば、S．ルークス、A．ギデンズほかの包括的もしくは体系的な研究書（巻末の引用および参考文献を参照されたい）が入手可能である」と述べているが、一九七〇年代は「デュルケーム・ルネサンス」とも呼ばれ、また九〇年代にいたってもその勢いは衰えず、多くの研究書や論文が公けにされた（ルークス、ギデンズ、フィユー、ベラー、シェルカウイ、ニスベット、ウォルワーク、カラディ、ピカリング、ラカプラ、ベナール、ティリアキアン、ウォルフォード、クラディス、ターナー、カルディ、プランティエ等々）。

日本に限定すれば、上記の宮島のほかに、小関藤一郎『デュルケームと近代社会』（法政大学出版局　一九七八）、中久郎『デュルケームの社会理論』（創文社　一九七九）、中嶋明勲『社会学的教育思想の形成』（風間書房　一九八〇）、折原浩『デュルケームとウェーバー』（上・下、三一書房　一九八一）、麻生誠「E．デュルケム―教育社会学の創始者」松島鈞編集『現代に生きる教育思想3―フランス』（ぎょうせい　一九八一）、田原音和『歴史のなかの社会学―デュルケームとデュルケミアン』（木鐸社　一九八三）、作田啓一『デュルケーム』（人類の知的遺産五七、講談社　一九八三）、杉山光信『現代フランス社会学の革新』（新曜社　一九八三）、宮島喬『デュルケムと現代』（東京大学出版会　一九八七）、原田彰『デュルケーム教育理論の研究』（渓水社　一九九一）、田原音和『科学的知の社会学―デュルケームからブルデューまで』（藤原書店　一九九三）、古川敦『デュルケムによる教育の歴史社会学―「秩序」の交替と「人間類型」の変遷』（行路社　一九九六）、中島道男『デュルケムの〈制度〉理論』（恒星社厚生閣　一九九七）、小林幸一郎「ブルデューの社会学的アンガージュマン―デュルケームとの比較において」P．ブルデュー社会学研究会『象徴的支配の社会学』（恒星社厚生閣　一九九九）、重田園江「正常な社会と正常な個人―エミール・デュルケームにおける統計学と生理学」相関社会科学有志編『ヴェーバー・デュルケム・日本社会』（ハーベスト社　二〇〇〇）、原田彰「聖なる物語としての公教育―デュルケーム理論の再考」藤田英典・志水宏吉編『変動社会のなかの教育・知識・権力』（新曜社　二〇〇〇）、中島道男『エミール・デュルケーム―社会の道徳的再建と社会学』（東信堂　二〇〇一）、山崎亮『デュルケーム宗教学思想の研究』（未来社　二〇〇一）等々がある（私の好みで偏りがあるかもしれない）**4**。

古川敦の『デュルケムによる教育の歴史社会学』（前掲）は、デュルケームの“L’évolution pédagogique en France”（講義録、死後出版一九三八、小関藤一郎訳『フランス教育思想史』普遍社　一九六六）についての詳細な研究であるが、その中で彼は、あまりにも長く無視されてきたこの講義録を「失念された偉業」（九七頁）と呼んでいる。私はむしろ、今日では顧みられることがあまりにも少ない『デュルケーム研究』（文化評論出版　一九六六）こそは、「失念された偉業」ではないかと思う。『著作集』への収録を機会に、読者が増えることを願う。

デュルケーム研究以降、教育社会学の新たな領域を開拓しながら、同時に教育社会学論の新たな展開を試みてきた新堀は、『社会学的方法の規準』第二版への序文の中の次の文章を『デュルケーム研究』で引用しているが、このデュルケームの言葉は、絶えず立ち戻って味わうべきものであろう。

「我々の規準が将来改訂さるべき運命にあることは、極めて明らかなことである。それらはもともと個人的な、そしてすこぶる限定された一つの実践の要約であるから、ひとが社会的現実に関してさらに深奥な経験を収めるにつれて、当然進化しなくてはならない。のみならず研究法にしても、決して暫定的なもの以外には作りえない。何故なら方法は科学の進歩と共に変ずるからである」（『著作集』第三巻二二三頁、宮島喬訳、岩波文庫二二頁）。

1　なお、ここで具体的に見ることはできないが、デュルケームの教育理論を日本に紹介したものとして清水義弘「デュルケムの教育論（その一）―教育学的著述と「非宗教的教育」に関する覚書―」（『教育社会学研究』第四集　一九五三）がある。また『清水義弘著作選集』第二巻「教育社会学　政策科学への道」（第一法規　一九七八）には、デュルケームへの批判的言及がいくつか見出される。

2　なお、皇至道『西洋教育通史』（玉川大学出版部　一九六二）は、「科学的教育学の発展」という章で、実証主義的な教育社会学の創始者デュルケームを取り上げている（『皇至道著作集』第二巻「教育思想史」第一法規　一九七七、二五五―八頁参照）。ちなみに、ずっと後のことだが、今井康雄編『教育思想史』（有斐閣　二〇〇九）というテキストでは、田中智志が「デュルケームと教育科学」を分担執筆している）。

3　研究文献を収集・整理して論文を作成する新堀の手腕には、きわめてすぐれたものがある。たとえば、彼の最初の著作である『特殊教育概論』（柳原書店　一九五二）は、一九五一年に行われた教育指導者講習（ＩＦＥＬ）（一月八日―三月三〇日）で「特殊教育」の課程の修了時にまとめたレポートをもとに刊行されたものであるが、短期間に文献を整理して論文をまとめる能力には人並み外れたものがある。

4　日本の教育社会学分野のデュルケーム研究論文については、『教育社会学研究』や各大学の『紀要』の中に見出されるだろう。

四章　大学論とアカデミック・プロフェッションの社会学

有本　章

1　研究業績の分類

(1) 研究業績の背景と領域

新堀の教育社会学の業績を①高等教育（大学）の社会的条件＝社会変化、②社会的構造、③社会的機能、④「学の学」の諸観点から分析すると、種々の特徴がみられる。

①の社会変化は周知のとおり六〇年代から今日までに情報化、知識社会化、グローバル化、市場化、新リベラリズム化、知識経済化、生涯学習化、イノベーション化、高等教育の大衆化などが顕著になった。これらの変化は「教育（高等教育）の社会的事実」に対して大きな影響を及ぼし、日本では人口減少による少子高齢化、一八歳人口減少などのインパクトが増加した。新堀の研究は、六〇年代前後の『大学進学の問題』（光風出版）、『学生運動の論理』（有信堂高文社）、『日本の大学教授市場』（東洋館）、七〇年代の『日本の学界』（日本経済新聞社）、八〇年代の『学者の世界』（福村出版）、『大学教授職の総合的研究』（多賀出版）、『学問業績の評価』（玉川大学出版部）、『知日家の誕生』（東信堂）、九〇年代の『私語研究序説』（玉川大学出版部）、『大学評価』（玉川大学出版部）、『教育の病理』（福村出版）、『夜間大学院』

（東信堂）、二〇〇〇年代の『臨床教育学の体系と展開』（多賀出版）、など社会変化に対応した業績を帰結した。この中では社会変化の中の生涯学習化（『社会教育』（玉川大学通信教育部）、『社会教育学』（東信堂）、『世界の生涯教育』（福村出版）、『公的社会教育と生涯学習』（全日本社会教育連合会）、『現代生涯教育の研究』（ぎょうせい）、『生涯学習体系の課題』（ぎょうせい））の比重は大きい。本稿では生涯学習化の業績は扱わないが、別途検証が必要であろう。

②の社会的構造の側面では、大学のインプット＝入口（大学進学、入試）、アウトプット＝出口（学歴、学位、評価）、スループット＝過程（授業、カリキュラム）、ガバナンスやマネジメント、構成員（学長、教員、職員、学生など）が含まれ、これらは比較的業績が少ない授業やカリキュラム以外では研究の対象にされたことが分かる。また大学社会の病理＝教育病理（『教育病理の分析と処方箋』（教育開発研究所）、『教育の病理』（福村出版）、『教育の環境と病理』（第一法規出版）、『私語研究序説』（玉川大学出版部）、『「見て見ぬふり」の研究』（東信堂）、『「殺し文句」の研究』（理想社）、『教育病理への挑戦』（教育開発研究所））の比重も大きい。

③の大学の社会的機能（研究、教育、サービス）は、大学の中の専門分野を基軸とした学問に照準した研究が重要な位置を占める。それは④の「学の学」と密接に関係していて、「科学の科学」、「研究の研究」、「学の学」の領域で発達した科学社会学の方法に依拠して「学問の社会学」、とりわけ「教育社会学の社会学」（『デュルケーム研究』、『科学と教育』、『学問の社会学』、『臨床教育学の体系と展開』）の研究に収斂する。専門分野の研究の主体である科学者・研究者・学者・教授としてのアカデミック・プロフェッション＝大学教授職（『日本の大学教授市場』、『学閥』、『日本の学界』、『大学教授職の総合的研究』）の比重もまた大きい。他方、教育の主体である大学の教師・教育者・教授の側面は研究との関係で総論的に論じられてはいる半面、学校教師論の業績が多いのに比して各論では『私語研究序説』、『志の教育』以外殆どみられない。

（2）年代順に見た著作数

新堀の著書・編著・訳書は少なくとも八五篇ほど存在する。その中で大学やアカデミック・プロフェッション（academic profession= 大学教授職、以下では、APと略）に関する業績は、一六篇を数える。これを年代順に並べると、①一九五〇年代：『大学進学の問題』（一九五五年）、②六〇年代：『日本の大学教授市場』（一九六五年）、『学歴』（一九六六年）、『学生運動の論理』（一九六九年）、『学生運動の心理・社会学的解釈』（一九六九年）、③七〇年代：『日本の学界』（一九七八年）、④八〇年代『学者の世界』（一九八一年）、『大学教授職の総合的研究』（一九八四年）、『学問の社会学』（一九八四年）、『大学生ダメ論を超えて』（一九八五年）、『学問業績の評価』（一九八五年）、『知日家の誕生』（一九八六年）、⑤九〇年代：『私語研究序説』（一九九二年）、『大学評価』（一九九三年）、『夜間大学院』（一九九九年）、となる。通算すると、①一篇、②五篇、③一篇、④六篇、⑤三篇、となり、④②⑤①=③の順に多い。つまり、八〇年代、六〇年代、九〇年代、五〇年代=七〇年代の順である。これ以外に、翻訳の『科学と教育』（一九六九年）、『イギリスの新大学』（一九七〇年）、『バークレーの大学改革』（一九七〇年）なども含められよう。

以上の（1）（2）の概略説明から、新堀の著作は広く半世紀以上の各年代を通貫すると同時に大学内外に対象が遍在し、しかも大学のみに限定しても広範な領域を包括して成立していることが分かる。その全貌を検討する作業は至難である。しかも同じ業績が様々な領域にまたがっているので、いずれか一つの領域に限定できがたい。例えば大学論に配した『日本の学界』は大学教授職の領域に含めても不自然ではないのはその証拠であろう。したがって本稿では各業績の複合性を担保した上で、以下のごとく大学論とアカデミック・プロフェッション論とに便宜的に区分して、主要な著書・編著等を俎上に載せることにしたい。

2　大学論

（1）『学歴』（ダイヤモンド社、一九六六年）

戦前以来、天野郁夫の指摘した「二元重層構造」（『高等教育の日本的構造』一九八六年、五七頁）によって、大学と専門学校、国立と私立が組み合わさった大学の階層構造が出来上がり、学歴のどこに存在するかによって将来が規定される現実がある。本研究は、この種の日本社会特有の学歴社会にメスを入れた研究である。学歴社会の根底には学歴主義が存在する。「学歴主義とは、人間の能力の評価、判定、したがってその地位の割当てや待遇の基準として、形式、肩書、レッテルとしての学歴を過度に重視するという傾向や慣行や制度であって、いわゆる実力主義、能力主義の原理に対立するものと考えられ、これによって生まれるのが学歴身分制である」（一六頁）。編者の新堀によれば、学歴主義は二種類ある。一つはタテの学歴主義であり、学歴偏重であり、他の一つは横の学歴主義であり、学閥である。これが日本的である理由は、「日本人ほど学歴に対する意識やコンプレックスや関心が強い国民もほかにあるまい。」といった学歴意識をもつ日本人観に由来する。

本研究はこの「日本的なるもの」に対する研究がないことに着目して実施され、学歴意識には「学歴への意識」と「学歴による意識」の二つがあるとみなした。「学歴への意識と称するのは、学歴に対する意識、たとえば自分の学歴に対する満足度、学歴コンプレックス、学歴への欲求度、学歴と実力の関係に関する認知、学歴効用感、学歴主義の評価、学歴主義の将来の予測などであり、学歴による意識とは、学歴による意識の変動、特に実力発揮の意欲、モラール、欲求水準、見通しなどが学歴の有利不利によって、どのように変化するかを中心とする」（三三頁）。このような概念を基軸に約一万名を対象に各種の調査を実施して本書は書かれている。全一〇章のタイトルは、学歴主義と学歴意識、学歴と社会移動、受験戦争、学歴コンプレックス、高学歴者への感情、学歴の効用、学歴と欲求水準、学歴とモラール、学歴と実力、学歴主義の将来と提案、である。

果たして学歴主義は解消できるかを問うと、対概念としての実力主義が支配する社会が到来しなければならないが、本書の書かれた段階では、その可能性は高いとは考えられていない。しかし、実力主義を阻害する条件を除去するには、「学歴による終身雇用」（『日本の大学教授市場』参照）の存在によって学歴意識が制度によって保護されている日本的な現実を直視する必要がある。それと同時に、大学格差が大きい以上、それが学歴主義の意識を助長する根拠になっている点を直視することが欠かせない。その解消なくして実力主義の促進は困難であるからである。大学格差は、本書が出版された一九六〇年代は、上記のように戦前以来構築された制度に依拠する度合いが大きかったので、その打開が問われた意義は大きい。半世紀後の今日では、特に一九九一年以来、「選択と集中」政策によって大学格差は否定されるどころか、積極的に顕在化させる方向へ動いているのであるから、大学格差を助長する学歴主義の意識は減少するよりも拡大しているといわざるを得ない。

（2）『日本の学界――《学勢調査》にみる学者の世界』（日本経済新聞社、一九七八年）

本書は、「科学の社会学」を「学問の社会学」まで拡大し、国勢調査になぞらえて学界の人口動態の量と質を分析するという目的で書かれた。その意味で、日本で科学の社会学（以下、科学社会学）を初めて導入し、日本的な概念に改鋳して領域を拡大したことによって、日本の大学の「学者」にメスを入れた研究であるところに革新性がある。新堀は科学社会学者がほぼ皆無の日本で、教育社会学の下位領域として「二百カイリ宣言」し、領土を拡張し、開拓することを意図した。この宣言の恩恵を受けた筆者は科学社会学を専攻して博士論文を書き、現在まで科学社会学を研究の方法論としてきた経緯がある。それはともあれ、社会学の一分野である科学社会学は、教育社会学の一分野である「大学の社会学」や「大学教授の社会学」などの重要な柱となり、同時に科学社会学が大学を抜きに成立することは不可能となるのである。かくして、大学進学、大学紛争、学歴主義、学閥はそのような科学社会学の方法論によって研究することが可能となる。

こうして学勢調査によって、科学社会学を援用して大学や大学教授を分析することが行われることになったわけである。上の領域の拡大によって、科学に限定せず、人文科学や社会科学を含めた学問へと門戸を広げた結果、当然ながら「教育学」も対象に含まれる。本書では教育学が事例に取り上げられることが多いのはこのような事情による。

学界人口の成長は、過剰生産をもたらし、市場争いが生じ、自校閥傾向に向かい、さらに大学相互の市場争いが起きる。日本では少数大学による市場独占である「学閥」が顕著である。教育学では、東大（一八・三％）、東京教育大（一五・三％）、広大（一三・八％）、京大（九・一％）、東北大（四・一％）などが上位を占拠している。この領域では旧帝大のみではなく旧文理科大学のシェアが大きい。市場争いを伴う過剰生産は頭脳流出をもたらし、大学から他の職業へ強制的に転出する事態となる。深刻なオーバードクター問題はそれと表裏の関係にある。実証的には、社会科学、人文科学、理学、工学、医歯、農学、教育、薬学の順となる。

他方、事前流出は学問志願者自体に人材が集まらなくなる現象を生じ、大学院に人材が集まらなくする。大学のアカデミック・サイクルは講座制を前提にして、教授と助教授の年齢を問題にしているが、その間隔によっては高齢者ばかりで占有され、若い研究者が任用されなくなってしまう。いわゆる「四一番目の席」の現象が生じるのである。これでは、学問の発展は阻害されざるを得ない。逆に人口過密の威信の高い領域から他の威信の低い新興領域へ移動してその領域の威信を高めることも生じ得る。「役割交配」である。科学社会に依拠した本研究では、この種のさまざまな現象を解明している。

（3）『学問の社会学』（東信堂、一九八四年）

「科学の科学」や「研究の研究」の代表が科学社会学であるが、従来自然科学を対象としてきたのを批判的にとらえ、人文科学、社会科学も包摂した学問を対象とし、「学問の社会学」と命名するところに本書の面目躍如たるところがある。新堀はじめ一四人の共同研究である。新堀は序説を担当しているので、その論文に注目したい。科学社会学の意義では、それが科学と社会の相互関係を扱い、科学の社会的条件と社会的機能を分析するので、社会としての科学、科学から社会へ、社会から科学へ、という三つの主要分野を持つ。その意義は、社会的意義、社会学的意義、科学の自己批判によって増大している。こうした批判的精神から今後の課題を見ると、科学の範囲の拡張、学問分野相互の関係や成層構造の解明、歴史的視点の導入が必要である。

科学と大学制度に注目すると、国家主導の大学設置、フランス型の研究と教育の分離の限界、マタイ効果的な大学の成層、規模の拡大の影響、仏・独・英・米の大学教授リクルートの相違、科学の変容による学界のコミュニケーション体系、報賞体系、威信構造の変化、といった問題を含む。こうした大学と科学の相互関係は大学研究と科学社会学の不可分な関係を意味する。科学の制度化は大学の中に公的足場を持つこと、政府がある学問分野を評価承認し、精神的、財政的な援助を与えること、専門研究者集団が出現して学会を組織すること、大会の開催と専門雑誌を発行すること、などである。他にも科学の制度化にまつわる問題として、制度化によるタコツボ化、学会の重複、現場志向的制度化、学会の私物化、などがある。

概要以上のような論調が展開された後に、この理論を踏まえて、基礎理論（科学社会学の研究動向、機能主義的科学社会学の基礎理論、日本における科学社会学の状況、科学社会学における数量的研究、科学者の選抜と社会化、大学管理と研究活動、知識人としての科学者）、事例研究：教育社会学の社会学、事例研究：日本研究（日本学の研究）、などが研究されている。種々の理論的かつ実証的研究によって科学社会学の内外の理論、科学の社会的条件と機能、科学の社会的構造に照準して科学者の選抜と社会化、大学管理と研究活動、科学者自身、さらに学問の社会学を対象にして研究を行った意義が大きい。その後今日まで、この研究に匹敵する社会学的研究は十分に発展していないので、その発展的継承が課題であると言ってよかろう。

（4）『学問業績の評価―科学におけるエポニミー現象』（玉川大学出版部、一九八五年）

本書は副題が示すように、「科学におけるエポニミー現象」、すなわち「冠名」の研究である。エポニミー（冠名）の科学社会学的意義は五点に整理されている。「①エポニミーは極めて長期の評価体系、報賞体系の中に位置付けられる。②評価主体の点から、評価者は引用（指名も）にあっては同じ専門分野の同僚であるのに対し、エポニミーではそうした特定の個人を超えた、いわば社会人一般である。③引用分析における評価対象は極めて狭い分野の業績であるのに対し、指名分析ではむしろ被指名者（ふつう最も卓越し、それぞれの分野で最大の影響を与えた大学者、新しいパラダイムの提唱者のトータルな業績、一般理論が評価対象となる。④引用分析はその基礎資料としてSCIの他に、SSCI、A&HCIをもっているとはいえ、社会科学や人文科学については多くの制約があるし、また最も広く行われているのはSCIを利用しての自然科学分野の引用分析である。⑤エポニミーは独創性の判定に有効である」（九頁）。

エポニミーには成層がある。「①広く学問全体にとって価値が高く、また広く一般社会に影響を与え周知されたエポニミー、②学問的価値は高いが、狭い専門家仲間にしか承認されず、狭い専門家にしか貢献しないエポニミー、③学問的価値は高くなくても、広い影響力をもち広く利用され知られているエポニミー、④学問的価値も低く、狭い範囲にしか影響を与えず知られていないエポニミー」（一二頁）。

エポニミーの限界は六点に整理されている。「①学問的にも重要であり、社会的にも高く評価され承認されながら、エポニミーになっていない業績、エポニムになっていない学者が存在する。②最初エポニミーであった業績がアノニミティ化することがある。③イニシャル化されたエポニミーはエポニムから独立して用いられ、エポニムは忘れられてしまう。④エポニミーは時代とともに減少する。⑤エポニミーには時代や条件や科学の発達段階という条件が大きく作用しているばかりでなく、国や社会による差があるかもしれない。⑥エポニミーは学問分野によって、その出現や種類が大きく異なるであろう。」（一六―七頁）

本書では、このような科学社会学に淵源する理論的検討を踏まえて、さらに理論や各国の学問研究の特色などの実証研究が行われた。

（５）『大学評価―理論的考察と事例』（玉川大学出版部、一九九三年）

新堀の所論が主体である第一部は大学評価の理論的考察である。「大学評価がどのような経緯で要請されたか、またなぜ要請されるかを論じた後、その制度的モデルともいえる米国のアクレディテーションとファカルティ・ディベロップメント（ＦＤ）の歴史と内容、それぞれに関する論争を整理した後、大学評価にひそむ問題点を分析し、さらに本質的な問題として大学の自治、ならびにアカデミック・プロフェッションの特性を論じている」（はじめに）。大学審答申（一九九一年）では設置基準の大綱化と自己評価システムの導入が提言されたが、この背景を論じて、答申の見逃した点として学生の現実の無視がある。第二は自己点検評価がメリットシステムの裏付けを欠如している点である。このような特性を持つ背景には、大学評価の日本的特性があるのであり、それは一五点ある。①評価の拒否と愛好、②世間的評価の優勢、③自己評価の不在、④制度先行型、⑤平等主義と客観主義、⑥「見えざる大学」の支配、⑦丸がかえ的評価、⑧評価への居直り、⑨評価の「民主化」、⑩評価の「合理化」、⑪スループット評価の不在、⑫絶対値と率の混同、⑬継続的評価の不在、⑭組織評価の不在、⑮評価の評価の不在。

こうした論稿を踏まえて概して言えば、日本の評価は曖昧で、多くの問題を抱えているということである。私見では、とくに③自己評価の不在と⑮評価の評価の不在、は最も重要な欠陥や問題点であり、今日においても改革を急がれる課題である。他の著作である『殺し文句の研究』（一九八五年）や『見て見ぬふりの研究』（一九八九年）にも通底する問題点である。前者では、「世間的評価にせよ制度的評価にせよ、その評価の妥当性いかんという評価は不在である。大学評価自体の自己反省的評価が行われておらず、評価の目的や方式に関する研究もなければ理論もない。こうした評価の評価の不在が日本的大学評価の特性である」（『殺し文句の研究』一三三頁）。後者は評価が拒否される論拠を四点（倫理的反対論、哲学的反対論、社会的反対論、科学的反対論）指摘している。このような現象がある中で、日本では学歴主義や学閥が跋扈する現実がある。新堀は「年齢と学歴とはすべての人がもっているとともに数量的、客観的に比較可能である。こうして年功序列と学歴主義とが形式的な官僚制組織で重視される。しかしそれが逆に社会の側から実力主義の反撃を受け、個人の側には不当な評価だという反感を育てるのである」と指摘している（一三六―七頁）。

このような問題が生じる背景には、日本の評価がヨーロッパのチャーターリングよりも米国のアクレディテーションを土台に発達したことと無関係ではない。実際、新堀はその方式について、背景、成立、論争、を詳論した。アクレディテーションが外部からの大学評価であるのに対して、内部からの自己点検評価に密接に関係するのはＦＤである。したがって、ＦＤの発達と種類、必要性、ジレンマ、を詳論したのである。

以上の分析を踏まえて、大学評価の問題点を詳細に考察した。さらに、大学評価の本質的な問題として、教育効果の測定、大学自治との関係、アカデミック・プロフェッションの特性を対象に詳論した。さらに「冬の時代」の大学改革では、社会的条件（学校倒産の研究、日本の「学生消費者主義」、不況と大学）、地政学的条件（地域の概念、大学と地域との関係、大学の脱地域化傾向、地方大学の問題）、対策と改革（大学淘汰政策、大学の種別化、女子大学、入試改革、大学院への「飛び級」入学、同質編成、一般教育の改革「好感値」の提唱）、の角度から種々の問題を診断し処方した。

このように、大学評価を標題にして、背景、制度化、現状、課題、展望を詳細に分析したことは先駆的な研究であるといって過言ではあるまい。

（6）『私語研究序説―現代教育への警鐘』（玉川大学出版部、一九九二年）

本書は副題にあるようにまさしく「現代教育への警鐘」の書である。「私語」の定義は容易ではない。新堀は「私語という単語自体、通俗語であり、一般の国語辞典には載っているものの、教育などの専門辞典には独立項目として出てこない。つまり学術用語、研究用語として市民権を得ておらず、その厳密な定義は存在しない。私語に厳密に対応する外国語も見当たらない。私語について人々が抱くイメージや意味がどうちがうか、ということ自体が研究対象となろう」（三六頁）と述べている。「私的言語行動」であることは明確であるとしても、曖昧模糊とした概念である。この先行研究のない対象に対して各種調査を実施し多くの人々の言説を引用して実証的に全貌を究明したところに真価が見出される。

大学で私語が蔓延している状況を直視し、それが大学以前の教育病理やそれを含む日本の社会的病理と関係するとみなす点には、新堀の他の種々の「教育病理」に関する研究と共通する側面が少なくない。それらの研究を包括的に踏まえ分析し援用する中で大学に焦点を合わせて学生の私語へと収斂させた研究である。私語には戦後の学生運動からはじまって、大学の大衆化、学生消費者主義の到来、反知主義の台頭、大衆の反逆、不本意就学、学生ダメ論、大学教授の大衆化などの一連の現象が刻印されているので、簡単に定義できるとか解決できるような単純な事象ではない。学生と教授の間の距離が拡大して、後者の立往生が生じた。「およそ学問や書物に尊敬のかけらもなく、教室を私語と居眠りと内職の場と見なしている『不本意就学』『不本意出席』の大群を相手にするとき、教授の悲哀と不快はその極に達する。教え方が悪いからだと、気を取り直し反省努力しても、簡単に教え方がうまくなるでもないし、教授個人の力で学生大衆がかもし出す風土や雰囲気を改めるのは至難である」（一四二頁）。

私語は何時始まったかも不確かで、大学の大衆化やユニバーサル化と進学率の上昇と関係するとみなされる（一九九頁）。大学では「私語が発生しやすい授業もあれば発声しにくい授業もある。……こうして大学においてティーチングの問題が広い関心を集めるようになった。教育内容、教育方法、教材教具、指導法、人間関係などがそれである」（二二六頁）。

その対応は教授の臨床的対応として、①無視・放任・断念、②注意・説得・叱責、③教え方の工夫、④処罰・脅迫、教授の基礎的対応として、①事前契約、②学習負担の強化、③視聴覚的方法、などである。大学の制度的対応策の提言としては、①不本意就学の解消、②不本意就学の実態把握、③学問的雰囲気の醸成、④マナーの教育、⑤私的行為への配慮、⑥転科・転学部の機会、⑦物理的条件の改善、⑧FDと大学評価、などが指摘されている。

本書が出版された一九九二年当時は私語の全盛時代であった。私見では一九八〇年頃の共通一次試験導入の頃から授業で私語が増加してきたので、私語研究が必要だと考えたことがある。四半世紀後の今日では学生はむしろ真面目に授業に出席するし、最初に授業中での私語、携帯電話、スマホなどの厳禁を宣告しておくと、混乱は起こらないように思われる。しかし、私語研究で追究された日本の社会病理としての教育病理の病根は大学内外に根強く存在している。「歯止めなき教育病理」（『志の教育』二〇〇〇年、参照）が存在する以上、私語とは別の形態で出現するのは回避できまい。今日ではアクティブ・ラーニング＝能動的学修など学生の学修への政策、改革、研究が進展したことも一九九〇年頃とは隔世の感があるが、教育病理の同様の研究は依然として必要であり不可欠であると言わざるを得ない。

（7）『夜間大学院—社会人の自己再構築』（東信堂、一九九九年）

夜間大学院の研究は先行研究がない新領域の研究である。本書のⅠ部「研究の概要」、Ⅱ部「夜間大学院の特徴」から主な結果を概略すると次のようになる。研究の意義は、社会人大学院の要請、昼夜開講制とは異なる純粋型、などに求められる。夜間大学院の現状は、平成八年度現在、国立二大学、私立九大学と少ない。特徴は、設置時期が新しいこと、国立と私立の設置主題の差異、地理的条件、カリキュラムの特徴、社会人への配慮などによって区々である。大学院の中での夜間大学院の位置には、大学院の中で設置が少ないこと、昼夜開講制と夜間制がリカレント型大学院であること、プロフェッショナル・スクールとしては一部を占めること、新しい大学院の一部であること、といった特徴がある。

昼夜開講制に比較して、夜間制は入試倍率が高いこと、歩留まり率がやや高いこと、社会人占有率が高いこと、などの特徴がある。制度的特徴は設置年度と実施年度、領域、形態、成立過程などに特徴がみられる。実態としては、昼夜開講制では社会人定員枠を明示しているところは少ないこと、両方の大学において社会人の定義は緩やかであること、選抜は総合的であること、属性は企業、年齢は五〇歳代、夜間制は女性を多く受け入れていること、他大学出身者が多いこと、といった特徴がみられる。このような調査結果に基づく実証的研究が展開されており、さらに社会人大学院研究科長の意見が分析され、社会人に学びやすい夜間大学院の必要性が今後高まることを指摘し、事例研究として自分史による夜間大学院評価が分析されている。この種の自分史はその多くが匿名ではなく氏名を明記した報告であることを勘案すると、大学が生涯教育の中のリカレント教育の場であることを文字通り迫力をもって実証した、院生の参画した貴重な研究であることが分かる。

3　アカデミック・プロフェッション論

(1)『日本の大学教授市場―学閥の研究』(東洋館、一九六五年)

本書は、額面通りとれば、「大学教授市場」の研究だが実際には副題どおり「学閥」の研究である。学閥は日本的風土の中で発達した。「①大学が国家官僚制の一環として発達してきたこと、②大学の序列が大学相互の学問的実力競争より、国家の与える特権の段階によって決定されてきたこと、③大学内部に温情主義的な年功序列制と、終身雇用制とが存在すること、④最初設立された大学が自校出身者しか採用しなかったため、後続の大学も自衛上同じ政策をもたざるをえなかったこと」(四三頁)。学閥は「視界の極限、外部刺激の欠如、内集団的温情主義、排外心、事なかれ主義、保守主義的ムードの横行、開拓精神、他心的態度の欠如」をもたらす(一七二頁)。

この学閥が全国二六〇の四年制大学の講師以上の教員三二、〇〇〇名を対象に行われた学歴調査を基本資料として分析されている。すなわち、大学教授市場は東大が約四分の一、京大が東大の二分の一の勢力をもつことに実証されるごとく、大学格差の頂点に君臨する二大学によって支配されている実態を把握した。全体の七七％は国立大学出身者が占める。自給率は東大の九五％を筆頭に格の高い大学が多い構造を示している。歴史の古い旧大系の自給率は押しなべて高い。他大学出身者を拒絶するこの種の傾向は「自校閥」という学閥を物語ることにほかならない。自校閥の高い大学は「系列校」を多く擁しており、東大は全大学の約三分の一、京大は約五分の一を傘下に置く。しかし将来はこの二大学による系列校化は漸減し、地方ブロックごとの中心大学の系列化が漸増すると見込まれている。この種の学閥現象の原因は、母校を出て母校に就職して同一大学で過ごすため、母校を一大学しか持たない学歴が顕著となって作用する排他性が制度に組み込まれ、終身雇用や講座制がそれに拍車をかけることに起因する。そこには、学生時代から自分が所属する講座主任との関係が重要であると同時に、いったん講師として就職すると、実力や業績に関係なく昇任し、退職を迎えるという終身雇用が作用している。

教授一と助教授一の「煙突型」の職階を基本とした講座制を敷く日本の大学では、実力や業績よりも年功が任用や昇任の基準になっており就職から退職までエスカレーター式、トコロテン式に移動するメカニズムがはたらく。そこでは「研究の自由」ではなく「研究しない自由」が横行する。事例研究では、五年間に何一つ学問的な業績を上げない「鳴かず飛ばず」の、いわゆる「無能無為無名」の状態が約四分の一の教員にみられる。西洋の大学のように「ピラミッド型」の職階の場合は、実力と業績の証明によって競争を勝ち抜かなければ教授に昇任できないのとは対照的に、これらの教員も定年前には教授に昇任する。

本研究の真骨頂は、実力と学閥の関係は出身大学による業績生産性には差異がなく、勤務する大学の所在地、程度、年齢による差異が顕著であることを証明した点である。学閥によって実力は左右されず、置かれた条件によって左右される。このことは学閥が有利な条件を持つ風土では実力の潜在力を持っていても発揮されないことを意味する。学閥は実力発揮の促進と抑制の力学をもった大学格差を形成する限り、「マタイ効果」は容赦なく作用して階層上位では業績を上昇させる反面、下位では「地位の抑制作用」によって下降させる。換言すれば、ピラミッドの頂点は少ない以上、底辺の多数の人材をスポイルする方向に作用するというほかない。これは学問の世界には不適切な風土を意味せざるを得まい。

なお、その意味では今日においてすらマイノリティの地位に置かれている女性教員は出身大学に関わらず、大きな抑制作用を受けてきたのではないか。その点、本書には女性教員の分析が見当たらない。フィリップ・アルトバックは、ローガン・ウィルソンの『Academic Man』（一九四二年）を痛烈に批判したが、それはタイトルさえ女性を無視したばかりか女性教員の分析を欠落したからである。下記の『大学教授職の総合的研究』（一九八四年）のごとく本書の場合も女性教員を分析しておれば約二〇年前の一九六五年という早い時点において学閥を媒介した大学格差の現実が一層鮮明になったのではあるまいか。

学閥を解消するべく次の提言がなされた。「①個人の出身大学を単数にしないで、複数にする制度を考えること、②講座制、特に教授1、助教授・講師1という煙突型の定員制に検討を加えること、③若いなかに終身職（講師）に任命する制度を検討すること、④教授構成上の新陳代謝、サイクル改善を考慮すること」（二五五頁）。

この提言は半世紀後の今日までに実現したのであろうか。①に関しては、学部卒後に別の格の高い大学の大学院に進学する傾向は生じたが、格の高い大学は従来の方式を踏襲している。武者修行せよとの暗号はいまだに励行されていない。筆者たちの国際調査では、移動値一・九八と依然として一大学勤務は多い（有本章編著『変貌する世界の大学教授職』二〇一〇年、一一一頁）。②に関しては、煙突型からピラミッド型へ移行せず、むしろ「逆ピラミッド型」へ移行した（潮木守一『職業としての大学教授』二〇〇九年）。この事実は実力や業績抜きで教授へ昇任できる可能性は拡大したことにほかならない。③に関しては、任期制の若手教員への導入でもって部分的には実現した。しかし若手のみへの適用は、全体の活性化を導かないという限界を帰結した。実力や業績があっても就職できないポスト・ドクトラル問題も派生した。④に関しては、任用人事に公募が増加したが、系列校からの任用やたらい回し人事が解消され、動脈硬化のサイクルが是正されたかと言えば、そこまでは至っていない。全体に、日本の学閥現象の本家本元である東大が率先してその解消を行わない限り、根本的な解決にはならないはずである。その点、最近に至っても半世紀前の九五％ほど高くはないとしても、八〇％と自校閥の度合いは依然として高い。他の京大、早大、慶大などの大学もそれに追随する動きを示している（朝日新聞社『大学ランキング』二〇一三年）。

(2)『学閥―この日本的なるもの』（福村出版、一九六九年）

「日本的なるもの」という副題が付されているように、学閥は日本独特の現象であるとして研究が行われた。外国語に適当な言葉がないから、日本的であるとみなされる。「いろいろ苦心して、今のところ academic nepotism という英語を用いているのであるのだが、はたしてこれで通用するかどうか。和英辞書で閥という言葉を引いても、clique とか faction とかいろいろな英語が出ているが、どれもこれも満足できない。こう考えると、閥はやはりきわめて『日本的』な現象だといわざるをえないのである」（二頁）。当然、この現象へメスを入れ研究がなされる必然性がある。上で扱った『学歴』と同根現象であり、タテの学歴主義が学校歴、横の学歴主義が学閥である。

学閥は日本的な現象だから、ネポティズムやインブリーディングと関係した学閥現象が世界には無いかと言えば、確かにこの領域の研究はほとんどない。しかし研究は遅々としているがイギリス、ロシア、中国、韓国などに学閥現象は皆無とは言えないし、徐々に研究が開始されている。とはいえ日本的な学閥は他国に比較して強烈な個性をもち、大学格差の本質を形成し、大学の学問の発展に独特の影響力を与えていることは否めない。この風土と機能に注目し、四五年前に実証的に解明した意義は大きい。

学閥の特徴は開放性よりも閉鎖性の文化や風土が厳然と支配することである。大学は「学問の府」である以上、本人の実力によって人事が行われるのが理念であるし、それとは逆に属性主義が支配すると学問の発展は阻害されるとの仮説が成り立つはずである。数学のできない数学者を任用すれば、その学科や学部はたちまち発展を閉ざされるのは避けがたい。コード化の進んだ理系のみではなく、文系でも大同小異である。属性主義によって同質的な人材を集めれば、異質と異質が競争して創造を導く弁証法の論理は崩壊する。できるだけ異質な背景を持つ人材を任用することが望ましい。優生学的に近親結婚が忌避されるのと同様、学問的に自系繁殖やインブリーディングは回避されなければならない。

実証研究の結果、東大を頂点に大学の階層のピラミッド構造が存在し、東大が市場を寡占し、系列校を擁している傾向が見られる。東大に続くのは京大である。東大と京大は法学部に典型的に見られるごとく設立当初はともあれお互いに人事交流を行わない慣行が成立した。半世紀前に指摘された現象は多少解消された今日でも根強くみられる。このようなインブリーディング現象は、人事の閉鎖構造をもたらし、国際化を阻む条件となって持続した。今日、ロンドンタイムズの世界大学ランキングに東大は二三位（二〇一四―一五）を占めているが、上位への進出が困難とされる理由は、国際化が進行していないからであり、それは単に外国人の留学生や教員が少ないのみではなく、教員人事のインブリーディングに起因する度合いが大きいと考えられる。外なる国際化を実現するにはまず内なる国際化を実現する必要がある。このような学閥のメカニズムの特性を最初に実証した研究は、半世紀前に限らず今日でも新鮮な意味を持つことは明らかである。筆者の研究では一世紀前の一九世紀後半に米国の大学は学閥解消に取組んだのに、日本は現在なお取組みが不十分であるのは、学問の府である大学が社会の反射鏡的な風土を擁しているからだと考えられる。

学者の世界である大学は、権力や富力ではなく、学問研究の権威によって階層が形成される点で世俗社会の報賞体系とは異なる独自の体系が機能している。後述のエポニミーの研究において明確にされているように、エポニミーやエポニムは学問の独創性の所産であるから、それを阻害する学閥を解消することが課題であるにもかかわらず、戦後のとりわけ最近は大学格差がむしろ拡大されて、少数のトップ大学は強化されている。

（3）『大学教授職の総合的研究』（多賀出版、一九八四年）

本研究は、アカデミック・プロフェッションの総合的研究である。一九八四年の出版であることは、新堀六三歳と定年退官の時であるから、それまでの学歴、学閥、学界、学者、学問などの研究を踏まえた集大成の性格を持つと言ってよかろう。一三人が執筆している。実際、その範囲は、理論的研究、大学教授市場の研究、学者・学問、国際比較など広範である。この中で新堀自身の論稿は第一章のアカデミック・プロフェッション（以下、APと略）の理論的研究である。APの社会学的研究が立ち遅れたのは、研究者は自分の研究をしたがらないという「科学における自己分析の回避」に起因するのである。

APの社会学の系譜として、①プロフェッションの社会学、②高等教育の社会学、③科学社会学の三つの流れがあるが、このうち③が不可欠である。プロフェッションの本質的特徴は、①体系的知識、科学に基づく活動、②活動の独占と自律、③没私利性と研修を中心とする倫理綱領、など三つに集約され、このうち①がプロフェッションの本質だとみなされる。したがって、体系的知識の蓄積、生産、伝達に携わる大学がプロフェッションと不可分の関係になり、大学の中でこの種の役割を担うAPが「キー・プロフェッション」（ハロルド・パーキン）と見做されるのは当然であるということになる。そして教育社会学の一部に高等教育の社会学が出現し、その主要テーマの一つは大学人、APの研究になる。

「クラークは高等教育の社会学について、末梢主義（trivialism）とジャーナリズムという二つの危険、弱点があるという。この傾向は七〇年代顕著であり、前者は不平等やカレッジ・インパクトの研究に見られ、後者は興味ある事例だけを取り上げ論争的なフレーズを用いるという傾向に表れている。この傾向に対して彼はシンボリック・インタラクショニズムの立場、比較的、歴史的アプローチを評価しているが、この主張はアカデミック・プロフェッションの研究にもそのまま妥当するであろう。こうした線に沿った研究としてアルトバックの業績を挙げることができよう」（一四―五頁）。

新堀は、概略このような考察をした上で、科学社会学の重要性を指摘している。「科学社会学に最大の基礎理論を提供したマートンは科学のエトスとして、普遍主義、共有制、組織的懐疑、没私利性の四つを挙げた。このエトスは学界を支配する価値体系であると同時に、科学者の行動、研究活動の理想、規範、目標でもある。このエトスが現実の学界や学者をどこまで支配しているか、またその実現を阻む社会的条件は何かが、科学社会学にとって大きな研究対象となる」（一五頁）。私見では、この観点は現在も重要であるが、その後、一九九〇年代から大学と一般社会の境界線が曖昧になり、マートンのアカデミズム科学に通用したエトスの限界が生じたことは否めないから、科学社会学の新たな知見を活用する必要性が生じた。それはさておき、新堀はこのような考察をした結果、APとは何か、その特徴を五つ指摘した。①他のあらゆるプロフェッションに対する、その位置ないし役割。②科学は活動の手段ではなく目的。③他の多くのプロフェッションとは異なり、対人サービスを目標としない。④職場との不可分の関係。⑤多様性。

　本書の研究範囲は広範であるので、簡単に概括できないが、『日本の大学教授市場』の続編の調査結果は興味深い。市場占拠率が、予想通り後退したからである。前者の一九六二年時では、東大二四・％、京大一三・四％であったが、二〇年後の一九八二年では一五・四％と九・・三％に後退した（五四頁）。寡占状態から分散状態へと移行したのである。しかしそれでも両者の占拠率はかなり高い。自給率は東大九五・三％↓八七・九％、京大八八・九％↓八一・六％と減少したが依然として高い。系列校は、東大四五・一％↓二二・六％、京大二五・四％↓一九・七％と減少したがかなり高い。特に系列校の場合、予想通り、東大、京大は減少した分、地方ブロックを支配する九大、北大、東北大、名大、などは軒並み上昇しブロック化が進行した。また、格下の大学出身者が格上の大学へ就職する割合は依然として少ない。これらのことは、学閥の健在を物語るはずであるし、大学格差は解消される方向へ動いていないのである。

4　総括

　新堀の業績を便宜的に二領域に分けて検討した。両方は学歴主義や学閥などの主要概念によって緊密に連結しているので、必ずしも厳密には区別できない点は考慮しておく必要がある。概観した著作にはいくつかの長所と短所があるだろう。

　第1に、哲学的思索の影響がある。卒業論文は「ルソー教育思想の研究」であった。また、「教育愛の問題」というエロス、フィーリア、アガペーなどの概念に関する哲学的な探索に真髄があるから、当初の著作は内容的には当時の教育学の伝統と呼応して、規範的、当為的、観念的、思弁的、演繹的な段階にあった。文理科大学での学生時代から教員へ至る過程での研鑽は教育学の方法論に依拠し、とりわけ教育哲学に依拠するものであったみなされる。指導教授は稲富教授であった。戦前の教育学の主流は教育哲学と教育史にあったので、当然当時の空気を吸って学問的社会化が行われたのは不思議ではない。実際、初期の『ルソー』（一九五七年）の内容もその範囲にとどまっていた。これに対して『デュルケーム研究—その社会学と教育学』（一九六六年）は、教育を事実として捉え、教育科学として教育社会学を構想するところにある以上、教育学の骨格を担ってきたペダゴジーを超えるものであったし、その点において伝統的な教育学を革新する方法論の転換があると解される。

第2に、第1と関連するが、教育社会学の構築に献身した。本人の回想にあるように、ベン＝デービッドとシカゴ大学で交流を深めて刺激を受け、帰国して彼の著書の訳書『科学と教育』（一九六九年）を翻訳すると同時に導入した科学社会学への関心と実際の研究への着手は、教育社会学へ新しい方法論を開拓した意義が大きい。学生時代からの哲学的な思索を超越して、社会学的な思索へと転換が生じたのは、いくつかの契機がある。一つはシカゴ大学へのフルブライト交換教授としての留学であった。米国での社会学への出会いがなければ、その後の展開はあったとしても制約されただろうし、教育社会学の構築に与えるインパクトも半減したに違いない。実際、精力的な実証研究が着手された。

その原点は、帰国時に書かれた論文「ネポティズム社会学の構想」（一九六二）である。新堀は欧米の教育社会学が文化人類学的アプローチ、社会心理学的アプローチ、歴史—体制的アプローチによって発展した現実を踏まえて、わが国の教育社会学を模索した。「かくして、学閥の社会学、より一般的にいってネポティズムの社会学は官僚制理論・階層理論・高等教育の社会学・職業社会学など、多くの重要な社会学的問題に関連してくるのであり、その研究は既存の理論を刺激するところが多いであろう。しかしこの研究は今まで殆ど手が付けられていなかったし、又この現象は他国にそれほど顕著でないために、いかにしてそれに接近し究明するかとなると大きな困難が横たわる」（『新堀通也著作集第一巻』三九〇頁）。

かくして間もなく出版された『日本の大学教授市場』（一九六五年）はキャプロー＝マクギーの先行研究「The Academic Marketplace」（一九五八年）を考慮しながらも日本的な特徴へ着目し、その独特の構造と機能に対して容赦なくメスを入れ、特に学閥を告発した点でユニークな内容を誇る。米国の大学教授市場と対比した日本のそれを実証的に浮彫にした成果と、『デュルケーム研究』で獲得した「社会学主義」（三八九頁）の方法論を実際に援用した意義が認められる。同じ教育を対象にしながらも、従来の思弁的な方法から、教育の社会的事実を実証的にとらえる客観的な方法への転換を果たしたと解される。当然、現実的、存在的、帰納的な方法が重視され、実際の研究内容に新たな方法論が援用されることになった。

他の一つは、戦前発達した教育学と社会学を継承しながら、新たに教育社会学の講座が誕生したことであった。それは比喩的には社会学という父親と教育学という母親の結婚によって誕生した子どもに譬えられるように、両ＤＮＡを継承している。広島大学の講座は、担当者の末吉教授と新堀助教授が共に文理科大学の卒業生であるから教育学の伝統を踏襲した。ちなみに東大の講座は、担当者の牧野教授と清水助教授が共に社会学の卒業生であるから社会学の伝統を踏襲したのである。一九六〇年代に米国の教育社会学が教育的社会学（educational sociology）から「教育の社会学」（sociology of education）へと転換したのに対して、日本では「教育的社会学」を継承した教育社会学として発展した経緯がある。前者が教育学から社会学へ組み込まれたのに対して、後者は教育学にも社会学にも組み込まれない方向を辿った。その意味で、新堀は当時留学した米国で転換期の空気を直接吸って帰国して「教育の社会学」への牽引的な活動を開始したのであり、その成果が「ネポティズム社会学の構想」、『デュルケーム研究』、『日本の大学教授市場』

へと結実したのである。かくして「根無し草」としての教育社会学の方法論をいかに構築するかは、この時点を皮切に最後まで追求すべき課題となった。事実、この教育社会学の方法論の模索はこの時点から最後の著作である『臨床教育学の体系と展開』まで続くから、教育社会学の新たな地平を切り開くパラダイム転換を模索し、実際に新領域を開拓し続けたのである。

第3に、日本の社会病理を教育病理の視点から追求した。新堀が高等教育に関する著述活動を三四歳から九二歳までの五八年間たゆまず持続した半世紀以上の間に、社会は急速に変化し、大学の制度、構造、機能に大幅な変化をもたらした。六〇年代に量的爆発が危機を迎え、学生運動はエリート性の強い大学の保守性をするどく批判して改革を要求した。六〇年代と七〇年代前後の二つの「大学紛争」は、高等教育の大衆化時代に直面した大学の矛盾を露呈し、大学は危機の時代を迎えた。この時期に発表した大学進学、学生運動、学閥、教育病理に関する一連の著作は当時の最も重要な大学問題を直視した所産である。

これらの問題は、学生運動が沈静化した以外は、その時点以後も断続的に重要な問題として今日に至るまで存在していることは周知のとおりである。教育に具現した社会病理が教育病理であると定義すれば、日本の大学と関わる教育の社会病理は当時も現在も依然として無視できない現実であると同時にそのまま研究の対象である。その重要性をいち早く洞察した慧眼がそこにあるのであり、それに留まらず自ら模索した教育社会学の方法を駆使して一貫して教育病理を追求した点に独自性が見られる。

第4に、業績の与えた影響のもつ功績は少なくない。1つにはアカデミック・プロフェッションの研究はその後、門下生によって継続され、大学格差の存在を改めて明白にした。その点を敷衍すると、その中核を占める学閥は今もって種々の問題を孕む。例えば学問的生産性の抑制を深刻化したのは一例である。二〇〇三年に「大学の国際ランキング」が登場して以来、国際化に立ち遅れた日本の大学や大学教授職のアキレス腱を露呈することになった。2つには教育病理は日本的体質の問題と関係して、依然として顕在的にも潜在的にも持続している。新堀の下した診断と処方は改善しながら応用され得ると同時に、新種に対する対応が欠かせない。教育病理の解決のために教育社会学が有効性を発揮することを企図して教育社会学の構築の最後に辿りついた「臨床教育学」は応用研究、開発研究として今後の展開が期待される段階に来ているのである。3つには大学の評価研究の中で特に日本的体質として重要な点は「自己評価」と「評価の評価」の欠如である。アクレディテーションが米国の追随であり、自主的な自己評価が脆弱な日本で定着が困難なこと、認証評価機構の評価の評価であるメタ評価が欠如していることなどは、指摘された問題の現代版として課題とみなされるのである。4つには海外の学術研究を渉猟して日本の教育社会学構築に援用した卓越した語学力は誰しも容易には追随できないが、海外にインビジブル・カレッジの研究網を張りめぐらし、日本から発信し続ける姿勢には学ぶべき価値が大きい。

以上縷々考察したように、新堀の研究の軌跡を部分的ながら辿って、その動機、研究の内容、研究の独創性、研究の影響などを探ると今更ながら足跡と功績の大きさを再認識せざるを得ないし、次世代の研究者に託される期待も大きいことを痛感せざるを得ない（文中、敬称略）。

五章　学生運動の社会学

友田泰正・山野井敦徳・山崎博敏

本章においては、新堀通也（以下、新堀）の全業績の中における学生運動の研究に焦点をおいて検証する。第1節においては、この研究領域は新堀の教育社会学の研究経歴においてもっとも初期に展開された業績であるから、その研究戦略の開発と成立過程を吟味する。それを踏まえて、第2節においては、学生運動研究の研究内容の主要な趣旨を紹介しながら、大学生などその後の研究の展開を検証したい。

1　新堀イズムの成立と展開

(1)　基本的研究枠組み

氏の経歴から理解されるように、一九四九年の新制広島大学の発足に伴い、教育社会学講座の助教授として移籍されたのは一九五二年であった[1]。その後、教育社会学の研究者としてもっとも重要な出来事は、フルブライターとして著名な教育社会学者から構成されていたシカゴ大学比較教育センターへの交換教授留学である（一九五九年九月四日—一九六〇年九月二日）。この留学の体験は、氏の教育社会学者としての自己確立に大きな影響を及ぼしたと判断される。

表1　研究の基本的枠組

研究の基本的枠組	Achievability	物理的接近（身近さ）
		方法的接近（研究法）
	Accessibility	学問的価値（アカデミズム）
		実践的価値（プラグマティズム・ヒューマニズム）

まず、指摘されるべき最重要事項の一つは、留学中の指導教授であったC.A.アンダーソン教授の示唆で到達した、いわば、研究への取り組み方、問題発見、テーマ、方法論等に関して主張されたAchievabilityとAccessibilityの概念に依拠した研究の基本的枠組み（以下、「枠組み」）と称すべきものである（表1）。

この「枠組み」は、その後の氏の研究姿勢の背骨をなす重要なものであると評価される。とくに、本章の学生運動研究において、この枠組みはもっとも具体的に応用・強化され、氏のその後の研究実績及び研究態勢そのものを方向づける役割（いわゆる「研究精神の中核」を形成する新堀イズム）を果たしたように思う。

新堀は、この「枠組み」について、「ネポティズム社会学の構想」（以下「構想」）や「教育研究の六〇年―分析図表の提唱」の中でわかりやすく説明している[2]。アチーヴァビリティを構成する学問的価値と実践的価値はアカデミックな純粋学問研究とヒューマニズムに基づいたプラグマティズム的実践研究に裏付けられるが、研究遂行のためには「価値ある業績の上がりやすさ」（新堀はそれを「研究の見通し」と呼んでいる）が何よりも重要であると指摘する。その「研究の見通し」のためには、研究対象への接近のしやすさ、すなわち、アクセシビリティがきわめて重要であるという。

学生運動の研究は、その代表的研究テーマの一つとして、研究法としての「枠組み」を提案して最初に取り組まれ始めた研究と言える。それだけにこの「枠組み」とそれに依拠した新堀のその後の学生運動の研究の展開の仕方は新堀イズムの形成に大きな影響を与えていると解釈できる。以下では、こうした視点に立って学生運動に関する研究の構築過程とその成果を検証する。

(2) 研究の人脈形成と展開

以上、方法論に関してはアンダーソン教授との出会いが発想のヒントとなって表1のように収斂したようだが、研究テーマの発見や開発に関しても留学中の人脈に影響されているように思う。それが、D．リースマン教授との出会いである。新堀の言によれば、リースマンは難解な英語を駆使し、しかも機智、洞察、独創に富んでいると評価しているが、両者は共通的なところが多く似たもの同士の研究者でないかと想像される（新堀通也・片岡徳雄・森楙共訳『大学教育論』みすず書房、一九六一年年、二一〇頁。リースマン氏の人となりについては、喜多村和之『人は学ぶことができるか』玉川大学出版部、一九九五年、八一―一七頁に言及されている）。そのリースマン教授が新堀との会話で「日本研究者は日本独自で、特殊な現象を対象とすべきである」と提案したといわれる。しかし、『新堀通也年譜』（ぎょうせい　非売品、一九八五年　以下、『年譜』）によれば、氏の研究テーマと経歴の展開は、留学以前にすでに進学問題に関する論文を発表しており、我が国における進学、入試、学歴といった独自の問題に関する研究への関心はすでに抱いていることが理解される。例えば、上記『大学進学の問題』（光風出版　一九五五年）の「まえがき」において大学進学の問題が「我が国特有の現象」であることをすでに指摘している[3]。いずれにしても、リースマンの示唆でより徹底した日本研究が志向されたことに相違ない。

また、興味ある話題は、出版年代で見る限り、東大の清水義弘も、新堀にやや遅れて、試験、学歴、学閥、縁故といった同様な課題意識を持っていたことが理解される。どちらに先取権があるかの判定は、暗黙知の助走段階があるので困難であるが、その後の実証手続きや方法論からみてきわめて似通っており、相互に意識し影響し合っていたことは確かだろう[4]。

新堀の学生運動研究はいつなされたか、きわめて興味ある話題の一つである。関係論文を分析する限り、「構想」において、そのテーマはまだ十分に認識されていない可能性もある。学生運動の研究に比較して学閥研究は新堀によってたびたび指摘されているが、留学直後の成果として出版された「構想」（３節）の中では、学生運動に関する研究への言及はまったくなされていない[5]。しかし、学生運動研究に関しては「構想」以降においては「ネポティズム現象」の一つとして言及されており、学生運動は、学閥や学歴とともに三位一体的な重要なテーマとして位置づけられることから判断して、着想としては「構想」の執筆時にすでに念頭にはあったかもしれない。

ネポティズムというターム自体も、M．ヤングのメリトクラシーと対立する概念として位置づけ普遍化を試みているが、そもそものきっかけとなったのは、T．キャプローとR．J．マクギーのThe Academic Marketplaceにヒントを得て着想したものであろう。しかし、氏の「構想」の中では、このタームに関するキャプローとマクギー両名への言及は確認できない。主要な新堀蔵書（原著書）には、知的生産技術の一つとして氏自身が重要と判断したタームや事項に関して、本来の引用リストとは異なる自家製引用リストを余白に作成することを習慣としていた。両名の手になる原書も例外ではない。その蔵書によれば、自家製引用は三一項目にわたるが、'nepotism' という用語に関しては、「二一〇頁」、「一三二頁」、「二四八頁」と、量的には二番目に多く掲げている。「構想」の中のネポティズムという発想自体はムに関しては、キャプローとマクギー両名への具体的な言及は確認できないものの、ネポティズムというター明らかに本書から借用された裏付けの証左となろう[6]。

一九六〇年代、国際的視野から高等教育分野における学生運動研究を眺めた場合、この分野の第一人者は、当時、ハーバード大学国際問題研究センターの政治社会学者であったS．M．リプセットであろう。米国においては、氏の留学前後の一九五〇年代後半から六〇年代にかけて、P．ヤコブ（一九五七年）、R．ゴールゼンほか（一九六〇年）、N．スタンフォード（一九六二年）等の学生運動に関する先駆的な研究が出版され始めていた。一九六〇年代後半、リプセットは学生政治比較研究プロジェクトの責任者として、当時、同大学の新進気鋭の講師（一九六五―六七在籍）であったP．G．アルトバックとともに共同研究を推進し始めた。アルトバックはインドの学生運動研究（シカゴ大学時代）から出発したが、ハーバード大に初職を得て、リプセットのもとで米国内外の国際的視点から学生共同研究を積極的かつ幅広く展開していった。両者の相違は新堀のネポティズム的発想に対してリプセットはグローバルなそれであった。

新堀の学生運動に関する英語論文が、リースマン等の推薦によって米国社会学会の *Sociology of Education* 誌やＡＪＳ誌など、教育社会学会の「学問の中心地」とも呼ぶべき最も威信の高い国際誌に複数回にわたって掲載されるが、この論文は、その後、先進国や発展途上国において学生運動研究が世界的な広がりを見せる中で、リプセットに高く評価される僥倖に恵まれた。それと同時に、彼が音頭をとった世界初の学生運動国際会議（一九六七年　永井道雄とともに参加）やパリ円卓会議（International Social Science Council 主催　一九六九年）に招聘されることになる。なお、会議に提出したと考えられる論文は、リプセット編による米国学術審議会ジャーナル（*Daedalus*）や政治社会科学学術審議会ジャーナル（The Annals）の学生運動特集号に掲載される[7]。また、*Higher Education* ジャーナルの論文もアルトバック編集によるStudent Politics にも、再録されている。このように、学生運動研究をきっかけにアルトバックとも交流を深めていった。

他方、日本国内においては、永井とは教育社会学（とくに大学）研究や生涯教育研究等を通じて早くから交流を深める一方、一九六〇年代の大学紛争高揚期においては、喜多村和之が学生運動に職務上大いなる関心を抱き始める。国立国会図書館勤務時代に国会議員答弁資料の要請もあって学生問題の文献蒐集とその解析に従事しており、当時の米国の高等教育研究は学生研究が主流であったことを紹介している。その文献蒐集を通じて喜多村はアルトバックと交流を深め、『政治の中の学生』（アルトバック編　東京大学出版会、一九七一年）を翻訳し、新堀とも国際文化振興協会から共同の出版をしている[8]。

以上述べたように、新堀は留学とその後の学生運動研究を契機として研究領域を拡大すると同時に、国内外、とりわけ国際的人脈を構築し、国際的評価を高めることとなった。また、学生運動研究は、学内的には当時、教育学部助手であった池田秀男や大学院生の石田剛、友田泰正との文献目録作成のための共同研究態勢を出発点として、教授昇進に伴って「教育社会学研究室入門」（一九七二年）が謳われるとともに、共同研究態勢が本格的に構築され、良かれ悪しかれ、いわゆる新堀工場（研究者養成及び生産性向上システム）へと展開する契機となった。

（3）学生運動研究の次元構造

新堀の（上記表1）で説明した研究の基本的枠組みと「年譜」や「わが研究の軌跡―ある教育研究者の『自分史』」（以下、「軌跡」）等による学生運動の研究経歴を比較すると、興味あることが理解される。

結論的に述べるならば、本追悼集にも紹介されるように、氏の研究テーマは実に多彩である。その中で学生運動の研究は次元的にもっとも多次元で氏の研究展開法の典型を見る思いがすると同時に、氏の研究者として面目躍如たる側面がある。その次元構造を整理するために、図1にまとめてみた。

すなわち、第一軸には学生運動研究の研究、実践及びシンポや会議等から研究活動（実証研究）対実践活動（会議等）という軸を考えることができる。第二には学生運動研究活動が地域的にどの方向に向けられて発表されるかである。工学技術系においては特許等の国内という地域性が影響するものの、純粋の自然科学における研究は国際的な場

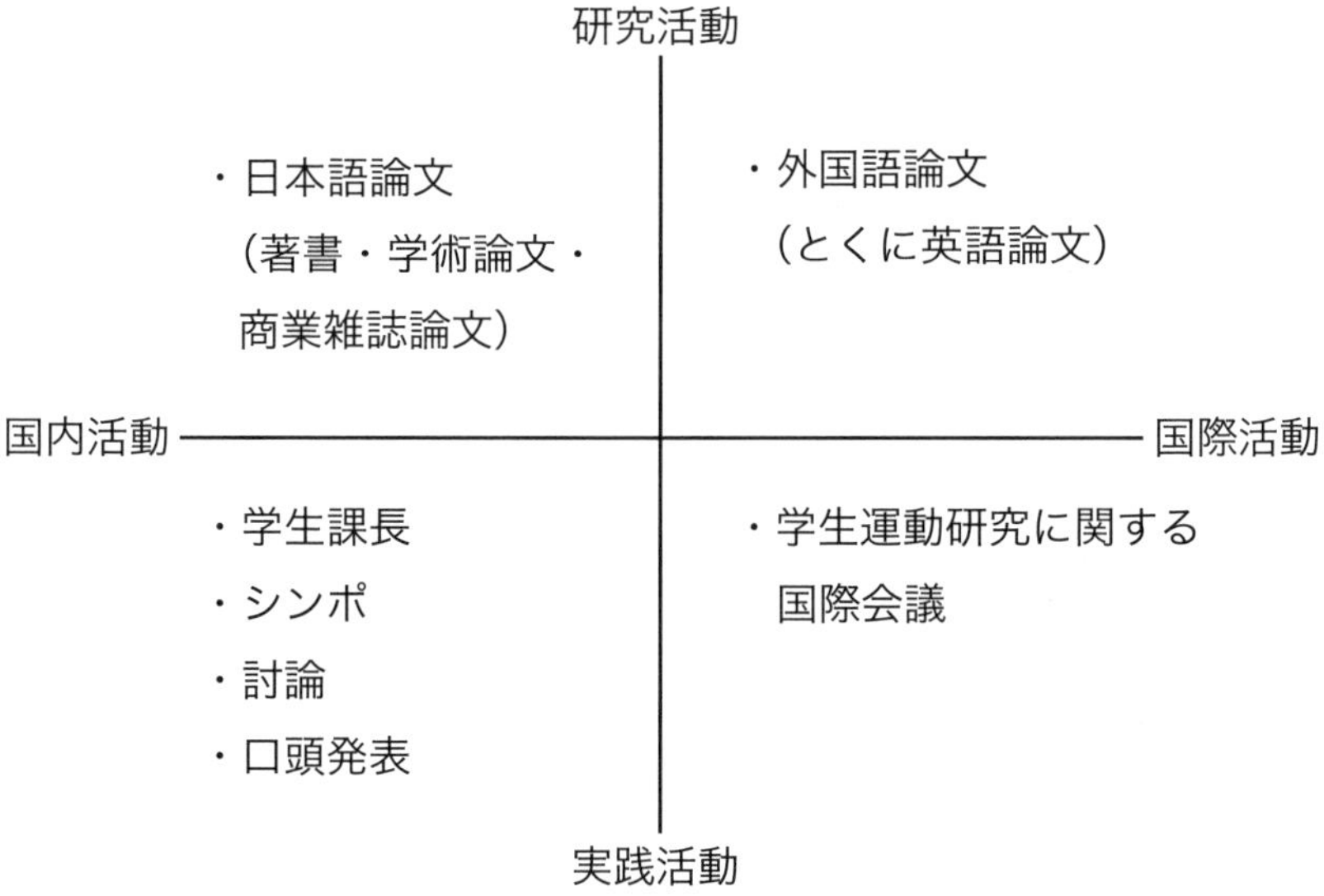

図1　学生運動研究とそれに関係する活動次元

で発表されるのが一般的である。それに対して人文社会科学の研究分野においては地域性が大きく問われてくる。とりわけ、当時の我が国の創設期の教育社会学の場合には大きく物をいう。したがって、この第二軸には国内活動対国際活動という軸を考えることがより大きな意味を持ってくるだろう。

以上の二つの軸を交差させることによって、図のような四次元の学生運動研究活動を位置づけることができるであろう。第一次元は上記の学生運動関係の外国語論文(とくに英語論文）は一九八九年までに計一二本を数える（『軌跡』）。第二次元には『学生運動の論理』（有信堂　一九六九年）を中心に三〇数本の論文を発表。第三次元には学生課長としての「団交物語」が典型であるが、大学機関等への講演もしばしば行われている。そして第四次元には上述の国際会議が位置づけられることは言うまでもない。

さらに、第三軸として学生運動研究知識の辞書化・教科書化といった知識の最終的定着化作業も垂直軸として付け加えることができる。辞典類に関する学生運動項目への執筆はのべ一三事典・辞典（書）に及んでおり、今なおこの分野の第一人者であることを物語っている。いずれにしても、紙幅の関係から以上の分析枠組みに基づく具体的な分析は割愛するが、要諦は氏の学生運動研究やその活動が表1に示した研究法をもっとも具現化した研究業績の一つであることを示している、

（4）学生運動研究の階層構造と期間

このことは同時に、学生運動研究内容のピラミッド構造とも呼ぶべき研究の層化現象が認められる。新堀氏の学生運動研究を中心として拡大していった学生研究は、「年譜」や「軌跡」に認められるように、業績は時系列的に同心円的に拡大しつつ、同時に、学生運動・学生問題（課題）・学生生活及び意識へと深化していることが理解される。すなわち、学生運動に関する研究は、最初は文献蒐集（一九六三年）から始まり、一九六五年前後までに主要英語論文が出版され、その後、朝日新聞や教育社会学辞典さらには厚生補導雑誌への執筆が始まり、並行して国際会議への出席、さらに学生運動の高揚期を迎えると、学生課長の実務や団交物語の実践報告に拡大する。このように、断続的に層化された学生研究へと拡大していく（詳細は「年譜」を参照）。

ここで注目すべき第一点は、学生運動に関する研究の開始は一九六三年の広島大学教育学部紀要の「学生運動に関する文献」から始まることとその整理の仕方にある。その内容について検討してみると、蒐集した文献数は約二五〇〇、そのうち一七〇〇を選択して掲載されている[9]。それは、大分類では、1．学生運動（A．日本の学生運動、B．外国の学生運動、C．学生運動論）と2．学生生活（A．学生、B．学閥）、から構成されている。ここで注目すべきは、学閥研究文献と学生研究文献も視野に入れていることである。前者は日本の大学教授市場と学閥研究への目配りであり、後者は学生運動研究ばかりでなく、学生研究への目配りが出発点から配慮されていることにある。文献項目の「A．

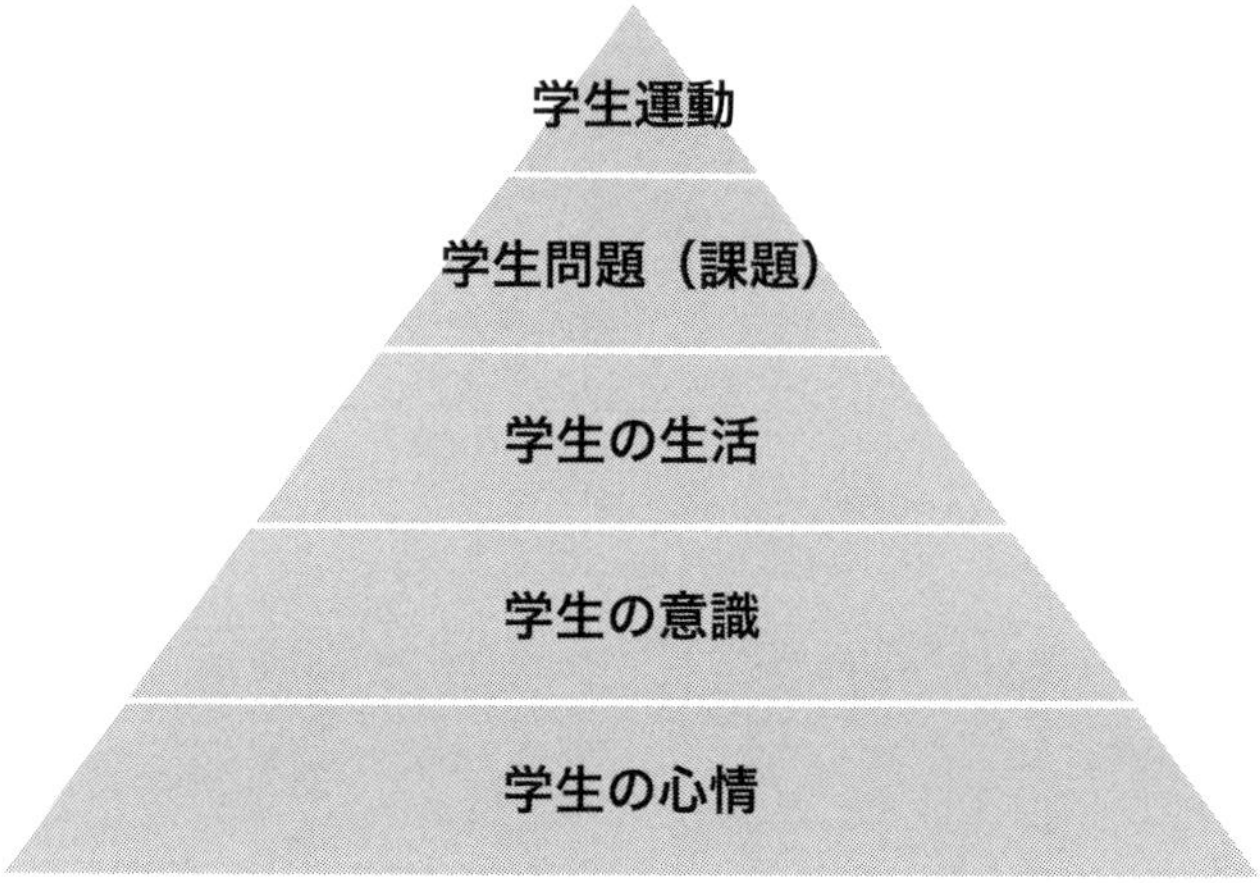

図２　学生研究の構造と展開

学生」の小項目は、a．学生論、b．学生気質、c．学生の生活、d．学生の意識、e．厚生補導、から構成されている。このように出発点から学生運動に関する研究は学生研究として発展せられることが意図されていたと推測される。

さらに、注目すべき第二点は、学生運動を出発点とした学生研究の研究期間の長さである。このように研究の過程と構造を分析してみると、氏の研究業績に見られる広島大学定年後かなり後に取り組まれた「私語研究」も高等教育研究として単独的に位置づけられる可能性も高いが、むしろ、学生運動の研究の延長線上の研究として位置づけた方が妥当かも知れない。このように考えた場合、学生（運動）研究の総計期間は、他のテーマの研究期間と比較して最長となる。こうした研究期間の背景には、初期の学生運動のアカデミックな研究から出発し、学生（運動）研究者として学界に知名度が高まるにつれてマスコミ界の認知度も高まり、それが各種のジャーナルや政府関係雑誌さらには各種辞典への執筆依頼投稿を要請したのであろう。

いずれにしても、新堀の「年譜」を対象にした広島大学定年までの学問的生産性に関する量的分析によれば、初職から定年までに五期のピークが確認される。それぞれの期のピークは右肩上がりで、第五期のピーク時には五六歳で年間三四本（一期五本留学前、二期一三本四三歳、三期一七本四七歳、四期五一歳と五二歳にはそれぞれ二七本）の論文数に達している。広島大学定年までの生涯論文数は九九二本（論文四七三編、雑誌論文三五九編、著訳書一六〇冊）10、それに武庫川女子大学二〇年間を総計すれば、雑文まで含めて、総計一七一〇本以上（ただし、雑誌論文等のシリーズ物は一本と計算）に達し、学生運動に関する執筆は、一九六三年から二〇〇三年『新教育学辞典』の「学生運動」の項目にまで及んでいる（「軌跡」）。しかし、何よりも強調しておきたい重要な点は、教育社会学者としての新堀イズム成立の契機は、留学後の第一期（学生運動を中核に学閥・学歴のいわゆる三部作の研究が展開された時期）に萌芽・形成・確立されたといえる。そしてその基盤をベースとして、その後の研究生産性が爆発的に展開され、二期以降のさらなる高みをめざして展開されていったのではあるまいか。いずれにしても結論的に言えることは「学生運動」というネポティズム的テーマで短期間のうちに国際学界のスターダムに一気に上りつめる様は凡人のなせる技ではあるまい。

以上、第一節においては、新堀通也の「学生運動の研究」に関連して、その基本的研究枠組みと研究の展開の仕方について概観した。

（山野井敦徳）

2　学生運動に関する主要論文と大学生の研究

新堀の学生運動に関する主要な研究は、一九六三年と六四年に、*Sociology of Education* に２つの英文論文が掲載されたことに始まると言ってよい。アメリカ社会学会を代表する学術雑誌に日本人の論文が掲載されたことは、戦後の草創期にあったわが国の教育社会学にとって大きな慶賀であり、大きな驚きであったに違いない。

なぜ、学生運動を研究したかについて、新堀は「軌跡」の一一頁に次のように述べている。「私が最初留学した当時、日本以外の欧米諸国では学生運動はそれほど大きな社会問題となっておらず、研究もされていなかった。私はこの『日本的』現象の価値を認めて、帰国後、これに関する論文を米国社会学会（ASA）の機関誌 Sociology of Education に、リースマンの推薦を得て二回にわたって連載した」。大学入試や学閥などの研究と同様、新堀はあくまでも日本的な現象に注目し、独創性を発揮しようとしたのである。

多くの日本人は、その数年後に刊行されたリプセット編『学生と政治』に収録された論文を読んでいるが、二つの英語論文を丹念に読んだ人は少ないのではないだろうか。そこで、本節では、この二論文と一九八〇年に発表された英語論文をやや詳しく要約的に紹介し、日本語で読むことできる論文と著書についてはその概略を紹介することにしたい。

（1）Comparison Between Pre-and Post-war Student Movement in Japan（*Sociology of Education*, 1963）

本論文では日本の戦後の学生運動を主導した全学連の社会的側面を分析することを目的としている。論文構成は、次の4つからなっている。すなわち、1．全学連の歴史　2．戦前の学生運動　3．類似性　4．差異、である。

新堀は、戦後の学生運動の段階を3つに分けた。すなわち、学内的（in-campus）段階、連合的（co-campus）段階、学外的（extra-campus）な段階である。

一九四八年に成立した全学連の始まりは戦後直後の学内紛争にある。多くの私立大学では、授業料値上げとマスプロ教育に対して、学生から大学側への批判と攻撃が多発した。紛争は自然発生的に散発的に起きた。これが「学内的」学生運動である。一九四五年から四七年頃までである。

しかし、各大学で問題となっている事項は大学間で共通していたから、学生たちは団結を始めた。例えば、旧制の官立大学や専門学校の再編については、ＣＩＥや文部省の公立大学案や理事会を有するアメリカ州立大学的な案に対して、当時の大学間団体や文部省審議会は反対の立場をとったが、学生も授業料の値上げが見込まれることから全国的に反対の声を上げた。こうして官立一六八校、公立三一校、私立六一校を加盟校とする全学連が一九四八年九月八日に発足した。こうして、学生運動は大学の「連合的」段階に発展した。新堀によれば、この段階は一九四八―五〇年ころである。

その後、学生運動は、サンフランシスコ講和条約が結ばれた一九五一年からは、政党や労働組合など学外の多くの団体と共同して進められる「学外的」段階に達した。

論文の後半部では、一九六〇年頃までの戦後の学生運動と戦前の学生運動を比較し、類似性と異質性を考察している。戦前は第一次世界大戦までを第1期、大正デモクラシーから昭和初期までを第2期とする。第1期は、自由民権運動に参加したり、政府の反政府運動抑圧に抵抗したが、間歇的であった。第2期には、世界恐慌、関東大震災などの混乱の中、多くの学生は共産主義に引きつけられ、労働運動と連携し、大衆と共同戦線を張ろうとした。治安維持法が公布され、学生連合会などの団体は非合法団体とされ、多くの学生が逮捕された。その中で、地下に潜る学生、セットルメント活動、学生消費組合活動などに移行する者もいた。

戦前と戦後の学生運動の類似性として、新堀は過激化、連合化、官僚制化の傾向を指摘した。しかし、相違点も多い。戦前は少人数で凝集的であり、地下に潜る者も多かった。しかし、戦後の学生運動は、学生大衆を大量に動員し、開放的になり、学生運動は合法的となったが、異質性が増大し、非凝集的であった。

(2) Zengakuren:A Japanese Case Study of a Student Political Movement (*Sociology of Education*, 1964)

本論文も全学連の社会的側面を分析するが、一九六三年の論文よりも、戦後の学生運動が多数の学生を巻き込む大きな社会運動となった背景を、詳しく鋭く分析している。

新堀はまず、社会的集団としての学生に注目し、その背景としてわが国の高等教育の特性と学生の社会の中での地位の変化を分析している。

日本の高等教育の特性として、鋭い威信構造、急速な拡大、地域的集中、父権主義的な大学風土、学生の学問へのコミットメントのなさ、の5つを挙げている。これは学生運動の背景として大きな役割を果したという。学生運動のリーダーは威信の高い指導的大学から輩出されたこと、急速な拡大の中でマスプロ教育などの弊害が生まれ、教員と学生の距離が離れつつあること、東京に全国の大学生の半数が偏在し、政党や労働組合など政治的な組織と密接に連携がとれること、いったん入学すると卒業でき、在学中に自由な活動の余地があること、学生は教養部などのマスプロ授業で疎外感を感じ、所属集団を探す中で学生運動の団体に所属すること、である。これは特に人文社会系に多い。さらに日本の大学には左翼の強い伝統があり、大学のエリートたちは左翼文化に共感する者が多いことも指摘している。

次に、戦後直後の占領軍体制から朝鮮戦争・冷戦・日米安保条約締結にいたるわが国の政治構造の変化、戦前のエリートの追放と戦後の新しい政治エリートへの交代、社会の支配的イデオロギーの変化が考察されている。これに伴う大学の状況の変化が分析され、戦後直後から一九六〇年までの全学連の成立と発展の過程が叙述される。

本論文の特徴は、実証的な分析結果が示されていることである。一九六三年論文で提出されていた、3つの学生運動の発生事件数と団体数が、類型別—学内的、連合的、学外的—に、一九四五年から六〇年まで表によって示されている。第1期（一九四五—四七年）には学内的事件が圧倒的に多いが、第2期（一九四八—五〇）には連合的事件が急増し、第3期には、学外的事件が急増したことが示されている。

最後に、次の6つの結論で本論文は閉じられている。

1　政治エリートの権力が弱体化すると、学生運動を含む対立エリートが地下から表に出てくる。
2　政治エリートと対立エリートの距離が大きいと、学生運動が起きやすくなる。
3　学生が将来のエリートを確約されている状況では、学生は過激な力により政権を倒そうとするが、学生が大衆である場合には、反エリート的な運動に参加する。
4　学生の数が少ないと、運動を起こし組織化することはできない。
5　学生が一部の大都市に集中していると、政治運動が起きやすい。
6　指導的学生が純粋な学問に関心を持ち、専門主義が支配し、学問の自由が尊重されていると、社会的政治的運動は少なくなる。高等教育が政治的国家的エリートを養成するように確立していると、学生は社会的事象に関心を持ち、政治運動を行うようになる。

本論文は、わが国で学生運動はなぜ起きたのかを深く考察した論文である。学生運動を生起させた日本の社会的文化的特性と高等教育に関する深い考察が高く評価されたものと思われる。

以上の2つの英文論文には、池田秀男、石田剛、友田泰正の三名の協力があったことが記されている。また、両論文は、P.G.Altbach（ed）Student Politics, Lalvani Publishing House, 1969に収録された。

（3）The Sociology of a Student Movement, *Daedalus*, 1968,「学生運動の社会学―日本の事例研究」リプセット編（『学生と政治』一九六九年所収）

この論文は、一九六七年にプエルトリコで開催された国際会議で発表した論文を基にしている。新堀はこの論文を執筆したいきさつを、次のように語っている。

「学生運動は、その後、全世界に拡がり大きな衝撃を与えるが、一九六七年、リプセットが音頭をとってプエルトリコで世界最初の学生運動に関する国際会議が開かれた。私が永井道雄とともに日本から招かれたのは、ひとえに先の論文〈*Sociology of Education* の二論文、筆者注〉による。ここで発表したペーパーはやがて米国学術会議（AAAS）の機関誌『デダラス』（*Daedalus*,1968）、続いてリプセット＝アルトバック編の *Student in Revolt*（一九七二年」）その他に収められた」（「軌跡」一一頁）。

本論文は、日本の学生運動の戦前戦後の歴史的変化を素描した後、学生運動の３類型を述べ、それぞれについて教員、学生、一般大衆、社会、そして指導的の役割を、具体的事例を交えながら説明している。次に、戦前の学校騒動や学生団体の設立と、その後の弾圧などを述べた後、戦後直後の占領軍と政府、労働者、学生の協調や対立の背景を述べている。そして一九四八年の全学連の創立前後から六〇年安保までの組織と運動の過程については、主要な事件の内容や参加学生数を具体的に示しつつ、先の３類型の展開過程を説明している。以前の *Sociology of Education* の二論文は学術的、分析的、概念的であったが、本論文は、より総合的、解説的、叙述的である。

（4）「日本思想史における学生運動の役割」（『思想の科学』一九六四年）

この論文は、戦前戦後の日本の学生運動を、思想運動としての側面と大衆運動としての側面から分析し、どちらの性格がより強いかを考察した論文である。大きく2つの部分に分かれ、前半では「大衆運動としての学生運動」が分析される。新堀は、学生運動が大衆運動と異質であれば、学生運動は日本思想史で独自の地位を持ち、逆に大衆運動の一つとみなされれば、独自の地位は持たないと言える、という。リフトンは学生運動の中に「主体性」や「純粋」を発見しているが、新堀は全学連の主張にはそれが一部認められるという。戦前には学生は大衆とはみなされず、学生運動を行う学生は一部であり、一般学生とも異質であった。かれらは、大衆の現実に触発された自責感、罪悪感をもち、大衆の中に入り込もうとした。戦後は逆に、大衆の一員となった学生は「主体性」を回復し、大衆運動から独立した役割やイデオロギーを持とうとした。しかし、新堀は、「戦前の学生運動は大衆運動たらんとしつつも思想運動たることを止めずにいられなかったのに対し、戦後の学生運動は思想運動たらんとしつつも大衆運動たることを止めずにいられないのである」という言葉で前半を総括している。

後半では、「思想運動としての学生運動」が考察されている。まず、学生運動の三類型が登場する。戦後直後の学内的段階では、政府と一致し、民主化をスローガンとしていた。冷戦に入った時期の連合的段階では、反大学、反政府がスローガンとなった。一九五〇年代以後の学外的段階では、他の大衆運動や労働組合と共闘し、破防法、勤評、改憲、安保改定、三池など大学外の問題に批判の矛先を向けた。一般学生を大量に動員するのに成功したが、そのうちに彼らは遊離した。戦前、学生は主に個人として学生運動に参加したが、戦後は運動が大規模化し、組織運営に長けた者がリーダーとなった。戦後の学生運動は、思想運動としての性格を喪失したと総括する。

最後に次の言葉で、結論が述べられる。「戦後の学生運動が大衆運動の前衛としての役割を果したとすれば、戦前のそれはむしろ思想団体の前衛の役割を果した」。戦前に匹敵する「思想家生産の機能を戦後の学生運動が果たしうるかどうかは今後の歴史が示すであろうが、もしその答えが否定的に出てくるなら、戦後の学生運動は思想史的にみて大きな役割を果たしていないことになろう」と結んでいる。

(5) Japanese Student Activism in the 1970's, *Higher Education* (1981)

高等教育の国際紙 *Higher Education* の第9巻第2号は、6つの論文から構成されている。このうち、最初の3つの論文は一九七〇年代の学生運動に関する特集を行った第8巻第6号の続編である。最初の論文はギリシア、2番目が日本、3番目が西ドイツに関する論考である。新堀は当時附属学校長を務め、多忙な毎日を送っていた。当時の院生六名が分担して収集した資料を使いながら、新堀は一九六〇年代後半から七〇年代までの学生運動の変貌を、一九六五年以前と比較分析を行った。

一九四八年の創設以来、戦後日本の学生運動は全学連によって先導されていたが、一九六〇年日米安保条約改訂に対する意見の対立から全学連は諸派に分裂した。新堀は一九六五年から七〇年代までの約一五年間を3つの段階に分けている。第1期（一九六五―七〇年）は、多様なセクト間の協同と闘争が混在した時期である。新左翼各派は対立しながらも学内闘争では協調路線を取り、各大学学生会やノンセクトラジカル派とも連携をとっていた。第2期（一九七一―七五年）は、これらの各派の間で主導権を取るべく血みどろの暴力的な闘争が行われた時期で、一九七二年には連合赤軍によるあさま山荘事件が起きた。第3期（一九七六年以後）は、三菱重工や経団連会館の爆破事件など、新左翼アナーキスト集団によるテロ事件が増加した時期である。一九七〇年代末までの内ゲバによる死者数の増加や新左翼団体加入学生数の減少を示す表が示されている。

ベトナム戦争に対する反対運動が拡がり、赤軍派のテルアビブ空港襲撃事件は世界を驚かせたものの、一九七〇年代にはキャンパスは平穏になった。七三年の第一次オイルショックは世界中を経済危機に陥れ、わが国でも失業者が増大し、大学生の就職状況は悪化した。大学生は保守化し、現実的になった。成績や就職に関心を持たざるを得なくなったのである。

学生運動により大きな批判を浴びた大学は、様々な改革案を作成した。喜多村和之や広島大学大学教育研究センターの調査結果を引用しながら、国立大学を中心に、教授会改革、一般教育改革などが提案されていることが示された。大学紛争の根源となった私立大学の授業料問題を解決するため、政府で私学助成制度が始まったことも指摘された。

論文後半部は、今後の学生運動の展望にあてられている。一九六〇年代末、実力闘争を行う際に各派が連合して各大学内に組織した全学共闘会議（全共闘）は、その後、急進的な諸集団に主導権を奪われ、一般学生から遊離してしまった。新左翼のメンバーに占める学生の割合は減少し、高齢化の傾向が見えている。彼らは活動拠点を大学から外に移し、成田、原発、同和、アイヌ、障害者などに目を向けた。一般学生の学生運動からの遊離は益々大きくなり、保守的な集団に加入する者も増えている。新堀は、多くの大学生を巻き込んだ一九六〇年頃の学生運動は起きそうもない、と結語した。

(6)『学生運動の論理』（有信堂高文社、一九六九年）

プエルトリコの国際会議から帰国後の一九六九年二月に有信堂から刊行された本書は、前編後編の二部構成の論文集である。前編「学生運動の背景」は、雑誌、新聞、学会誌に執筆した論文を編集した五つの章からなる。後編「大学におけるコミュニケーション」は、研究室の石田剛（当時広島工業大学助教授）、友田泰正（当時広島県立農業短大講師）、有本章（当時大学院博士課程在学）の各氏との大学生調査研究の成果である。

前編「学生運動の背景」の諸論文は、欧米の学術雑誌掲載論文とは全く異なり、新堀の考えがストレートに述べられている。新堀は、次のように述べている。「学生運動への関心は以上のような経歴を背景に、昭和四二年、勤務する広島大学で学生部学生課長の併任を拝命したことによって現実体験の裏付けを得るようになった。……当時の広島大学は学生運動が最も激化した大学の一つであり、大学はしばしば過激派学生による「解体運動」の標的となっていた。学生部はこうした運動への対応の最前線に立たされた。その実態と背景を私は「団交物語」と題して「朝日新聞」（昭和四三年一月一三日）で、つづいて第二団交物語を「中央公論」（昭和四三年五月号）で報告した（「軌跡」一二頁）。

第1章「二つの団交物語」は、朝日新聞と中央公論に執筆した論文を再構成したもので、助教授時代の新堀が大学の学生課長として参加した学生との団交の生々しい記録である。当時の学生がどのような言葉を発して大学側に要求をつきつけていたか、大学側がどのような言葉で対抗し、疲労し、学長が救急車で病院に運ばれるに至ったかが、生々しく叙述されている。そして学生運動はなぜ激化するかが、分析されている。運動側の学生の人間関係、大学の管理運営体制、マスコミの対応などが分析されている。学生運動は高度に政治的・反政府的であり、学内運動が学外政治運動の一環として取り上げられる背景には、「甘え」と「甘やかし」の風土があり、学生が匿名の集団成員として行動すること、国民や政治の二分化、大学の官僚制化と自由裁量のなさなどが指摘されている。

第2章「現代の問題としての学生運動」では、世界に広がっている学生運動、大学研究のおくれが指摘されている。第3章「日本の学生運動」では、当時の国家権力を悪とみなす思想とそれをはぐくむ風土が分析されている。第4章「学生の疎外感—ゲヴァルト信仰の基礎」は、学生の厳しい敗戦体験や内乱体験の不在が、暴力を容認する風土を生んだのではないかと述べている。暴力に訴えようとする学生は命がけで行動しているようには思えず、逮捕されてもたかが知れているという「甘え」があるという。まさに「安全地帯」を想定した「暴力ごっこ」なのであり、平和で繁栄した社会が到来した中で、学生たちは自分を疎外する社会体制、最も身近な大学側に攻撃している、と主張する。第

5章「学生運動の風土―適応主義について」は、占領が終了し日本が独立したことにより、権威不在の時代が到来したという。個人の人権と自由が尊重され、それに応え、適応することが政府や企業の仕事となり、教育では子どもの欲求に従って教育するという適応主義が支配するに至った。大学生は過保護な扱いに馴れ、それを当然と考えるようになった。大学生は、大学は自分の人格を無視していると考え、この疎外感を解消させるために大学に対して「団交」などの手段で自らの要求を主張する、と言う。

後編「大学におけるコミュニケーション」は、五つの章から成る。第1章では、大学共同体の構成員である教師・学生・事務職員のコミュニケーションの研究の重要性を指摘し、学生のコミュニケーションと、価値志向や行動様式との関係を理論的に考察した。新堀は、学生のタイプを学問的、政治的、サークル的、無関心の4つに分け、学生のコミュニケーションを分析した。さらに、教師と学生の間の価値や意識の違いを比較考察し、学生のコミュニケーションの様式の違いを、大学間、一般学生・一部学生で考察している。

第2章は、一九六七年一一月に行った四大学（国立一、私立三、ぅち短大一）の学生六四四人に対する質問紙調査の分析と考察である。主な質問事項は、教官と話し合う機会の現状と満足度、顔と名前を知っている教官の数、会話の内容などであり、性別、学年別などでクロス表分析を行っている。全体として、学生は教官と話し合う機会はあまりなく、不満をもっている。すぐにでも話し合ってみたい教員は少しおり、顔と名前を知っている教官の数は学年とともに上昇するが、一年生は半数、二年生は四分の一が個人的に話した教官がいないという結果であった。なお、話したことのある相手は、チューター、受講している科目の担当教官が多く、場所は教官室が最も多かった。

第3章では、学生を6つのタイプに分類し、意識や行動様式を分析した。「教養型」が最も多く三分の一強を占め、次いで「授業中心型」と「スポーツ・趣味型」が約二割、「享楽型」、「研究者型」が一割弱で続き、「政治型」はわずか二％

であった。「政治型」の学生は、話し合ってみたい教官が最も多数おり、話し合う機会が開かれていると回答し、「研究者型」と同様の傾向を示していた。さらに学生を学問への関心の強弱と政治への関心の強弱で4つに類型した。その1類型である「政治的学生」は、革新的な信条を持っており、父親の学歴や職業が低いほど革新的であることなどを明らかにした。

第4章では、大学の規模とコミュニケーションを分析した。第5章では、戦前戦後の学生運動家の属性を分析した。戦前については文部省等、戦後については各大学・他研究者による調査結果を活用して属性を分析している。最後に、学生運動の目的として「平和と民主主義の擁護」、「学内問題の解決」を挙げる者が最も多く、「社会主義の実現」を挙げる者は数%しかいないことから、全学連執行部と一般学生との間には相当のギャップが存在している、との結論をもって本書が閉じられている。

(7)『大学生—ダメ論を越えて』（至文堂、一九八五年）とその後

新堀は、一九八四年に広島大学・大学教育研究センター長に就任した。当時広く読まれた雑誌『現代のエスプリ』を刊行している至文堂から大学生をテーマとする号の編集を依頼された新堀は、センターの助教授と助手に声をかけ、編集方針を話し合う中で「大学生ダメ論」をテーマとすることにした。斬新だが、勇気あるタイトルである。四人は、ダメの解剖、背景、国際比較、ダメ論からの出発の四部を構成する優れた論文を収集し、解説文を執筆した。

新堀は冒頭の「概説・大学生—ダメ論を越えて—」において、その主旨と、現代大学生と大学を批判する教授たちの言説を縦横無尽に論じた。新堀は、なぜ「ダメ論」という挑戦的な副題をつけたのかについて、次のように直截に述べている。「戦後の大学生に関する文献の大部分を通して認められる傾向をスジとみなすならば、それをダメ論と

でも名付けることができる」と。

しかし大学生を批判する論文は枚挙に暇がない。新堀は、なぜダメ論がもてはやされるのかが問題であるとして、ダメ論を知識社会学的、客観的に分析考察するスタンスをとることにした。これが「ダメ論を越えて（beyond）」という副題をつけた理由である。誰が最も多く批判され、誰がどのように批判するかを分析することが重要であるという。強い者が批判される「強者ダメ論」は、批判する者、批判される者、弁護者を丸く収める賢明な論であると主張する。「大学生リッパ論」は大学生をダメと承認しており、「教授リッパ論」も同様である。学生からの批判によって権威を失墜した教授たちがルサンチマンによって大学生を批判することもよくある。

教授と学生の地位逆転は、大学紛争の時に起きたが、一八歳人口の減少によって消費者たる学生が王様になる時代が到来したことによって再来した。この時代には、教授たちは大学生ダメ論を公言はできなくなったが、この気配りが教授たちのルサンチマンを育てるという。

新堀は最後に、現代の大学生はほんとうにダメなのか、問うている。戦前に比べて大学生が莫大に増加していること、学力による学生の輪切りは進行し、大学間格差の増大とマタイ効果がはたらいている。ダメな大学とダメな学生はホンネにおいてはかなり承認されているかも知れない。大学入学時の学力や知能だけを指標にし、入学後の質的向上が無視されているのは問題だが、質を狭く「学力」に限定してさえ、大学生ダメ論、正確には大学ダメ論が正しいことになろうと結んでいる。

一九八〇年代に入ると、キャンパスは大きく変貌し、政治的学生はほとんど姿を消していた。この大学生ダメ論文には、紛争時代の大学教員に関する記述はあっても紛争期の学生についての記述はほとんどない。当時の新堀の目の前に現れていた大学生は、高度成長期に生まれた無気力・無関心・無感動のシラケ世代や新人類世代と呼ばれる大学生であった。

本章の執筆者のうち、友田と山野井は、新堀が「全学連論文」を執筆した一九六四年には、それぞれ大学院生と大学生であり、七〇年安保の時が友田は大学講師、山野井は大学院生であった。世代的には、団塊の世代の前の全共闘世代である。山崎は、全共闘世代とシラケ世代の間の世代である。一九六八年の佐世保エンタープライズ入港事件をデパートの屋上から目撃したが、大学に入学した七三年には一般学生を巻き込んだ学園紛争は沈静化していた。

新堀が武庫川女子大学に異動した後の大学生は、もっと変貌していた。一九九二年に刊行された『私語研究序説』を執筆時の大学生は、団塊ジュニア世代であった。バブル期に高校生活を送り、物質的に満ち足りた時代の世代は、先生にとっては孫の世代に相当する。あまりにも大きい世代間格差の中で、教室のなかでは先生はご苦労されたのであろう。

（友田泰正・山崎博敏）

【引用文献】

1　新堀通也　二〇〇五年「わが研究の軌跡―ある教育研究者の『自分史』」武庫川女子大学教育研究所『研究レポート』第三三号、四頁。

2 ①新堀通也　一九六二年「ネポティズム社会学の構想」皇至道先生還暦記念論文編集委員会『現代教育学の諸問題』学研図書（留学から帰国直後の一九六〇年一一月二八日に執筆）

②新堀通也　二〇〇六年「教育研究の六〇年―分析図表の提唱」武庫川女子大学教育研究所『研究レポート』第三六号、六―七頁を参照されたい。

3　新堀通也　一九五五年『大学進学の問題』光風出版（光風教育ライブラリー一一巻）。日本文化特有のテーマに関する関心は、当時の「S社の秘密」という株式会社ソニーの躍進に触発されたという説もある。

4 清水義弘　一九五七年『試験』岩波新書（清水義弘著作選集第三巻『入学試験―選抜から教育へ』）

5 新堀通也　一九六二年、同上論文

6 T.Caplow & R.J.McGee, 1958 The Academic Marketplace, Basic Books, New York.
なお、新堀のネポティズムに関する論文としては、Nepotism versus Meritocracy, *Indian Sociological Bulletin*, Vol.3 ― 2, 1966　に掲載されている。

7 Michiya Shimbori,'The Sociology of Student Movement ― A Japanese Case Study', *Daedalus*, winter, 1968, pp.204-228. Michiya Shimbori, 'Student Radicals in Japan', May,1971 pp.150-158.
永井道雄の大学に関する研究論文は上書のリプセット巻頭論文において基本的な部分において二度にわたって引用され、高く評価されていることが窺われる。なお、本書はS．M．リプセット編　内山秀夫・大久保貞義編訳『学生と政治』未来社、一九六九年として翻訳されている。

8 金子元久　二〇一四年「大学へのパッション―喜多村和之氏の高等教育研究」日本高等教育学会編『高等教育研究』第一七集、一七一―八五頁。新堀通也・喜多村和之　一九七二年 Higher Education and Student Problem in Japan、国際文化振興会

9 新堀通也　一九六三年「学生運動に関する文献」『広島大学教育学部紀要（第一部）』第一一巻、九二―一四三頁

10 大膳司　一九八五年『新堀通也研究―サイコヒストリーアプローチ』（私家版）

【参考文献】

D．リースマン著（新堀道也・片岡徳雄・森楙訳）　一九六一年『大学教育論』みすず書房
Michiya Shimbori　1963　Comparison Between Pre- and Post-war Student Movement in Japan, *Sociology of Education*, Vol.37, No.1, pp.59-70 (in collaboration with Hideo Ikeda, Tsuyoshi Ishida, and Yasumasa Tomoda)
Michiya Shimbori　1964　Zengakuren:A Japanese Case Study of a Student Political Movement, *Sociology of Education*, Vol.37, No.3,pp.229-53 (in collaboration with Hideo Ikeda, Tsuyoshi Ishida, and Yasumasa Tomoda)
Michiya Shimbori　1968 The Sociology of a Student Movement , *Daedalus*, Vol.97, No.1, pp.204-228（その訳は「学生運動の社会学―日

本の事例研究―」（リプセット編、内山・大久保編訳『学生と政治』未来社、一九六九年）に収録。）

Michiya Shimbori 1980 Japanese Student Activism in the 1970s, *Higher Education*, Vol.9, No.2, pp.139-154 (in association with T.Ban, K.Kono, H.Yamazaki, Y.Kano, M.Murakami and T.Murakami)

新堀通也　一九六四年「日本思想史における学生運動の役割」『思想の科学』一〇月号、三―一〇頁

新堀通也編　一九八五年『大学生―ダメ論を越えて』至文堂（No.213）

新堀通也　一九六九年『学生運動の論理』有信堂高文社

新堀通也　一九六三年「学生運動に関する文献」『広島大学教育学部紀要（第一部）』第一一巻

新堀通也　一九八五年『新堀通也年譜』ぎょうせい（非売品）

新堀通也　一九五五年『大学進学の問題』光風出版

T.Caplow & R.J.McGee,1958 The Academic Marketplace,Basic Books, New York

P．アルトバック編（喜多村和之訳）一九七一年『政治の中の学生』東京大学出版会

S．M．リプセット編（内山秀夫・大久保貞義編訳）一九六九年『学生と政治』未来社

喜多村和之　一九九五年『人は学ぶことができるか』玉川大学出版部

六章　教育病理と教育風土の社会学

村上　光朗

はじめに

新堀通也は、二つの「白鳥の歌」を残している。「白鳥が死に瀕して歌うという歌」、没前の最後の二作品である。ひとつはまさしく「歌」そのものであり、ロマンチシズムに溢れた歌集『戦中・戦後青春賦』。そしてもうひとつは、実証的リアリズムに貫かれたこれまでの学者としての歩みを自分史の形でまとめた『未曾有の「国難」に教育は応えられるか』である。後者には、二六年の長きにわたって三一二回の連載となった「教育時評」(「じひょう」と称する)のなかから代表的なものを撰集掲載されており、新堀が、教育の定点観測者としていかに傑出していたかを窺い知ることができる。ロマンチシズムと実証的リアリズム。新堀のなかに流れていた二つの大きな源流がそこにある[1]。

周知のごとく新堀の博士論文は『デュルケーム研究』であり、若き日の卒業論文のテーマは『ルソー教育思想の研究』である。私は、新堀の中に、デュルケームを始祖とする教育社会学者あるいは社会学者としての顔と、ルソーから多大な影響をうけた教育学者としての顔との両面を見ることができると思う。それはもちろん、教育学者から教育社会学者へと自己同一化の歩みを進めてゆく「第一世代の教育社会学者たち」が一様に抱えていた両面性であるには違いない。

だが私がここで強調したいのは、「白鳥の歌」に象徴化された新堀の内に潜む二つの大きな性格的特徴である。それらは、デュルケーム的性格である冷静なリゴリズムに貫かれた実証的リアリズムと、ルソー的性格である社会変革をも志すほどのロマンチシズムとの同居である（もちろん「ドレフェス事件」に対するデュルケームのアンガージュマン、またその反対に、自然科学（植物学）といった分野にもその才能を発揮したルソーを考えるとき、極端に単純化した言い方であるのは確かだが）。

新堀は、わが国における「科学社会学」のパイオニアでもあるが、科学社会学のなかではこうした二面性は顔を出さない。そこにいるのは科学社会学の巨人マートンにも比肩できる社会学者としてのリアリズムを貫く新堀である。だが、教育病理学者としての新堀には、実証的リアリズムとロマンチシズムの併存を見てとることができる。私には、新堀の構築する教育病理学（そしてさらには「臨床教育学」）が有するユニークさと広大さの鍵はまさにそこに潜んでいるように思われるのである。

1　なぜ、「教育病理（学）」なのか？――「病い」という言葉のリアリティ

わが国では、ポスト・ラベリング理論である「構築主義」の登場以降、「教育病理」という言葉はどこか古臭く、時代遅れの感があると見られてきた。もちろん「病理」という学術用語が死語化したわけではない。今日でも「日本社会病理学会」は厳然として存在しているし、その機関誌名は『現代の社会病理』である。

けれども、「何が病理であるのか」が、すでにそれ自体構築されるものだとする「構築主義」の立場からすれば、より規範的・価値判断的な色彩の強い「病理」という言葉への抵抗感があるのも確かなことである。また、社会問題を医学モデル的なアナロジーで捉えるのではなく、より社会学的なパラダイムの内で論じたいという、脱医療的なべ

クトルも、こうした流れに作用していると考えられる。

新堀は、「教育病理学」のパイオニアであるが、上記の流れには迎合せず、「教育病理」という言葉を終始一貫して用いてきた。だが実は、新堀自身次のように述べている。

社会病理学という名称が避けられるもうひとつの理由は、病理という語が価値判断的であり、また医学とのアナロジーにもとづくということにある。その場合、一種の社会有機体説が暗々裡に前提されており、異常と正常、病気と健康との判断が明快に行われる。しかし、いわゆる社会病理現象は人間個体の疾病や異常とは異なり、その判定は困難だし、異常、即、望ましからざるものと価値判断を下すことも容易ではない。（中略）教育病理現象とは教育に関係し、また教育において生じる社会病理現象であるといいかえてもよいが、病理という価値判断を下すことが妥当か否か、疑問であることがとくに多いのである（新堀　一九八二、一四頁）。

社会病理学の用語が好まれないとすれば、そのアナロジーに発する教育病理学も同様に好まれないはずである。また新堀は、「病理」という価値判断の妥当性にも疑問を呈している。そうした点を十分に自覚しながらも、新堀は「教育病理（学）」の用語を使用し続けた。はたしてその理由や意図はどこにあったのであろうか。

周知のとおり、構築主義は、「社会問題」にあらためて焦点を当てることで、広くこの言葉を流通させ、認知させることに成功した。構築主義のあまりにも有名な定義、「社会問題とは、ある状態が存在すると主張し、それが問題であると定義する人びとによる活動である」（キッセ＆スペクター　一九九二、一一七頁）、そしてさらに、「社会問題は、なんらかの想定された状態について苦情を述べ、クレイムを申し立てる個人やグループの活動である」（同　一一九頁）。

これらの定義の前では、病理に関する言説を司るものすべてが一種の共犯者的な後ろめたさを感じさせられることになる。なぜならば、たとえ教育病理の専門家や研究者が書いた論文であっても、そしてまたその内容がどれほど優れて客観的であったとしても、この定義の前では、それもひとつの言説として包括され、飲み込まれていってしまうからだ（また、その論文がまったく無視され、表立って問題化されなかったとしても、それが問題化しないこと自体もまた構築主義のテーマとなりうる）。ここでは物理学でいうところの「観察者効果」が働き、治外法権的な観察者は存在しない。おそらく「社会問題とは何か」を言い当てるとき、これ以上ハードボイルドな定義は他に考えられまい。

さらに構築主義は、次の点についてもわれわれに意識改革を迫る。たとえば「いじめ」を例にとれば、「いじめ現象」や「いじめがもたらす肉体的・心理的苦痛」といった具体的現象・症状と、いじめを巡るさまざま意見や論議から形成される言説空間（「いじめ問題」）とは次元が異なるという点である。深刻な現象が存在するからといって、必ずしも問題化しない場合もあるし、またその逆に、「モラルパニック」がそうであるように必要以上に大きく問題化し、世論が沸騰する場合もある。このため、言説空間はその影響力によって「いじめ現象」などの現実的な事象にも大きな影響力を有することになる。こうして「社会問題」という言葉は、構築主義の台頭とともに人口に膾炙し、日本教育社会学会でも、これに倣う形で「教育問題」という言葉が現在ほぼ定着してきている。

新堀自身、構築主義の有用性は認めており、たとえば、「『問題視』されることによって、問題は社会的に認知され、『社会問題』となるが、どのようにして『問題視』が起きたり起きなかったりするか、誰が、何を、いかに『問題視』するか、逆に、どんな問題がヒドン『問題』になるかは、『問題』の社会学にとって興味ある研究テーマである」（新堀　二〇〇〇、一三七頁）と述べている。だがあえて新堀は、一見時代遅れにも見える「教育病理（学）」という用語を捨て去ることはなかった。私は、そこに新堀の認識論的地平を見るとともに、「病理（病い）」という言葉に込められた深い思い入れを感じとることができる。

一九七五年の『教育社会学研究』(第三〇集)は、「教育における社会病理」を特集しており、新堀は、「現代教育の病理―教育病理学の構造」と題した論稿を寄せている。この論文のなかで、「教育病理学」という学問領域の必要性とそのインプリケーションとが初めて提唱される。とくに「教育的病理」と「病理的教育」との二つの概念を区別したことは重要である。

新堀は次のように述べる。「教育病理は二つに大別できるように思われる。すなわち一つは教育による病理であり、他は教育にとっての病理である。前者は教育によって引き起こされた病理であり、後者は病理を引き起こす教育的条件である。前者はいわば結果としての教育病理であり、後者は原因としての教育病理であり、それぞれを教育的病理と病理的教育と名付けることにしたい」(新堀　一九七五、一八頁)。

ここで重要な点は、原因としての病理的教育と、結果としての教育的病理とが単純な直線的関係にない点である。すなわち、「原因といい結果といっても決して直線的ではない。教育病理はそれ自体が病理的教育となって循環的に別の教育的病理を生み出す。例えば入試準備教育という病理的教育が進学組対就職組の対立という教育的病理を生み、それがさらに生徒の中にノイローゼを生んだとするなら、進学組対就職組の対立は病理的教育になるのである」(新堀　一九七五、一八頁)。つまり、病理はそれぞれ個々に独立して生じるのではなく、「シンドローム(症候群)」として存在するという認識である。言い換えれば、教育病理とは、「原因―結果」の永遠の連鎖が生じさせる宿痾のごときものであると考えることができる。したがって、教育病理現象は、一朝一夕に問題解決できるような単純なものではない。後年、新堀が「臨床教育学」を構想するにあたってその念頭においたのは、単に「問題を問題として分析する」姿勢を戒め、シンドローム化した病理を、より総合的な見地から臨床的に治療することであった。

そしてこの「臨床」という概念を通じて、「教育病理」には具体的なリアリティが与えられることになる。医学に淵源する「臨床」という概念は、今日ではさまざまな分野における「臨床の知」として拡大し一般化してきている。「臨床」の一文字で、心理や福祉、哲学、社会学といったさまざまな分野が互いに連携し、学問領域を超えて協力し合う時代が訪れてきてもいる。新堀は次のように述べている。「病人や障害者は、長期の入院や家庭での介護を必要とするが、この人たち、あるいはその家族にとっては、身体的な健康や生命だけが問題ではない。経済的、社会的、あるいは精神的、心理的な問題こそが痛切である。したがってそれはもはや臨床医学を越えて臨床心理や臨床福祉の問題に発展し、それらの協力、連携が不可欠となる。臨床医の対象たる患者や病人は、医者が親身になって相談に乗ってくれることを望むが、中でも医者よりいっそう長期、日常的に生活の全般にわたって世話をしてくれる看護婦（士）や社会福祉士などが大きな支え、頼りとなる。こうしてカウンセリングやソーシャルワークなどに代表される、心や生活に関する臨床的な支援の重要性が増大するのである」（新堀　二〇〇二、一〇一―一〇二頁）。

こうした「臨床の知」への要請は、もちろん教育学（教育社会学）にも及び、「臨床教育学」が孵化（incubate）するための理論的な視座と現実的条件が整い始める。今日の「いじめ」「不登校」「引きこもり」といった教育病理は、ストレスや不安神経症、対人恐怖症等を伴う場合が多く、精神医療や心理学との結びつきも強い。また、もともと「自閉症」や「学習障害」などが原因となってそうした病理が引き起こされる場合もある。したがって臨床医学や臨床心理学は、臨床教育学とも不可分の関係にあると言うことができる。このことは、逆の見方をすれば、現代においては、「あらゆる人が心理的な病人となり、病気をもつとされる。臨床医学も臨床心理学も狭い意味での、また伝統的な意味での病人や病気だけを対象にするわけにはいかなくなり、病人と健常者、病気と健康との区別や境界線があいまいとなる」（新堀　一九九六、二、四頁）状況が生じているとみることができる。医学の領域の専売特許であった「病気」「病人」「患者」は、いまや心理、教育、福祉といった領域にまで深く浸透し、一般化しているのである。かつては心身の病いと社会の病いという形で、医学・医療レベルと、社会学・教育社会学のレベルとで分離していたものが、いまや学際的な意味での不離の関係へと大きく変化してきている。ここに「教育病理」という言葉が新たなリアリティをもつ現代的条件がある。

医学における臨床とは、患者のベッドの側に寄り添い、その痛みを緩和し、治療に当たる実践的行為である。では、「臨床教育学」のめざすところとは何か。新堀の定義によれば、「臨床教育学は教育病理をその対象とし、その診断、治療、予防を直接のねらいとするが、それを個々バラバラにではなく、体系的、総合的に研究しようとし、それが教育病理症候群の心理的、社会的背景を明らかにする」（新堀　一九九六、二、一〇頁）である。

新堀において何よりも肝心な点は、単に「問題を問題として分析する」ことにあるのではなく、病理的症状を「予防―診断―治療」するという一連の臨床的行為の側にあったのである。新堀の頭には、教育学のすぐ隣りの学問領域である心理学に、早い段階から「臨床心理学」があることが強く意識されていたはずである。心理学同様に、教育に「臨床」という視座をいつか導入したいという構想を温めていた新堀にとって、「教育病理学」は、「臨床」という言葉の淵源（医学に発する）を重視する意味でも不可欠かつ自然な概念であったはずである。

だが、「いじめ」や「不登校」をはじめとする個々の症状において、「教育病理」や「病理」という言葉に込められた医学的淵源性がたとえ臨床的なリアリティを纏って立ち上がってきたにしても、「教育病理学」は、構築主義からの厳しい問題提起に身を晒さねばならない。酒井は、新堀の臨床教育学のユニークさを評価する一方で、その臨床スタイルがアクションリサーチなどのフィールド的実践性において希薄である点を指摘するとともに[2]、病理性をめぐる「問題」がアプリオリに実態として捉えられていることに疑問を投げかける。そしてこうした立場が構築主義から批判されてきたことにも言及している（酒井　二〇〇四、九頁）。

　たとえば新堀は、「教育にとっての、あるいは教育がもたらす問題の深刻さや苦痛の程度が大きくなり、その解決や改革が教育の内部からも外部からも強く、また広く求められるようになった場合、これを教育病理と名付けることができる」（新堀　一九九六、一〇、一七頁）と述べるが、構築主義からすれば、「教育問題の問題化」は、必ずしも「問題の深刻さや苦痛の程度」とは相関してはいない。むしろ「苦情を述べ、クレイムを申し立てる個人やグループの活動」がもつ「政治力やパワー、あるいはそれらを促進する社会情勢や状況」が決定力をもつ場合が多い。また、具体的な病理現象や症状に寄り添い、それらを「予防―治療」するだけでは、たとえば「モラルパニック」的な言説空間の暴走をどのようにして社会的に統制すればよいのかというアポリアにも「新堀＝臨床教育学」は対応しかねるであろう[3]。

　その一方で、構築主義が見落としている問題もある。ヤングのいうように、構築主義は、もっぱら社会問題の定義の発生と発展に議論を限定し、社会問題そのものについては問わないという立場をとっている点である（ヤング　二〇〇七、一〇六頁）。つまり、構築主義は、「何が病理として見做されカテゴリー化されるか？」に関してはラジカルな答えを用意するものの、「そもそも病理とは一体何なのか？」というメタ的な問題設定（「病理性の基準」）に関しては無関心であり、何も答えてはいない。教育病理学は、構築主義の積み残した問題にも、同様に答えを提出する必要があると思われる。

　だが私は、以上検討してきたことを越えて、そもそも「病い」や「病理」という言葉が、新堀自身の実存的体験から立ち上がってきているのではないかと考えている。これはまったくの私見なのであるが、人間の「原罪とも呼べるものがこの世の中に抜きがたく存在しているとの深い認識」（ペシミズムにも似た）が新堀の側にあったのではないかと思えてならないのである。

それは、新堀があの黙示録的な一九四五年の「ヒロシマ」を体験したことに遡るのではないだろうか。声を失うほどのその恐るべき体験については、「白鳥の歌」のひとつである『未曾有の「国難」に教育は応えられるか』に抄録された新堀自身の日記『続・無力抄』に詳しい（新堀　二〇一二、二七七—二八〇頁）。原爆の悲惨さを克明に綴ったこの日記からは、新型爆弾のすさまじい破壊力とともに、それを可能にした科学というもの存在、さらにはその科学を主導した人間の愚かしさ、そしてそもそもこの全面戦争をはじめた人間の原罪というものがあぶりだされている。

さらに、もうひとつの「白鳥の歌」である、歌集『戦中・戦後青春賦』。そこには、新堀が若くして胸を患ったことを連想させる歌がいくつか所収してある。結核という当時の不治の病いの前兆である「肺浸潤」に罹患し、療養をよぎなくされた新堀にとって、「病い」という言葉は、ここでも黙示録的であったはずである。

人間の原罪を見つめるとともに、己の死をも意識した青春時代。これらの体験が、やがて人間の「病い」だけでなく、社会そのものの根源的な「病い」をまなざす教育社会学者・新堀を誕生させたと見るのは、果たして私の独断に過ぎるであろうか。

2 「風土」へ　—日本的パラダイムの創出

一九七五年の『教育社会学研究』には、もうひとつ重要な概念提示がなされている。それが図1の「構造—機能」からみた教育病理図式である。これは、教育そのものが一つの社会体系であるとの認識から、「課題遂行」対「自己維持」（いわゆるP機能とM機能）、「対外関係」対「内部構造」の各観点において、そこに生じる可能性のある教育病理を概念化したものである。

機能的側面	（課題遂行） 能率－**浪費**	（自己維持） 統合－**葛藤**
構造的側面	（対外関係） 適応－**遅滞**	（内部構造） 均衡－**格差**

図1　社会体系としての教育の病理

ゴチック（表示は村上による）で示した「浪費」「葛藤」「遅滞」「格差」が、教育を社会体系として見た場合の教育病理に相当し、このうち機能的側面における「浪費」と「葛藤」は「教育的病理」に、構造的側面における「遅滞」と「格差」は、主として「病理的教育」に相当すると考えられている（新堀　一九七五、二二頁）。そして、ここから「教育的浪費」「教育的葛藤」「教育的遅滞」「教育的格差」の具体的症例が導き出される（新堀、一九七五、二二―二六頁）。

もちろん、ここでも、それぞれの病理形態は相互に影響を及ぼしあっており、葛藤は浪費を生み出し、遅滞は葛藤を生じさせるといった、因果関係を伴う症候群（シンドローム）の視点が述べられている（新堀　一九七五、二二頁）。この図式は、社会体系内の教育病理を構造＝機能的に記述するものとしてはほとんど完璧であり、申し分のない説明図となっている。事実、新堀は、この図式をその後も一貫して使用している。

『教育社会学研究』（第三〇集）の論稿の一年後には、教育病理学的立場を鮮明化させた『現代日本の教育病理』（ぎょうせい）が出版されている。そして、さらにその一年後の一九七七年には『教育病理の分析と処方箋』（教育開発研究所）が出版される。これら両著にも図1の図式が掲載されており、とくに後者においては、この図式にもとづいた詳細な実証的データを用いた県別診断が施されている。これは当時の広島大学教育社会学研究室で進行中であった共同プロジェクト・「日本の教育地図」（スポーツ・体育、社会教育、学校教育の三つのカテゴリーにおいて）に同期（synchronize）したものであった。新堀は、この本の「県別病理総合診断」（第二章）の最後で次のように述べている。「病理現象は、もちろん、都市化、工業化、経済力などの目に見えるものばかりに影響を受けるのではなく、目に見えない精神的なもの、あるいは政策的なものの影響も強い。それは、同じような状況の県が、全く同じような病理現象を示すとは限らないことからもうかがえる」（新堀　一九七七、二〇五―二〇六頁）。

教育病理に対して深刻な影響を及ぼす「目に見えない精神的なもの」。病理的教育の原因をつきつめてゆけば、そこには文化や社会通念といった基底的領域における「潜在的病理」の存在が一方で浮上してくる。図1の「社会体系としての教育の病理」の分析枠組がいくら完璧であっても、病理を引き起こす根本的な問題が枠組みの外部にある限りは、教育病理の本源に迫ることは困難である。また、それらは実証的なデータ分析からは容易には「見えてこない」タイプの文化的な病理でもある。新堀がその後、あらたな研究領域として開拓し、心血を注いだ研究対象が、「教育風土」**4**であったのは、新堀の研究の流れの中では必然のなりゆきであったといえよう。なぜならば、大きな視点で捉えれば、「学閥研究」などの初期の著作において、こうした「風土」的考察がすでにすすめられていたと考えることができるからだ。新堀は、**身近にありながら気づかない研究対象を発見することに常に意識的であった。**大学という一番身近でアクセス可能な（accessible）**5**、また、身近であるからこそ死角化する現象として、新堀は、「学閥」という日本的テーマを発見する。「身内びいき」ともいえるインブリーディングを可能にする日本的「ネポティズム」（nepotism）は、大学という閉じられた社会に固有の「風土病」の一種であるともいえる。

新堀における本格的な「教育風土研究」の嚆矢は、やはり『「殺し文句の研究―日本の教育風土』（一九八五）であろう**6**。この本は、「殺し文句」という言葉に注目した点においてきわめてユニークな研究であるとともに、新堀一流のパラドキシカルな言い回しとともにきわめてアイロニカルなロジックに溢れている。新堀はまた、新しい造語を発明する天才でもあったが、この本の最初に掲げられた殺し文句のタイポロジーも実に機知に富んだネーミングとなっている。「公式的殺し文句」「タテマエ的殺し文句」「レッテル的殺し文句」「問答無用の殺し文句」「弱みをつく殺し文句」「比較による殺し文句」「おためごかし的殺し文句」の全7つのタイプが語られる。読んでゆくうちに、なるほどと納得させられるとともに、どこかブラックユーモア的な諧謔さにも魅せられてゆく。

かつてマートンは、アメリカ社会におけるアノミー発生の文化的背景について論じた。「アメリカ文化は、三つの文化原理の承認を命じている。すなわち、第一に、同じ高遠な目標がすべての人々に開放されている以上、万人はこの目標に向かって努力せねばならない。第二に、現在失敗だと思われているものも、最後の成功にいたる中間駅であるにすぎない。第三に、真の失敗とは、大望を手加減したり引っ込めたりすることにほかならない」（マートン一九六一、一二八―一二九頁）。マートンは、「アメリカンドリーム」へのこうした文化的同調圧力が、利用可能な制度的手段との間に葛藤を生むことで、アノミーが生ずると述べる（マートン　一九六一、一五三頁）。

翻って新堀は、わが国の「教育風土」のなかに、いくつかの文化原理の承認命令があることを看破しこれを論じている。教育風土に連なる研究としては、先ほどの『「殺し文句」の研究』以後、『「見て見ぬふり」の研究』、『私語研究序説』、『老兵の遺言状』、『志の教育』、『脱・教育ポピュリズム宣言』などが主要な著作として挙げられるだろう。これらのなかから、教育風土に関係する重要な用語をいくつか取り出すとすれば、次の言葉群になるだろう。「殺し文句」「甘え―甘やかし」「見て見ぬふり」「プライバタイゼーション」「教育ポピュリズム」「オプティミズム」「オポチュニズム」「コンスーマリズム」「謝罪社会」「暴力社会」「タライ回し」「あらさがし」「一斉主義」等々である。

だが新堀自身は、マートン流に文化原理をひとつの定式的な言葉としてはまとめていない。むしろカレードスコープ風にさまざまな角度から教育風土の「風土病」的歪みを直言し警世を発している。そこで、新堀の言わんとしたことを、私流にマートンの言葉を換骨奪胎しながら定式化してみたいと思う。あまり上手く表現できた自信はないが、とりあえず以下のようになるのではないかと思う。

わが国の教育風土は、四つの文化原理の承認をもとめている。第一に、「教育的」であることや「子ども尊重」という考え方が絶対的かつ広汎な目標として開放されている以上、万人はこれに向かって努力せねばならない。第二に、この努力のためには、あらゆることすべてを許容するという姿勢をとることが要求される。第三に、許容するなかで出現する数々の失敗や過ちについては、目標達成の中間駅であるとして許容される（「再帰的許容」）。第四に、真の失敗とは、そうした失敗や過ちを批判したり、警告、直言することで、目標への努力を引き止めようと企図することである[7]。

マートンは、アノミー出現の背景要因としての文化原理を論じたわけであるが、新堀が、教育風土のなかの文化原理を通じて論じたかったものとは何であったろうか。私には、それは「エゴイズム」の出現であったと思われる。いみじくも、『未曾有の「国難」に教育は応えられるか』の最末尾で新堀は次のように結んでいる。

現代のような変化の激しい社会にあっては、歴史的世代の概念に注目する必要が大である。時代の特徴、例えば風潮、流行、世論、風土などを抜きにしては年齢的世代を理解することもできないし、教育の困難や課題を解決することもできない。抗し難い時代の風潮があって顕在的、潜在的に人びとの考え方や行動を支配するのであり、特に無意識の間に働くエゴイズムの解明が教育病理の研究にとって大きなテーマとなるであろう。地位が逆転した世代関係の中にあって、伝統的な教育が大きな困難に陥り、いかにして世代葛藤を解決し自らの身を守るかが大人、特に教師にとっての潜在的関心事となるからである。「殺し文句」「見て見ぬふり」「教育ポピュリズム」の研究などは、こうした点から教育病理に迫ろうとした私の試みの例である（新堀　二〇一二、四一七―四一八頁）。

再びマートンに倣うとすれば、『教育至上主義』『子ども至上主義』への文化的同調圧力が、年齢的世代と歴史的世代との葛藤のなかから自己保身的なエゴイズムを生み出す」、ということになるであろうか。

私は、数々の教育風土を扱った新堀の著作のなかでは、『「見て見ぬふり」の研究』が、教育風土に限らず、日本社会固有の「風土病」の深刻さを如実に語っていると考えている。「見て見ぬふり」には、「見れどもいわず」「見れども見えず」「見れども見せず」の三領域があるとされる。一言で言えば「ものいえぬ風土」という悪弊が、わが国には伝統的に存在している。

小谷は、『ジェラシーが支配する国―日本型バッシングの研究』のなかで、天皇制の問題に関して、長崎市長（本島等）銃撃事件を取り上げ、ノーマ・フィールド（米国の日本文学研究者）の言葉を借りて「日本でいちばん勇気の要る行為というのは、座が白けるようなことを、そうと知ってて言うこと」（小谷　二〇一三、五三頁）だと論じる。そしてこうした風土的伝統は、徳川時代から存在した「相互監視組織」のシステム（「五人組」や「隣組」）のなかで醸成され、「自由な個人とはむしろ敵対的な伝統をもつ風土の上に、戦後の経済発展の結果として、『個』を埋没させ、圧殺するような巨大な組織社会が築かれていった」と断罪している（小谷　二〇一三、八九―九〇頁）。残念ながら、こうした「ものいえぬ風土」は学者や研究者のなかにも存在し、たとえ「見れども見えず」の壁を突破して、ものごとの真実を見抜く鋭い目を持つことができたとしても、「見れどもいわず」のより高い壁の前では世間からのバッシングを怖れ、「見て見ぬふり」をする大学人は数多い（いやほとんどがそうであるといってもよいだろう）。新堀の直言や警世は、こうした点において「見て見ぬふり」を論ずるのみでなく、「見て見ぬふりをせず」という勇気ある実践的な行為であるということができる（ご自身「反時代的」と表現されている）。実は私がここで大いに注目したいのは、「教育風土論」を扱った著作数点のなかに「教育学の古典」に関する一章が設けてあることである。たとえば、『「殺し文句」の研究』においては、最終章が「古典に学ぶ」であり、ソクラテスからデューイまでの教育学の巨人たちの足跡・業績が簡明に記されている。また、『「見て見ぬふり」の研究』でも、「古典の精神」という節が設けられている。さらに『脱・教育ポピュリズム宣言』でも、幕末の志士（例えば吉田松陰など）や明治期の偉大な教育者が取り上げられている。

私はそこに、新堀のなかに熱く脈打つ「ロマンチシズム」と「実践理論への志」を見るのである。新堀は、たとえば、次のように述べている。「教育学とは小国の学であり、教育とは危機救済の活動である」と(新堀　一九八五、二九七頁)。そしてまた、「教育への情熱や教師の使命感の源泉には二つのものがある。一つは教育による社会の救済であり、他は教育による個人の救済である」(新堀　一九八五、二九八頁)。「教育が社会と個人の両方を救済する学問」であるとする新堀の教育学にかける強い信念は、一見すると規範的な「教育的社会学」への復帰であるかのようにも見える。だが、麻生はすでに二〇年以上前に教育社会学の現状に対して次のような警鐘を鳴らしていた。

いま一つの危機が進行しつつある。それは教育社会学が規範学の性格を喪失しつつあることだ。教育社会学は、この二〇年間に教育諸科学のなかで学問的威信を高めてきたが、教育実践や教育政策を左右するような提言をなす力をすっかり弱めてしまったという気がしてならない。教育社会学は今日でも基本的に存在学と規範学の両者を必要としている（麻生　一九九二、一九八―一九九頁）

さらに麻生は、日本社会の教育現実に根差したパラダイムを見出し、発展させてゆくことの必要性を説くとともに、日本特有の「風土性」や「問題性」にこそもっと意識的になるべきであることを述べている（麻生　一九九二、一九八頁）。新堀の教育風土研究への関心の焦点は、足下にある日本的なるものの固有性とその問題性の発見にあった。そして、そこから潜在的病理も含めたさまざまな教育病理の存在を明らかにした。だが、新堀の主関心は、さらにその先にある。それは、教育病理を「教育改革」により治療することであり、それもお決まりの制度改革ではなく、何よりもその直接的媒介者である教師自身による自己改革に期待することである（新堀　一九八五、二八二―二八三頁）。先ほどの「古典の精神」もそのことを多分に意識して書かれたものである。教師へのこうした期待は、「教育のエトス」として描かれている。新堀は、マートンの科学社会学における四つのエトス（ethos）［「普遍主義」「組織的懐疑」「没私利性」「共有性」］をもとにして、教育における四つのエトスを描き出している。それらは、「理想主義」「現実主義」「利他主義」「社会的責任」である（新堀　一九七六、二〇四―二一〇頁）。

新堀にとっての「教育」とは、「（他者の）自己変革のための他者変革である」（新堀　一九七六、二〇一頁）として定義される。したがって、教師教育とは、教師自身が自己変革するための実践的他者変革の試みに他ならない。新堀は、教育風土のなかにある病理性を照射することを通じて、教師や教育にとってのエトスや「規範」の今日的意味を再検討し、「教育改革」の方途を提言しているのである。

3　教育病理学から臨床教育学へ――「学際性」への期待

新堀は、自身の教育病理研究を次のような比喩で総括している。「あたかもいくつかの水源から発した支流が集まって、教育病理学という本流となり、さらにその教育病理学が臨床教育学という大河になっていった」と（新堀二〇一二、三五七頁）。

新堀にとって、教育病理学は、「臨床教育学」として止揚されたと考えるべきであろう。だが、その学問の目指すものとは果たして何なのか。以下では、とくに「教育病理の判定基準」という最大のアポリアとの関連から述べてみたいと思う。

繰り返しになるが、新堀は、「臨床教育学」を次のように定義していた。すなわち、「臨床教育学は教育病理をその対象とし、その診断、治療、予防を直接のねらいとするが、それを個々バラバラにではなく、体系的、総合的に研究しようとし、それが教育病理症候群の心理的、社会的背景を明らかにする」（新堀　一九九六、二、一〇頁）である。

新堀の企図した「臨床教育学」の最大の特色は、その「学際性」（interdisciplinarity）にある。新堀は述べている。

臨床教育学はその研究対象を教育病理とするが、研究方法としては臨床教育学の制度化の節でも触れたように、学際性を特色とする。教育病理に限らず、ほとんどあらゆる「問題」現象はきわめて複雑多様な要因や条件によって引き起こされているから、その適切な解釈や有効な解決は、専門分化した細かなディシプリン単独では期待できない。「木を見て森を見ない」理論や「小手先」の技術では本質的な解釈や解決はもたらされない。深い人間理解や広い社会的視野が不可欠である（新堀　一九九六、二、一〇頁）

平成六年度に新堀が創設した武庫川女子大学大学院の臨床教育学研究科は、独立型の大学院であり夜間制大学院であった。「学際性」を重視した新堀は、修士課程、博士後期課程ともに、必修科目に加え、教育学、心理学、福祉学の三分野から成り立つ選択科目をおいている。新堀の本音としては、もっと多くの学問領域を設置したかったはずであるが、あまりに多くなりすぎると「ごたまぜの学際性」(indiscriminate interdisciplinarity)（新堀　一九九六、二、六五頁）になる危険性もありうる。その点では、この三分野は適宜であったといえるだろうし、とくに福祉学を置いたことは、今日の子どもたちが直面している「相対的貧困」を考えるとき、まことに時宜を得たものであったといえるだろう。

だが、教育病理学にとって最大のアポリアは依然として残ったままなのである。それは言うまでもなく「病理の判定基準」の問題である。一九七五年の『教育社会学研究』（第三〇集）のなかで、新堀は、統計的基準と価値的基準との二つの病理判定基準を取り上げ、そのどちらにも困難性があることを述べている。その後の理論展開のなかで、こうした困難性をどのようにして止揚してゆくのかが期待されたものの、新堀は、その後の著作のなかでも困難性に関する同様の記述を繰りかえすのみであった。新堀の「教育病理学」は、風土という革新的なフィールドを開拓することで大きく飛躍拡大した。しかしながら、こと「病理判定基準」に限って言えば、一九七五年以降、アポリアとして棚上げされたままなのであった。

だが、一九九六年、新堀は「臨床教育学」への期待を込めて、また、教育病理の認知自体が今日困難になりつつある状況を鑑みながら、あらためてこの問題に関して筆を加えている。

教育病理の認知には病理の種類や性質、認知主体の属性、時代や社会による差がある。この点でも教育病理の判定は相対的（ある意味で主観的、恣意的）であり、困難であることが知られよう。それだけにその客観的判定のためには、科学的な研究が先行条件となるといってよい。医学の発達によって人間の病気についてはその範囲、程度、原因、治療などに関する知識が増大し、従来見逃されていた現象も病気のなかに加えられるようになった。同様に教育病理も教育病理学の進歩とともに、主観的認知に頼ることを止めて、その客観的判定が次第に可能となるであろう。臨床教育学はその基礎部門として、教育病理学とでも称すべき研究を要請するのである（新堀　一九九六、二、三七頁）。

このように、新堀は、病理判定を医学の進歩になぞらえて、今後の科学的な研究の成果へと託すのである。だが、どうなのであろう。たとえば、医学的病理検査の結果、癌細胞がクロとして判定されるような類いの「絶対的な判定基準」というものを、新堀は果たして求めていたのであろうか。私にはそうは思えない。

臨床教育学が標榜する「学際性」の最大のメリットとは、多岐的で総合的な視点を共有するという点にこそあるように思われる。福祉学的な視点からみた「病理」、教育学（教育社会学）的視点からの「病理」、さらには心理学的視点から見た「病理」と、病理の判定は各分野の学問的特質により互いに異なるはずである（たとえば、構築主義がとる「現実の定義は複数の主観によって構成される」という立場も、ひとつの社会科学的見解として取り入れて考えれば良い）[8]。そうした差異性において相対化される「病理の多義性」こそが、むしろ社会科学（医学などの自然科学の知見も含めて）にとって求められるべき「病理判定の基準」につながると言えるのではあるまいか。無論のことではあるが、各分野がバラバラ勝手に診断名を記せというわけではない。それぞれの科学から見た多義性を抱え込みながらも、統合的・総合的な見解へと日々近づく努力と研鑽とを怠らないことが、現場の痛みに直結している「臨床」の最大の使命なのではあるまいか。新堀の描く「科学的客観性」とは、おそらくそうしたところにあったのではないかと思えるのである。

おわりに

「あたかもいくつかの水源から発した支流が集まって、教育病理学という本流となり、さらにその教育病理学が臨床教育学という大河になっていった」（新堀　二〇一二、三五七頁）。あらためてこの比喩に即して言えば、今回の拙稿は、主として「本流」としての「教育病理学」誕生以降の病理概念の検討を中心にした考察にとどまっている。なおかつ、今回の考察には多くの論稿がその対象から欠落している。たとえば、新堀の代表作である教師三部作などは、教育現場に身を置くことで、教師を取り巻く教育病理現象をその内部から捉えた貴重な論稿であるが、残念ながらこれに関しては言及できていない。また、教育の県別診断シリーズについても、風土論についての考察も含めて、教育病理の視点から再読する必要があるだろう。さらにいえば、『教育学大事典』など各種の事典における新堀による「教育病理」の概念規定や定義についても詳細に検討する必要がある。

新堀の著作はきわめて浩瀚である。それだけ新堀の「教育病理学」は広汎かつ多岐にわたって展開されていることは論を俟たない。ある意味では、新堀の研究の足跡そのものがほぼ「教育病理学」と重なっているともいえよう。今後は、初期のものから最晩年の著作まですべてにわたって、時代、テーマごとに、あらためて教育病理学の視点において再解釈してゆく必要があると思われる[9]。

おそらくこれから多くの若き研究者によって本格的な「新堀通也研究」がスタートするはずである。「飛耳長目」の人であった新堀は、時代とともに移り変わる病理現象の変化を的確にとらえるための情報収集を日々怠らなかった。それらは膨大な資料や著作に記載され、われわれの目の前に貴重な時代的証言として残されている。

1　『老兵の遺言状―現代教育警世録』は、「遺言状」という名からしてそうした作品につらなるものではあるが、その後一七年間も活躍されたことを考えると、「白鳥の歌」とは呼ぶにはいささか早すぎる感がある。

2　安東由則は教育社会学の方法論（エスノグラフィー、量的研究、アクションリサーチ、等）における教育臨床、学校臨床への可能性について批判的に考察している。また、臨床社会学における政策決定過程への介入的役割などについても検討している（安東　二〇〇四、八二―八六頁）。

3　井上真理子は、臨床社会学の立場から、政策過程における介入の問題について検討を行っている。ただ、それらは理論的な紹介にとどまっており、たとえば、モラルパニック的な状況をどのように「再定義」してゆくかなどについては具体的な提言や方法論は示されていない（井上真理子「政策現場の臨床社会学（第八章）」大村英昭、野口裕二編　二〇〇〇『臨床社会学のすすめ』有斐閣アルマ）一九五―二一九頁）。

4　「風土」研究の必要性に関しては、すでに『教育社会学研究』（第三〇集）のなかにおいても部分的に触れられており、「病理的教育」の原因をさらに遡ってゆけば、「学歴主義」、「大学の格差」、さらにはそれを支える社会全体の体制や風土にまで行きつくことが語られている（新堀　一九七五、一八頁）。

5　シカゴ大学留学中に、教育社会学の指導教授から「身近な問題を研究しろ」との指導があったことが、accessibility 重視につながったと新堀自身が回想している（『正論』二〇〇五年一月号グラビア特集記事）。足元にある大学を対象としたアクセッシブルな初期の研究として、「学生運動の研究」と「学閥研究」とがある。学閥研究が大学教授の日本的特徴を捉えたものだとすれば、学生運動の研究は、わが国の学生（青年）特有の日本的特徴の研究である。『学生運動の論理』には、「学生運動の風土」（第五章）として、「適応主義」や子どもに対する「過保護傾向」の弊害が指摘されている（新堀一九六九、八一―九一頁）。

6　「風土」や「教育風土」に関しては、一九八四年の『教育の環境と病理』（第一法規）のなかで、その概念などが整理されて記されている。

7　「若者バッシング」や「ゼロ・トレランス」に象徴されるようなわが国の現状は、J．ヤングのいう「排除型社会」への移行と捉えるべきであろう。したがってこの定式は、今日では、むしろ逆の位相（「非許容型」）として描かれるべきであるとも思われる。ただし、第四の文化原理については同じであり、「許容型社会」(「包摂型社会」)であろうと、「排除型社会」であろうと、それらの社会の過ちに対する警告・直言は、いずれも「見て見ぬふり」の風土のなかにある。また、二〇一四年に長崎県佐世保市で起こった同級生殺人事件などは、「排除型社会」への移行がその背景にあると考えられるが、これに関してはまた新たに稿を起こして論じたい。

8　安東由則は、researcherを兼ねたpractitionerの養成が「臨床教育学にとって喫緊の課題」としている(安東　二〇〇四、八六―七頁)。研究者だけでなく、現場的な実践者や臨床教育学的資質をもった教師の「病理感覚・意識」も、こうした多義性にとって欠かすことはできないだろう。

9　こうした試みは、すでに、安東由則編『新堀通也の日本教育歴年史』のなかでもすでに先行的に検証され、時代のなかでの教育病理や教育問題が記述されている。

【参考文献】

麻生誠　一九九二年「教育社会学の制度化と新しい危機」日本教育社会学会編『教育社会学研究』(第五〇集記念号「教育社会学のパラダイム展開」)一九五―二〇一頁

安東由則　二〇〇四年「教育社会学は臨床教育学に何ができるか」武庫川女子大学大学院臨床教育学研究科『臨床教育学研究』(第一一号)―臨床教育学研究科一〇周年記念特別号』七九―九〇頁

安東由則編　二〇〇五年『新堀通也の日本教育歴年史―一九七九―二〇〇四』北大路書房

大村英昭、野口裕二編　二〇〇〇年『臨床社会学のすすめ』有斐閣アルマ

J．I．キッセ、M．B．スペクター(村上直之、中河伸俊、鮎川潤、森俊太共訳)　一九九二年『社会問題の構築―ラベリング理論をこえて』マルジュ社

小谷敏　二〇一三年『ジェラシーが支配する国―日本型バッシングの研究』高文研

酒井朗　二〇〇四年「教育臨床の社会学―特集にあたって」日本教育社会学会編『教育社会学研究』(第七四集)、五―二〇頁

新堀通也　一九六五年『日本の大学教授市場―学閥の研究』東洋館
新堀通也　一九六九年『学生運動の論理―スチューデント・パワーと新しい大学の展望』有信堂
新堀通也編著　一九六九年『学閥―この日本的なもの』福村出版
新堀通也　一九七五年「現代教育の病理―教育病理学の構造」日本教育社会学会編『教育社会学研究』（第三〇集）一七―二七頁
新堀通也　一九七六年『現代日本の教育病理』ぎょうせい
新堀通也　一九七七年『教育病理の分析と処方箋』教育開発研究所
新堀通也編著　一九八二年『教育の病理』福村出版
新堀通也・津金沢聡広編著　一九八四年『教育の環境と病理』第一法規
新堀通也　一九八五年『「殺し文句」の研究―日本の教育風土』理想社
新堀通也　一九八七年『「見て見ぬふり」の研究―現代教育の深層分析』東信堂
新堀通也　一九九二年『私語研究序説―現代教育への警鐘』玉川大学出版部
新堀通也　一九九六年二月『教育病理への挑戦―臨床教育学入門』教育開発研究所
新堀通也　一九九六年一〇月「学校問題の社会学」日本教育社会学会編『教育社会学研究』（第五九集）五―一九頁
新堀通也　一九九七年『老兵の遺言状―【現代教育警世録】』東信堂
新堀通也　二〇〇〇年『志の教育―「危機に立つ国家」と教育』教育開発研究所
新堀通也　二〇〇二年『脱・教育ポピュリズム宣言―迎合のツケ、誰が払う』明治図書
新堀通也編著　二〇〇二『臨床教育学の体系と展開』多賀出版
新堀通也　二〇〇六『歌集・戦中・戦後青春賦』
新堀通也　二〇一二『未曾有の「国難」に教育は応えられるか―「じひょう」と教育研究六〇年』東信堂
R．K．マートン（森東吾、森好夫、金沢実、中島竜太郎共訳）一九六一年『社会理論と社会構造』みすず書房
J．ヤング（青木秀男、伊藤泰郎、岸政彦、村澤真保呂共訳）二〇〇七年『排除型社会―後期近代における犯罪・雇用・差異』洛北出版

七章　教育比較の社会学

南本長穂・押谷由夫

はじめに

本章では、一九七〇年代後半に新堀先生が取り組まれた研究業績である『日本の教育地図』（三部作）を中心に、その研究を概観し、その後の研究に及ぼした影響等について述べることにする。

先生の略年譜によると、一九五九年九月から一年間フルブライト交換教授としてシカゴ大学比較教育センターで研究を行い、帰国後、この体験をもとにアメリカ社会と日本を比較し、わが国社会では特定の大学への進学・入学に社会的な価値をおいていることに研究的な関心を寄せて、その日本的特質である「学歴」や「学閥」などを研究の遡上にあげて、優れた成果を生み出し、先駆的な研究として評価されている。

一九六八年から七一年までは、文部省社会教育官に配置換え（広島大学助教授併任）となり、これを契機におそらくそれまでとは少し違った領域に、研究の関心を拡げたと思われる。それが本章で取り上げる教育比較である。

1　『日本の教育地図』を中心に

(1) 県別比較法による「教育県」の検討

一九七二年の教授昇任（先生五〇歳）当初に、教育社会学研究室における大学院での「特別研究」で、県別比較による地域教育診断のためのモデル作成という課題に取り組むことになった。その研究の構想は、シカゴ大学での比較教育学に関する研究をベースにして、比較教育という学問における課題の捉え方から初発のヒントを得たものと思われる。比較教育学は周知のように、各国の教育（制度）を比較することを主なねらいとしている。こうした国別の教育比較から、さらに比較の対象を国内の都道府県別の教育比較へと広げていった点に新堀先生の本研究におけるオリジナリティがあるといえる。文部省での社会教育官という全国的視野から社会教育の振興を図ることを担った職業的経歴を経て、わが国の教育社会学の研究領域で、県別比較という新しい研究の視点や方法の開拓に向かった。

なお、研究業績としては、新堀通也編で次の三冊が、出版社のぎょうせいから出された。

『日本の教育地図―体育・スポーツ編』昭和四八年一〇月
『日本の教育地図―社会教育編』昭和五〇年六月
『日本の教育地図―学校教育編』昭和五五年二月

この一連の研究に取り組んだ際の原初的な関心の中心にあったものは、「教育県」である。例えば、A県は教育県であるといった言い方が一般的にされているが、はたしてどのような要因や根拠からそういうふうに考えられるのか。確かに、全国で四七都道府県が存在しているわけだが、なぜ、教育県と呼ばれる県について、多くの人が、なるほど教育県だな、と納得するのだろうか。こうしたことを、客観的データでもって、実証的に証明できないだろうか。県別比較という方法を用いれば可能なのでは。こうした問題意識から出発したと思われる。

ところで、一概に教育県とはどのようなものかを考え、教育県の内実を構成するものは何かといったことを明らかにしたいと意図しても、必ずしもその実行は容易ではなかった。深く考えると、教育県という言葉も漠然としている。例えば、A県とB県は教育県と言えるね、と県名を挙げられると、そうだろうねと納得せざるをえない県も少なくない。教育県と呼ばれるにふさわしい県では、教育の伝統、すぐれた学校建築、輩出した偉大な郷土の先人等、少し教育に関心のある人なら、いくつかをすぐに思い浮かべることができ、やはり教育県だなと確信できるはずである。おそらく確信の根拠は自分の県の教育と比べて教育県と考えられる県が何らかの優れた特徴を持ち合わせていることを経験的に理解できるからであろう。では、どう研究を進めたのか。

(2) 体育・スポーツ編で取り組んだこと

最初に取り組まれた『日本の教育地図―体育・スポーツ編』からみていく。では、なぜ体育・スポーツなのか。教育県の解明を手がかりにした研究であるならば、学校教育の比重が大きなはずである。もちろん、教育県とはいかなる県であるかを検討する際には、学校教育を抜きには考えられない。しかし、教育県と呼ばれる場合、学校教育だけでは判断されていない。その県の教育にかかわる伝統や文化を含めての総体であり、その県全体の教育にかかわる次のような状況や条件が何らかの程度整っていないと、教育県だとは呼ばれないだろう。

例えば、一つは、教育県を支える歴史や文化、自然、風土や県民性、経済、政治、民力などの諸条件を抜きにしての解明は難しい。二つは、各県における教育を支えているいわゆる人・物・金と呼ばれる、教育の活動を運営できていく条件の充実度を測定することも重要である。そして、三つは、教育がどのような成果を生みだしているかはとりわけ重要である。成果の高低が教育県であるかどうかの主要な基準となると、常識的には考えられているだろう。

そこで、教育県と呼ばれるにふさわしいものをもたらす、上記の三つの点を考慮し、とくに成果の測定という点で県別比較が容易な、体育・スポーツの分野を最初に取り上げたわけである。この分野での研究手法の精緻化を通して、社会教育や学校教育の分野へと研究の領域を拡大していき、各県の教育に関して総合的な県別比較をおこない、最後に、各県の教育特性を明らかにできると考えた。

さて、体育・スポーツ編の章立てを概観してみると、一一章から構成されている。最初の五つの章（スポーツの特質、スポーツと体育、現代社会とスポーツ、日本におけるスポーツの普及、国民性とスポーツの普及）では、基礎理論としてわが国におけるスポーツの役割や特質、スポーツの普及の歴史とその特徴を考察し、スポーツを規定する諸条件、例えば社会的、心理的、自然的、歴史的などの条件とのからみで検討している。なお、六章では特に国際的な競技大会であるオリンピックを手がかりに、国力とスポーツとの関係の検討を行っている。スポーツに関する国別比較であり、比較スポーツ学の試みでもある。

七章から一〇章では、上記の考察を踏まえて、民力、自然条件、県民性、伝統という四つの因子との関係から各県におけるスポーツの状況を比較し、各県のスポーツの特性、例えば、民力の高い県ではスポーツ人口の規模やスポーツ成績との関連性はどの程度強くでているのか。それぞれの県にはどのような得意のスポーツがあるのかとか、自然条件とスポーツの県別成績との関連性の高さはどの程度なのかとか、民力に比してスポーツ施設がどの程度整っているのか等、スポーツと各県のスポーツの振興に寄与する各種の条件との関連性を探り、各県のスポーツの特性や課題を明らかにしていった。

最後の章では、概括的な検討を行い、スポーツの県別特性と診断を、四六都道府県（当時は、沖縄県の復帰後間もない頃で、資料の関係から沖縄県を除く）を一一のグループに分類し、行っている。例えば、伝統型とプロ型、輸入型と名門校、伝統スポーツと輸入スポーツの調和型、底辺より競技成績、小粒で勝負する努力県等のタイプを見出し、各県の体育・スポーツの特徴や課題をおさえた。

（3）社会教育編で取り組んだこと

社会教育の特徴は地域の条件に由来する教育課題に最も迅速、柔軟に対応しうる、また対応すべき教育である。こう考えて、各県の社会教育がこの対応関係をいかなる程度まで達成できているかについて明らかにしようとした。その際、着目した五つの条件とは高齢化、核家族化、高学歴化、都市化、工業化・情報化である。本編では、主にこの条件との関係で社会教育が取り組むべき課題について、県別比較を行っている。

本書の構成は、編者の新堀先生が、最初の章「現代社会教育の課題」の中で、社会教育の重要性と新しい社会条件にかかわる問題提起を行い、本書での分析の視点（枠組と考察の重点）を提示している。

続いて、戦前と戦後に分けた二章と三章で社会教育の特徴を眺め、四章以下で県別比較に取り組む。まず、四章で社会教育ミニマムという概念を提唱した。そして、五章から一〇章に渡り、社会教育の対象別に少年教育、青年教育、成人教育、婦人教育、高齢者教育、社会教育行政指導者と、各県の社会教育が社会条件に対してどう対応し、いかなる対策がとられているかを県別比較している。一一章では社会教育を潜在的機能としている諸活動を取り上げた。そして、これらの各論を総括するかたちで最後の一二章では、「社会教育の県別特性と診断」を行っている。

最終章を少し詳しくみると、都市化、情報化、高学歴化、核家族化の四つの社会条件を共通性な基盤として考えて、全国を七つのブロック（類型）に分類し、県別特性の検討と診断を行っている。なお、七つのブロックとは、大都市圏（六県）、都市近郊及び地方都市圏（三県）、地方独立都市地帯（二県）、社会条件の不均衡地域（五県）、情報・核家族化型地域（八県）、都市化予備軍（八県）、非都市的地域（一四県）である。そして、同じブロックに含まれる県を比較し、ブロック内での各県の社会教育の特徴と課題を探っている。なお、ブロックに含まれる県の数が多い、非都市的地域に分類された一四県は、さらに三つのグループ（高齢者・潜在領域型、高齢者・婦人領域型、青少年・成人領域型）に分けて県別の特性を検討している。これにより各県の社会教育がどのような特徴を持つかを明らかにできた。

（4）学校教育編で取り組んだこと

上記二冊の成果を踏まえた本シリーズの最後の取組みが、学校教育編である。

序章の「現代日本の学校教育」の中で、本書の特徴と背景、研究の観点が示されている。第一部の学校教育の県別比較において、七つの章を設けて順に、教育行財政、教員、児童・生徒、教育内容と方法、就学前教育、大学の地域的構造と教育機能、大学教授市場と研究機能に関して、各県の特徴を明らかにした。

第二部では教育病理というネーミングを用いて、教育の問題を取り上げた。なぜ、先の体育・スポーツ編と社会教育編では、取り上げなかった教育病理といったことを、学校教育編では、取り上げることになったのか。まず、このことを説明しておく。

編者である新堀先生の研究のねらいからみると当然顕在化することであった。すなわち、学校教育は、言うまでもなく、社会教育や体育・スポーツの分野に比べて、制度的な枠組や基準が法的基準等により明確に設定されている。例えば、学校として認可されるためには一定の法的規準に合格する必要がある。学校教師は一定の教員資格を持ち、生徒は入学を許可されたものに限られる。教育の年限、内容なども全国的な基準に従っている。つまり、全国的に画一的ともいえるほど多様性が乏しいのが学校教育の特徴でもある。そのために地域差（とくに都道府県別の差違）は少ない。

しかし、基準があまり厳格であり過ぎると、学校教育が地域の条件や要求に対応できる程度や範囲も小さくなるし、これが各種の問題を引き起こす原因にもなりかねない。言いかえると、地域で起きてくる問題への機動的な対応が難しくなる場合も起きる。このため、こうした基準の画一的な適応から引き起こされる問題には、かえって各県における教育の問題点が見出されやすいと考えた。その問題が一定水準以上に深刻化した場合、これを病理と称すると、学校教育の県別比較という方法による診断の中心は教育病理になると考えたのである。人間の体や心の病気の診断に置き換えて考えてみると、やはり診断の中心はどの程度健康であるのかということよりも、どのような病気に罹っているのかとか、その病気の症状はどの程度進行しているのかといったことの方が中心となろう。こうした病気の診断のしかたを少し参照し、学校教育の県別比較を進め、教育の県別診断モデルを構築する上では、教育病理に関する理論が必要と考えた。それで、第二部で、教育病理の理解の枠組みを設定し、その分析と診断の基準の設定等を進めた。

第二部では、まず教育病理の四領域を考えた、教育的浪費、教育的葛藤、教育的遅滞、教育的格差、の四つの章から構成されている。教育を一つの社会体系とみなし、社会体系の基本的分析視点として機能と構造を考えた。機能はさらに課題遂行機能と自己維持機能に大別されるが、教育の場合、教育という目標ないし課題を十分に遂行達成しえない場合、機能不全ないし逆機能という病理現象が生じる。所期の成果を上げえない状態であるので、これを教育的浪費と名づけた。次に教育が分裂、対立した状態に陥って統一を失うなら教育体系自体の存続が脅かされる。こうした状態を教育的葛藤と名づけた。次に、構造面における教育病理として、まず教育と外部社会との関係にずれが起きている状態、これを教育的遅滞と名づけた。もう一つの側面は内部構造である。教育体系の内部に各種の不平等や不均衡がある場合、これを教育的格差と名づけた。もちろん、具体的な病理、例えば、不登校とか、過度の進学競争をどのような基準で教育的病理と判断し、どのような領域の教育病理と分類するかということはかなり任意的にならざるをえない。病理であるかどうかの判定の困難性とともに、領域相互は密接に関連しあっているということも前提とした領域の設定のしかたであった。

最後の第三部では、学校教育の全体像を、教育環境、教育主体および教育行政、教育的努力、教育病理の四つの視角から捉え、学校教育の県別特性と診断をおこなっている。

教育環境を構成する指標としては、児童・生徒の住宅環境、大学数、就学前教育など一三指標。教育主体および教育行政を構成する指標としては、総歳出費に占める教育費の割合、児童・生徒一人ひとり当たりの経費など八指標。教育的努力を構成する指標としては、読売教育賞受賞者数など七指標。教育病理は二四指標を選定し、学校教育の県別特性を明らかにしようとした。

まず、この四つの視角から、全国的な特徴を把握し、教育環境、教育主体および教育行政、教育的努力から構成する領域別結果の総合的把握と、県別の教育病理特性とをクロスさせて検討し、次の九つの類型を設定した。

第１類型（非教育的葛藤県群）は、学校教育の領域別得点で高く、同時に教育病理度の得点が低い、総合的には理想に近い県であり、九県が該当した。第２類型（望まれる条件整備）は、教育病理度の得点が低いが、領域別結果の総合判定では平均的な得点で、四県が該当した。第３類型（高等教育に光を）は、教育病理度の得点が低いが、領域別結果の総合判定では得点が低い県であり、五県が該当した。第４類型（「教育環境」優位群）は、領域別結果の総合判定では上位の得点を示すが、教育病理度の得点では、平均的な得点であり、四県が該当した。第５類型（優劣なしの平均的存在）は、教育病理度の得点も、領域別結果の総合判定もともに平均的な得点で、二県が該当した。第6類型（恵まれた住宅環境）は、教育病理度の得点では、平均的な得点であるが、領域別結果の総合判定では得点が低い県であり、五県が該当した。第7類型（高等教育か就学前教育か）は、領域別結果の総合判定では上位の得点を示すが、教育病理度の得点では、下位の得点であり、六県が該当した。第8類型（偏る「教育環境」）は、領域別結果の総合判定では平均的な得点で、教育病理度の得点では、下位の得点であり、五県が該当した。第9類型（教育的葛藤県群）は、教育病理度の得点も、領域別結果の総合判定もともに下位の得点で、七県が該当した。以上の類型の設定により、各県の学校教育の特性や問題をかなり明確にできた。

(5) 地域教育診断学への試み

上記の『日本の教育地図』三部作を踏まえて、新しい比較の視点を加味し、各県の教育特性を概観し、地域教育診断学への試みを提示したのが、『教育の県別診断―あなたの県の教育を採点する』（大阪教育図書、昭和五二年三月）である。この序説では、編者の新堀先生が「研究でめざした究極的な目標は、地域教育診断モデルの作成である」と記して、地域教育診断学への試み、研究の歩み、本書の意図、研究の限界などについて簡潔にまとめている。なお、この序説は、新堀通也著作集第五巻にも収められている。

続いてデータを用いた内容に入ると、まず「Ⅱ　項目別考察」として、進学競争、非行、葛藤の三項目を取り上げ、それぞれの教育問題にかかわる県別特性を明らかにしている。続いて、「Ⅲ　ブロック別考察」をおこなっている。これは先に示した『日本の教育地図』で使用したデータを主に用いながら、さらに各県の関連資料等も加味しながら、新しい県別比較の試みとして、ブロック別分析と名付けた方法で各県における教育特性を明らかにしている。

その手順としては、各県の「民力」を基準にして、沖縄を除く四六県を、四ブロックに区分した。Aブロック（民力最上位の八県）、Bブロック（民力上位の一九県）、Cブロック（民力中位の一三県）、Dブロック（民力下位の六県）という分類設定である。そして、各ブロック内で、共通性の高い県同士でペアをつくり、ペア内マッチをおこなったり、さらにペア間マッチ等の手法を用いて、各マッチ間における共通性と個性、同質性と異質性等を実証的に見きわめながら、各県における教育の特性をより詳しく検討している。

2　『日本の教育地図』が開拓したもの

「教育県」といった呼称があるが、いったいどのような条件をそなえた県がそう呼ばれるのか。こうした原初的な関心や興味をベースに、すでに前節で見てきたように、地域教育診断モデルの作成を目指した取組みが、『日本の教育地図』（ぎょうせい）三部作、および『教育の県別診断―あなたの県の教育を採点する』（大阪教育図書）である。そこで、どのような特徴的な試みがなされたかについて、次に考えてみたい。

まず一つは、各国の教育（制度）を比較することを主なねらいとする比較教育学のアプローチをヒントにして、国別の教育比較から比較の対象を都道府県別の教育比較へと広げたことである。この『日本の教育地図』以前には、わが国の省庁が毎年とりまとめる指定統計等の都道府県別データは存在していたが、研究として都道府県別レベルで比較し、都道府県別の教育特性や教育問題を検討したり、解明しようとするものはみられなかった。

確かに、地域（社会）と教育の関係を扱った研究は当時も少なくはなかった。例えば、地域での子どもの遊びや仲間関係など、そこでの地域とは、範囲でいえば、小学校区とか中学校区の地域的な範囲であり、いわば日常的な生活圏としてのコミュニティに相当する範囲である。あるいは、都市部と農村部・山村部など、生活圏や生活様式の違いを比較の基準とした、例えば高校進学率の地域的格差の問題、あるいは、親の養育態度の地域的差異の問題などを扱った研究である。

しかし、本書のように県レベルで地域を捉えて、各県の教育の特性や問題を明らかにしようとする研究は皆無であった。もちろん、当時は、国の統計データを除いては、利用可能な都道府県別データが少ないなど、利用可能な研究資料の乏しさといった制約もあったと思われる。だが、少しずつではあるが、国別の研究では重要なデータである国力を表すデータに相当すると考えた、各県の力を示すデータとして『民力』（一九六四年創刊、朝日新聞社）が毎年算出され公表される時代状況も生まれていた。また、地方史や郷土史の研究が多くみられるようになり、日本人論や日本文化論、県民性の研究などが当時注目されていた。こうした時代的背景の中で、本研究も進められた。

二つは、新しい研究手法の開発である。まず、県を単位に教育比較する方法で、研究に取り組み始めたわけであるが、教育の分野として取り上げたのが体育・スポーツである。確かに、教育社会学の研究領域では、体育・スポーツを取り上げた研究はきわめて少なかった。今日でもこの傾向にある。では、なぜ体育・スポーツなのか。それは、体育・スポーツの場合、その成果ないし結果は主に競技成績であり、競技成績は常に数値化されており、誰からも、理解可能で納得されているといった特徴がある。そして、その成果があらわれる競技大会はスポーツ種目ごとにあり、ほぼ毎年大会は開催され、その県別データは入手しやすい。これに比べて、教育の他の分野では、体育・スポーツの分野に比べると、成果ないし結果を明確に定義できそうにない。つまり、その成果を測る指標やその測定尺度が一義的に確定していないからである。こうした点から、体育・スポーツという教育の領域に足を踏み入れたわけである。

各県のスポーツを支える一般条件（主に民力をその指標と考える）、各県の行政レベルでの条件整備（人・物・金）、そして、スポーツ結果（競技成績・スポーツ普及率など）を、重要な要因と捉えた。そして、各県におけるスポーツを支える一般条件と行政レベルでの条件整備との関係から、「外的努力」という考え方をつくりだした。すなわち、各県の民力の水準と行政レベルでの条件整備の水準との関係性から、「外的努力」に関する四つの類型が生まれる。一つは、民力も、行政レベルの条件整備の水準もともに高いタイプ。二つは、民力は高いが、行政レベルの条件整備の水準は低いタイプ。すなわち、行政レベルの外的努力度が低い。三つは、これとは逆に、民力は低いが、行政レベルの条件整備の水準は高いタイプ。すなわち、行政レベルの外的努力度が高い。そして、四つは、民力も、行政レベルの条件整備の水準もともに低いタイプである。

次に、各県における行政レベルの条件整備の水準とスポーツ結果との関係から、「内的努力」という考え方をつくりだした。同様に、四つの類型が考えられる。一つは、行政レベルの条件整備の水準も、スポーツ成果の水準もともに高いタイプ。二つは、行政レベルの条件整備の水準は高いが、スポーツ成果の水準は低いタイプ。すなわち、条件活用という点で、内的努力度が低い。三つは、これとは逆に、行政レベルの条件整備の水準は低いが、スポーツ成果の水準は高いタイプ。すなわち、条件を活用し内的努力度が高い。四つは、行政レベルの条件整備の水準も、スポーツ成果の水準もともに低いタイプである。

なお、この外的努力度と内的努力度という二つの測定尺度を考案し、県別特性を明らかにしたが、こうした新しい手法の開発を試みながら、研究を進めた。

また、続く社会教育編では、社会変化との対応関係からその県別特性を明らかにした。社会教育の特徴からして、個人のレベルや地域のレベルにおける要求課題や必要課題とは無関係ではありえないので、人々を取り巻く社会変化は社会教育の振興に多大の影響を及ぼす重要な要因である。そこで、社会変化として都市化、情報化、高学歴化、核家族化などを取り上げ、各県の社会教育がどのような対応関係にあるかをデータにより検討し、県別特性を明らかにした。

三つは、地域教育診断モデルの作成から教育病理学の構想へ、の発展である。学校教育においては施設・設備、学校規模や学級規模、教員定数などあらゆる部分で法的基準等に基づき運営されている。このため法的基準を無視して恣意的に学校教育を運営することはできない。もちろん、このような基準の存在が全国どこでも一定水準の教育を受ける機会を保障することになっている。その結果、子どもがいる限り全国津々浦々まで学校教育が普及することとなる。しかし、一方で、どこにおいても同じような対応がなされるために、学校教育では多様性や弾力性というよりも、画一的な色彩が強くなりやすい。このために、どうしてもいろいろな特色を持つ地域の求める期待や要望や課題に添うこととか、適切に対応することが難しくなるといった問題点がうまれやすい。

例えば、不登校を少なくしたいとか、学力を向上させたいとか、いじめ問題にもっと対処したい、施設をもっと充実させたい、スポーツや芸術にもっと子どもを取り組ませたいなど、地域によっていろいろニーズや課題はあると思われるが、一定の基準に揃えるという考え方ではそれらの対処は困難である。こうした問題が一定基準を超えたとき、教育病理と捉えた。そして、各地域にどのような問題や解決を迫られた課題が存在しているかの状況を県別データの分析でもって解明し、その解決を図っていく有効な方策を検討しようと意図したのが教育病理学の提唱である。すでに述べたように、教育的浪費、教育的葛藤、教育的遅滞、教育的格差という教育病理の四類型を提示し、その研究の枠組みや今後の重要性を提起し、検討している。

3　『日本の教育地図』から学べること

一九七〇年代になされた上記の研究がもつ今日的意味を少し考えておく。

一つは、繰り返しになるが、比較教育学における研究法である比較法を、国単位からわが国の都道府県単位へと適応したことである。確かに、二〇一四年一月現在でわが国を含めて世界には一九五ヶ国（わが国が承認している国）、国連加盟国数は一九三ヶ国。国土の面積、人口、経済力、政治体制等、多様であり、はたして比較法で国別の教育特性が明らかになるのかと疑問がもたれるほどの国の数である。このため、比較教育学の著書や論文をみても、複数の執筆者が一つの国に絞ってその国の教育を論じているものが大半である。国別の比較は読者に任せているかのようにも見受けられる。

こうした研究の状況を踏まえ、比較教育の新しい地平として、都道府県という単位を提唱した。確かに都道府県は四七であり、比較する単位は四七であり、国を単位とするよりも少なく、県レベルの条例等の基準の違いもあるが、国レベルの法的基準は整備されており、国別よりも県別の方がそれだけ共通的な基盤も多い。共通な基盤が多いほど、比較することによる研究の意義も大きい。共通する基盤があってこその比較法の有効性の発揮である。

二つは、近年、どの分野にも研究の高度化、専門分化がみられるが、末梢的だとか、針小棒大だとまでは言わないが、きわめて狭い範囲に研究の視野を限定し、あらかも導かれた結論に普遍性があるとか、定式化や一般化が可能であるかのごとく主張した研究もみられる。例えば、早起きの子どもは勉強ができて、夜更かしの子は勉強ができない等の言説が本当らしく語られる。

こうしたあまりに視野を狭くしたものの見方はやはり問題であり、教育地図の一連の研究では、四七都道府県の教育の県別特性とその診断（沖縄を除く）の鳥瞰図を描くことを、研究成果として目ざした。鳥瞰とは鳥のように高いところから広い視野で見渡し特徴を捉える、視点である。この視点がもつ研究の重要性は周知のことである。しかし、残念ながらついつい枝葉末節にとらわれた見方も生まれがちである。

例えば、近年、調査の公表の毎に関心を集める全国学力調査、二〇〇七年に始まり、中学三年生と小学六年生を対象に、国語科と算数（数学）科で実施され、新聞誌上で県別の公立校の平均正答率が公表されている。県別の順位で下位に位置する都道府県の知事や市町村長の中には、下位の順位に不満を持ち、あたかも学校や教師の努力不足が最大の原因であるかのように主張し、物議を醸すことも珍しくない。学校たたき、教師バッシングで人気取りをしているようにも見えないことはない。

二〇一四年八月二六日の朝日新聞の紙面で、二〇一四年四月の調査結果が報告されているが、「都道府県別の平均正答率では、秋田、福井、富山、石川といった県が上位を占め、これまでと大きな変化はなかった」と指摘し、そして、「多くの県がわずかな差の中におさまり、順位の意味は薄れつつあるといえそうだ」と評している。確かに指摘の通りであり、平均正答率の都道府県別の一位県と四七位県との差は大きいとはいえない。しかし、『日本の教育地図』の研究業績から示唆されることは、調査結果に関する総括はこれだけでとても十分とはいえない。この学力調査の結果は何によってもたらされたのかに関して諸条件の検討がなされなければならない。都道府県別の外的努力度や内的努力度との相関などの視点からの分析も必要であることは言うまでもない。

また、同じく二〇一四年一〇月一五日の朝日新聞の誌上に二〇一四年三月の都道府県別の大学進学率が報じられている。見出しは、「大学進学率地域差広がる」である。大学進学率の結果を高い順に上位一〇県をみると、東京七二・五％、京都六五・四％、神奈川六四・三％、兵庫六一・七％、広島五九・九％、奈良五九・三％、埼玉五八・七％、愛知五八・一％、大阪五八・一％、千葉五七・四％。全国平均は五三・九％であり、これら一〇県に香川と滋賀を加えた一二が全国平均を上回っている。

ちなみに、学力調査で、上位に位置する秋田四二・一％（三三位）、福井四九・五％（二四位）、富山五〇・〇％（二二位）、石川五一・八％（一六位）である。この大学進学率の県別データと学力調査のそれを比較してみると、大きく異なる結果である。学力調査の結果に、都道府県の首長が一喜一憂し、学力調査の結果を学校別に公表すべきだと騒ぎ立てるが、大学進学率のデータには首長のコメントは全くない。なぜ、都道府県別の学力調査の結果と大学進学率とがほとんど相関性がみられないのか。学力調査で最上位の常連県の秋田県の子どもが、なぜ大学進学率で全国平均よりかなり低い位置にあるのか、疑問は当然生まれる。もちろん、大学進学率を向上させるために小・中学校の教育は行われているわけではないが、では学力調査の結果はどのような意味を持つのか、より広い視野からの検討が待たれる。そして、こうした問題こそ『日本の教育地図』が提起した教育比較による、県別にみた地域の教育課題の発見ではなかろうか。

三つは、各県の教育の特性と問題を、各種のデータの県別比較により、浮かび上がらせ、それをどのような基準から診断するか。これは『日本の教育地図』の一連の研究の中で、目ざしてきたことである。こうした県別比較はマクロな分析ゆえに、従来のより狭い範囲の地域を対象としてきた教育の研究に新たな県別という視点を提供することになり、各県における教育の特性の現状だけでなく、各県の教育が抱える問題点や課題、教育病理の症状等を捉え、それにどう対応していくか（対策立案の可能性）を提起してきた。すなわち、県別の教育特性を明らかにし、各県の教育の問題や課題を診断し、その解決に向けての諸方策（改善策）を提言するといった政策科学的な意味での貢献を図ることを目ざした地域教育政策に関する萌芽的な研究となった。

おわりに

『日本の教育地図』にかかわった教育社会学研究室のメンバーは、編者の新堀先生を含め、片岡徳雄、森楙、池田秀男、住岡英毅、山野井敦徳、相原次男、西根和雄、田中亨胤、成瀬玲子、新富康央、南本長穂、伴恒信、押谷由夫の一四名である。まだパソコンやワープロが普及していない時期に、簡単な計算機で膨大な県別データを扱い、数量的なデータで教育の県別特性を明らかにしようと取り組んだ、実に時間のかかる研究の遂行であった。

教育社会学会での発表もメンバーが毎年行ったが、正直、予期したほどの反応は発表を聴いていた会員からはなかったことを覚えている。教育社会学会では、体育・スポーツや社会教育を取り上げた研究発表はほとんどなかったことにもよるだろう。現在でも同様の傾向は続いている。また、四七都道府県の教育を取り上げた研究も学会発表の中では当時みられなかった。こうしたテーマや方法、対象の斬新さという点はあったが、当時の参加者からの注目度は高くはなかった。しかし、その後も、教育の県別特性そのものをテーマとする研究は見られないが、四七都道府県を単位とした県別データを扱った研究は多くなっている。より広い視野の中で地域の教育を位置づけるためには県レベルのデータを無視できないことは理解されてきた。

新堀先生が研究の中で、「比較社会学が社会学そのものである」(『社会学的方法の規準』)と主張するデュルケームに従って、「我々が採用した研究方法の中心は比較法である」と記しているが、比較の単位をわが国の都道府県に求めたところに、『日本の教育地図』の県別比較という方法論上の特徴がある。

なお、新堀先生は、県別比較にとどまらず、著作集第五巻では、新・比較教育学というタイトルのもと組織比較を行うことにより、学校という組織の特徴を明らかにする試みを行っている。すなわち、その目次は、学校と工場、学校と病院、学校と鉄道、学校と会社、学校と刑務所、学校とレジャーランド、学校とカルチャーセンター、学校と塾、学校と農場、学校とマスコミである。学校の組織比較では残念ながら、『日本の教育地図』における研究のようには、実証的分析までは取り組まれなかったが、比較という方法論は、その後、新堀先生の明晰な比較分析によっていっそう洗練され、新堀先生の著作に読者を惹きつける源泉となっている。

三　追憶のなかの新堀先生

追憶のなかの新堀先生

潮木　守一

日本の教育社会学の拠点として、しばしば広島大学と東京大学の二つがあげられる。しかしこの二つはかなり対照的である。広島大学の方々は早い時期からきわめて積極的に国際舞台に出て行って活躍されてきたが、一方の東大出身者は必ずしもそうではなかった。この対照は新堀通也先生と清水義弘先生という二人のリーダーの違いからきているのだろう。新堀先生は若い頃から積極的に海外の学界とコンタクトをとられ、活躍されてきた。それとは対照的に清水義弘先生はそういう活動はされず、生涯一度も海外にはでかけることはなかった。

こうした師匠の違いは弟子層にも影響を与え、広島大学の方々はいつも活発に海外の研究グループと共同研究を立ち上げ、場合によっては国際研究チームのリーダーとなって活躍されてきた。また広島大学の特徴は、たとえ英語圏以外の地域がフィールドでも、そこの現地語をマスターし研究するだけでなく、同時に英語もマスターし、トリリンガルとして活躍されてこられたことである。

それに対して東大出身者はいちおう英語はマスターするが（なかにはあやしいものもいる）、その上に第二外国語をマスターして、研究を進める人はほとんど出なかった。これはおそらく指導教官の差であろう。最近ではグローバル人材の育成といったことがしきりに叫ばれているが、要はロール・モデルが身近にいるか否かが鍵であろう。そういう意味では指導教員がどのようなタイプの人間であるかで、次世代の研究スタイルが変わってくる。

新堀先生には「ルソー研究」という優れた研究成果があり、若い頃から英語以外の外国語の重要性を意識されてきたのであろう。もともと先生の世代は研究者たるもの、英語は当然のこととして、それ以外にフランス語、ドイツ語、場合によってはロシア語をマスターしなければ研究者としての資格がないという雰囲気が強かった。この雰囲気はわれわれの世代の若い頃もそうで、われわれ若手には重い無言の圧力となった。

それと比較すると、今ではどこの国の研究者も英語で書き、発表する時代になったため、英語以外の語学はあまり重視されなくなった。第二外国語をマスターし、その実力を研究生活の全過程を通じて維持するよりも、英語を使って聞き取り、話せるほうが価値が高いと評価される時代になった。たしかに時代は変わった。これほどグローバリゼイションの時代になれば、研究者の世界は英語一本で行けるのかもしれない。しかもアングロ・サクソン流の政策類型が世界中に広まる時代になれば、議論の共通語は英語になる。まさに英語はリンガ・フランカとなった。

ただ思うのは、強欲資本主義はどう考えても特殊である。最近の新自由主義の世界制覇を見ると、あれはあくまでも徹底した個人主義を基礎とするイギリス流・アメリカ流の発想で、もうひとつわれわれはヨーロッパ大陸の歴史を流れている相互扶助主義、社会連帯主義の伝統をもっている。たしかにソ連型中央集権的な計画経済は、あえなくつぶれたが、あれはあれで人間社会の一方のあり方を追求した、果たせなかった夢だったのではないか。スターリン時代を体験した今となれば、誰しも中央統制的・画一的・機械的・官僚統制型・抑圧型の社会は望みはしないが、そうかといってむき出しの欲望丸出しの強欲個人主義もまた望みはしまい。視野がアングロ・サクソン圏を越えているか否かで、基本的な価値観が違ってくるなどという機械論は無意味だが、英語圏以外の国々の歴史にどれだけ通じているかは、人間世界の複眼的な見方には欠かせない。

このような場で、新堀先生以外の故人の名をあげることは、あまり適切ではないかも知れないが、私にとって、馬越徹先生という存在は、いまだに強烈な印象を残している。周知のように馬越先生は韓国を研究対象として選ばれ、幅広い人脈を築かれ、豊富な情報網を駆使して韓国研究を発展させた。韓国語ひとつマスターするだけでも容易でないのに、馬越先生は英語にも堪能で、韓国語から英語へ、そして英語から韓国語へと、通訳をされている場面にしばしば出くわした。そういう場面に遭遇するたびに、馬越先生がいかに真剣に韓国研究に取り組んでおられるかが、身にしみてよく理解できた。

そうした広島人群像に接するたびに、広島と東京との相違はどこからくるのか、しばしば考えた。現在ではグローバル人材の育成がしばしば語られるが、その成否の鍵は、ひとつ上の世代がどのようなロール・モデルを示すかにあるのだろう。外交旅券で国際会議に出席すると自慢しておきながら、いざ発表の段になったら、誰も耳を傾けてくれないことを発見し、それ以来すっかり引っ込んでしまった人間が指導教官をしているような研究室では、グローバル人材の育成は無理であろう。新堀先生をはじめ多くの広島の研究者は、日本の学界を覆う消極主義に対する挑戦例として、後世に語り継がれることになるだろう。

（名古屋大学名誉教授）

新堀先生追悼「往時茫々」

天野　郁夫

私が東京大学の大学院に進学したのは、一九六一年である。そのころ教育社会学会の三羽烏と呼ばれていたのが、東大の清水義弘、東京教育大学の馬場四郎、それに広島大学の新堀通也の諸先生であった。新堀先生が最も若くて四〇歳、学会の大会で初めてお目にかかったが、まぶしいような存在であった。

その新堀先生が高等教育に関心を持っておられることは、同じ年に出たD．リースマンの訳書『大学教育論』で知っていた。しかし、何といっても衝撃的だったのは、『日本の大学教授市場—学閥の研究』である。刊行は一九六五年、当時博士課程の二年生だったが、国際比較の視点を踏まえ、市場占拠率、自給率などの分析用具を駆使した、社会学的な視点からの日本の大学教授の世界の解剖に、すっかり魅了されたことを覚えている。『大学職員録』を主要なデータにしたその大学・高等教育の社会学のパイオニア的な研究は、いまも輝きを失っていない。何度も読み返し、引用させていただいた。何年か前、データの一部を引用した拙著をお届けしたところ、丁重なお礼状をいただき、かえって恐縮したものである。

パイオニアといえば、一九六〇年代中頃は、教育社会学の世界で高等教育研究が一つのジャンルとして立ち上がり始めた時期であった。学会とは離れたところで精力的に大学問題に取り組んでいた、永井道雄先生の『日本の大学』が刊行され、話題になったのが一九六五年。私の所属する東大の教育社会学研究室でも、清水先生が高等教育研究への関心を深め、科学研究費を申請して共同研究を立ち上げていた。そうした時代の雰囲気の中、新堀先生だけでなく、研究室のＯＢである麻生誠さんの学歴・エリート研究や、潮木守一さんの比較高等教育研究にも刺激され、触発されて、私もこの頃から高等教育を主要な研究テーマとするようになった。

当時は、高等教育研究はもちろん、教育社会学会自体まだ小規模だったから、だれが何を研究し、何を書いているかについて「可視性」が著しく高かった。共同研究も、少し規模が大きくなれば一つの大学だけでは出来ない。広大と東大の教育社会学研究室の間には、とくに若手の研究者や院生間で、さまざまな交流があった。池田秀男さんや友田泰正さんに始まり、有本章、山野井敦徳、新富康央、加野芳正、山崎博敏、藤村正司など、新堀門下の俊秀の方々との交流は今も続いている。それもまた、新堀先生から私の受けた学恩の一部と言うべきだろう。

新堀先生の高等教育研究の大きな特徴の一つは、その門下生を組織しての共同研究にあった。コンピュータが未発達の時代、大量のデータを集めて計算し分析するうえで、新堀傘下の研究者集団によるグループ作業は、大きな成果を上げた。「広島勘定学派」などと戯れ口をたたきながら、次々と出版される著作を読ませていただいたが、一匹狼の多い東大の教育社会学研究室は、その点で、高等教育研究の後塵を拝し続けたというべきかもしれない。

問題関心の広がりの大きさも、先生の研究の重要な特徴である。高等教育研究だけでもテーマは学歴、学閥から学生運動まで様々であったが、中でもアカデミック・プロフェッションを中心とした学問・科学の社会学研究に残された先生の業績には、問題関心を引き継いだ門下生のそれを含めて、きわめて大きなものがある。

新堀教育社会学の特徴としてはもう一つ、比較研究の視点を挙げておかなければならない。年譜によれば新堀先生は、教育社会学界における元祖・国際派ともいうべき研究者であった。一九五九年に在外研究でシカゴ大学に滞在され、国際的なジャーナルにも早くから論文を発表された。あれはいつ頃だったか、懇意にしておられたシカゴ大学の

M．J．ボーマン、C．A．アンダースン夫妻が、日米中等教育の国際比較研究で来日され、先生のはからいで友田さんらと一緒に、私もお手伝いさせていただいたことを懐かしく思い出す。

広島大学は長い間、高等教育研究者にとってのメッカともいうべき場所であった。新堀先生と双璧ともいうべき存在の大学史研究の横尾壮英先生がおられただけでなく、一九七〇年代初めには大学教育研究センターが設置され、畏友喜多村和之さんがメンバーの一人として着任した。当時わが国でただ一つであった、その高等教育の研究センターの客員研究員にしていただき、研究プロジェクトのメンバーに加わり、毎年、何度も広大詣でをすることになった。そこでもまた新堀先生の謦咳に接し、門下生の方々と交流するさまざまな機会があった。

一九八一年には、先生は教育社会学会の会長に就任された。東京以外の大学から会長が選ばれたのは新堀先生が最初である。当時の学会事務局は東京大学の教育社会学研究室にあったから、私も何かの役職でお手伝いをさせていただいた。理事会への出席は遠路はるばる大変だったと思うが、口数少ない先生はいつもにこにこ、学会のために尽くしてくださった。

天寿を全うされた先生との関係を振り返ることが、私自身の研究者生活を振り返ることになってしまった。まさに往時茫々ただ夢のごとしである。

（東京大学名誉教授）

亡き新堀通也氏を偲んで

門脇　厚司

私が新堀先生の姿を最初に目にしたのは学部の四年生の時でした。その年の日本教育社会学会の研究大会は青山学院大学を会場に開かれており、私も学生会員として前年度に群馬県前橋市近郊の農村で行った婦人調査を踏まえた発表をするため大会に参加していました。大会の最終日と記憶していますが、公開シンポジウムがあり、そこでシンポジストの一人として、東京大学の清水義弘氏とわが恩師である馬場四郎氏とともに登壇していたのが新堀通也氏でした。一九六四年の秋のことですから当時新堀先生は四四歳、広島大学助教授でした。もちろん、私は一学生として教室の隅でシンポジウムを聞くだけでしたから、先生と言葉を交わすなどできるはずもありませんでした。鋭敏な感覚をもった若い研究者というのが私の第一印象でした。

その翌年、先生の名前を学会のみならず世間に広く知らしめることになった『日本の大学教授市場』を出版されました。当時、大学はまだまだ学問の府としての権威を保っており、大学教授はその中核に座す人間として敬まわれる存在でした。そんな風潮がまだ色濃く残っている中で、大学教授の実態をあからさまにしたばかりでなく、本のタイトルに「市場」などというアカデミックな世界とはおよそ縁遠い言葉を使うという時代を先取りした感覚の新しさというか、既存の研究を大胆に乗り越え教育社会学における新しい研究領域をどんどん広げていこうとする研究者としての前向きな姿勢を示したもので、教育社会学の後塵を拝する我々若手の研究者に与えた刺激は極めて大きいものでした。この書をもって、少なくとも、私にとって新堀通也は、「教育社会学の研究領域や研究対象を大胆に拡大していくことに躊躇することはない」ということを身を以て教えてくれた先達として存在し続けました。その後行った学閥、教育病理、教育臨床といった研究も先生が先鞭をつけた研究領域であり、「殺し文句の研究」「見て見ぬふりの研究」「私語の研究」なども先生なくしてはあり得ない研究であり本のタイトルであると言えます。

そうした先生と親しく接することになったのは、一九八一年に先生が日本教育社会学会の会長に就任された時からで、私が事務局長を務めた二年間でした。当時、先生は、文部省の教育職員養成審議会委員や科学委員、国立社会教育研修所の評議員なども務めており、先生の東京での会合に合わせて学会の理事会や事務局会議などを開いていました。その前、広島から上京した先生と都内の喫茶店などで落ち合い、二人で理事会の打ち合わせをすることにしていました。事務的な打ち合わせが主でしたから、残念ながら、研究について意見交換する時間はほとんどありませんでしたが、ある時、「先生はデュルケームとルソーの両者について研究もされ本も書かれていますが、個人的にはどちらに魅力を感じておられますか。」と質問したところ、しばらく考えて「やはり、ルソーかな」と答えてくれました。その時、私は「先生は〝理の人〟というより〝情の人〟なのだろうな」と何となく得心できた気になりました。先生の多岐にわたる一〇〇冊を超える著書や訳書を貫く赤い糸は「人の幸せについて考え、人を幸せにするには教育をどうするか」を考えることなのだろうなと勝手に納得したということでもあります。そうした心性ないし性向は『歌集・戦中戦後青春賦』の短歌や詩からも伺えることです。

さらに言えば、先生の好奇心の旺盛さというか世俗に対する関心の強さにも圧倒されます。多くの研究者が世俗の些事にほとんど関心を持たない干物《ひもの》的な人が多い中で、生涯、俗世界での諸々の事象に関心を持ち続けた〝生《なま》もの〟であり続けました。このことは、最晩年の二六年の長きにわたり、四百字原稿用紙五枚の時評を毎月一回寄稿し続けたことでも知られます。それらの文章をまとめた最後の著書『未曽有の〈国難〉に教育は応えられるか』は先生の関心と考察の対象の広さを示してくれるものとして読めます。

先生の生涯にわたるこうした人間と人の世に対する尽きることのない関心と旺盛な好奇心こそが教育社会学に次々と新しい分野を開拓することになったのであろうし、数多くの著作を世に出し得た源泉になっていたのであろうと思います。

先生のような類稀なる先達を得たことはわが国の教育社会学会にとってこの上ない幸いでした。そのような先生に励まされ続けてきたものとして、深甚なる感謝を込め、心からご冥福をお祈りいたします。

（筑波大学名誉教授）

新堀先生における二つの中心

竹内　洋

新堀先生は、私よりも二一歳も年長で、学会では仰ぎ見る先生だった。さらに卒業大学の垣根もあり、先生とは個人的にはほとんど接触がなかった。ところが先生の晩年、「教育社会学研究」に拙書『日本のメリトクラシー』を書評していただいたことやそのあと、あるアカポスにふさわしい若い研究者がいないだろうかと自宅に電話をいただいたりした。その話は実現しなかったが、これをきっかけに学会などでお会いしたときに先生と会話することになり、先生との距離が少し近づいた。

といっても一言二言喋る関係以上のものではなく、先生との個人的接触は限られたものだった。しかし、多くの教育社会学研究者がそうであるように、先生の研究業績のかなりを読み、勉強させていただいたから、ここでは、主に著作から得た先生についての印象を述べてみたい。

先生の著作で、印象深いのは、比較的初期の作品で、先生の学位論文をまとめた『デュルケーム研究―その社会学と教育学』である。当時、大学院生で社会学の勉強をしなければとおもっていたので、デュルケームの勉強の一環として読んだのである。日本人学者の学説研究といえば、当の学者の所説よりもそれを紹介し、論じた学説研究のほうが何倍も難解になっているというのが相場だったが、先生のこの本はデュルケームの学説を自家薬篭中の物にして、明快でわかりやすく説いていた。学説研究はこうでなければと思ったものである。実際、先生は、その前後から、大学教授職や学生運動、学問や学界の社会学など精力的に多くのテーマについて論文、著書を書かれているが、記述は平明で、専門用語をいたずらに振り回す虚仮威しのようなところはいっさいなかった。のちにジャーナリズムでも教育問題について多くの執筆をし、『「殺し文句」の研究』や『「見て見ぬふり」の研究』などの話題書を書いたのは、こうした明晰でかつ深い分析力によるものとおもわれる。

といっても、平明で分かりやすければよいというものではない。わかりやすさはともすれば、平板な記述になりかねない。いやしばしばそうである。先生の著作が学界のみならず、ジャーナリズムでも好評を博したのは平明な論述でありながら、同時に深い分析と洞察がともなっていたからである。

こういうスタイルで先生は多方面の問題に切り込んですぐれた業績をのこしたが、いくらか先生の学問の特徴を考えてみると、先生は教育と経済にかかわる研究分野にはあまり関心を寄せなかったように思える。先生の時代は人的資本論ブームで教育と経済が急接近した。教育と経済は教育社会学の定番テーマになった。清水義弘先生や教育大の馬場先生などをはじめとして教育社会学者でこの分野の研究をされた人が少なくなかったのに、である。

それについて、こう推測する。先生は広島高等師範で英語学を専攻された。なにかの話の中で、「英文学に興味があってね」ということを聞いた記憶がある。文学青年に経済問題は似合わない。そのことと関係があるのではないだろうか。初期の研究テーマである『教育愛の構造』などの教育哲学や『ルソー』などの西洋教育史への興味は、先生が文学部的なハビトゥスの持ち主だったからではないかと思うのである。歌集（『戦中・戦後青春譜』）も編んでいる。

先生は教育社会学講座担任になられてからは、高い水準の教育社会学の著作や論文をつぎつぎに書かれたが、社会的事実に照準した冷静で客観に徹する分析がなされ、文学青年ハビトゥスは封印されていたように思う。しかし、他方で、先生はジャーナリズムでも活躍された。こちらでの名文や洞察には先生のもうひとつの中心である文学部的なるものがいかんなく発揮されていた。つまり先生は社会学者としての中心と文学青年的なものとの二つの中心をもちつづけていたと思う。晩年、先生は臨床教育学を構想され、研究をすすめたが、先生の二つの中心が楕円となる場所を見出されたのではないだろうか。そう言えば、教育と経済の研究の泰斗だった清水義弘先生には、精悍なビジネスマンのような感じをうけたのに対し、新堀先生には繊細な文学青年の趣があったとあらためて思いだすのである。

（京都大学名誉教授）

新堀先生を偲んで――南西諸島（沖縄）への旅（四幕）――

近藤　大生

第一幕　宇品検疫所

本土への返還以前の沖縄は、渡航するのに検疫（渡航証明書）が必要であった。私たちは、早速近くの宇品検疫所へいった。担当の看護師は、型通りの問診をつづけてゆく。「お名前は新堀通也さんですね。大正一〇年六月二六日ですね。……」。次の方。「近藤大生さんですね。大正八年九月一〇日ですね」。「いや、大正ではなく昭和です」。この時、新堀先生は私の方をみて、意味ありげな表情をされた。ここから、南西諸島への旅の小さな出来事がはじまる。検疫所を後にしたとき、先生は「君の方が先輩なんだ。これからよろしく頼む」。低い声で静かにおっしゃったが、私には、妙に応える声であった。

第二幕　第一部　ひめゆり丸の中

やや丸みを帯びた真新しい真っ白な船体のひめゆり丸。午前一一時、銅鑼が鳴りテープが流れた。船体は目の前の桜島を後に、滑るように鹿児島港の岸壁を離れた。春まだ浅い錦江湾はキラキラと輝いている。船が速度を上げはじめた頃、船内アナウンスが聞こえてくる。「本日は、ひめゆり丸にご乗船いただきまして、……本日の外洋は熱帯性低気圧が接近してきていますので、昼食をお召しあがりになるお客様は、早めにお願い申し上げます」。アナウンスが終わってまもなく、白い制服に身を包んだマリンアテンダントがやってきた。「特別食堂へご案内いたします。どうぞ」。特別食堂は船長室に続くフロアーで、すでに五～六人の船客と五十溺みの船長らしい制服の人が着席していた。飲み物が運ばれてきた。ちょっとしたコースになっているらしい。船長が型通りの挨拶をされた。「……本船は予定では二三時間ほどで那覇港に到着の予定です」。

船室に帰ってから、船長論のような話題になった。私は、単に感覚的に、かっこいい職業のように見えるが、自由度の少ない職業ではないかというような否定的な意見を述べた。先生はポツンと一言、「僕の父親は外国航路の船長だった」。

第二幕　第二部　船室で

理由はわからないが船室は二段ベッドになっていた。私は当然先生が下段だと決め込んでいたが、先生は無言のまま上段を選ばれた。外洋に出たひめゆり丸は、ローリングからピッチングとどんどん揺れはじめた。船内アナウンス「……熱帯性低気圧のため風速は二〇メートルを超えていると思われますが、本船は復元力の大きい設計になっている新鋭船ですから、大きく揺れても沈没の心配はありません。どうぞご安心ください。……」午後の一〇時を過ぎる頃から揺れはますますひどくなり、もののぶつかる音、落下する音、悲鳴のような声が聞こえはじめた。室内灯が消え、船内アナウンスもきこえなくなった。窓は、空が見えて、海水が見えて、の繰り返しになってきた。時間ははっきりしないが、一二時頃、ドスンという何かが落ちたような音がした。続いて、「ウーン、……」、「先生大丈夫ですか」。ややあって「……大丈夫……近藤君は？」。那覇港へは、二五時間かけて到着した。

第三幕　琉球タイムスで

琉球大学（東江康治助教授当時）、屋良朝苗先生（第五代琉球政府行政主席当時）、沖縄県教育庁（当時）などの挨拶回りの後、マスコミ関係を回っているときだった。突然先生が、名刺がなくなったので、君に挨拶回りを頼むとおっしゃった。やむなく私が名刺を出し訪問の理由を告げると、それ相応の地位の人が出てこられ、私に対して説明やお話しをされるのである。もちろん事前に文書で連絡はしておいたが、わが国の名刺交換の慣習からすれば当然の形である。先生はほとんどしゃべられなくなり、不機嫌にさえ見えた。すぐに名刺の印刷を提案したが、なぜか受け入れてもらえなかった。

第四幕　八汐荘（沖縄公立学校共済組合宿泊所）にて

少々贅沢だと思ったが、那覇東急ホテルを利用していた。しかし、経費の面を考えて、八汐荘に移ることにした。朝出発する時、玄関に門限は午後一一時と書かれているのに気づいたが、特に気にとめなかった。予定では、主な挨拶回りは今日で終わり、明日からは現場回りである。気が緩んだわけではないが、夕方、三人で、東江先生ご推薦の居酒屋でのどを潤した。結局三軒ほど回っていい気分になりお開きになった。八汐荘の玄関まで帰ってきたが、案の定しっかりと閉まっている。新堀先生はとお顔をみたが平然とされている。一瞬他の宿をと考えた。その時、東江先生が、裏へ回ってみましょうといわれて、建物の裏手に行き、従業員部屋らしき場所の窓をたたかれた。意外に早く電気が付き、裏門が開けられた。私たちは無事、移動第一日目の宿泊ができたのである。部屋に落ち着いた時、先生が一言、「門限破りだ」とおっしゃった。それにしても東江先生はいろいろと深い経験をもっておられるようである。

新堀先生のご冥福を心からお祈り申し上げます。合掌

（配役）　新堀通也（四四歳）助教授（当時）、近藤大生（三二歳）助手（当時）。両名は、文部省より南西諸島（沖縄）の本土復帰のための教育に関する調査研究を命ぜられる。

（大阪教育大学名誉教授）

こんなこと・あんなことなど

野垣　義行

大学院当時スクーターに乗っていた。新堀先生は宇品町の県営住宅にお住まいで、ご自宅までお送りしたことがある。玄関前までお乗せし、私は同じ宇品町だが港に近い自宅に帰った。時には上がれといわれ部屋に通して頂いた。そこには奥様がおられお目にかかることになる。先生の奥様への思い、詳しくは『歌集　戦中・戦後青春賦』で知ることになるが、その奥様から優しい言葉をかけて頂く。奥様のお姿から、学生に優しい家内であってほしいと願った。幸い願いは叶ったようだ。

院生時代の私にとって一番大きな出来事は、二五歳で久保淑子と結婚したことだ。院に入ってから流川幼稚園児に知能テストをしたり、その結果を母親に説明するバイトを始め、そこで久保さんと出会った。一年余り付き合って結婚してほしいと言った時、返事はもらえなかったと思う。が、淑子の父親が森岡文策教授と知り合いで、野垣の人物について聞き合わせをしていい返事がもらえたらしい。結婚OKということになり昭和三六年八月二七日、広島婦人会館で挙式。準備はすべて二人で行った。出席をお願いしたのは末吉悌次先生、新堀通也先生、幼稚園の先生方、そして両家の両親といった簡素な結婚式である。

司会等は何でも私がやり、両先生には励ましの言葉をお願いするつもりだった。末吉先生から友達の出席はないのかとのお尋ねがあり、ハイと答えると、新堀先生に向かって「突然で悪いけど司会を頼めないか」といわれ、その様になった。新堀先生にとってはとてもご迷惑な話だったと思う。先生御免なさい。でも大変うれしかったです。私たちも何組かの媒酌をしたが、結ばれる二人にとってどうすることがベターであるかを考える原点はここにあったと思う。

ここに東方出版の『家庭と教育』(昭和三八年二月)がある。新堀先生が「親が教育に金をかけること」というテーマで、当時としては新しい教育投資について問題提起されている。当時研究室には進学問題研究グループがあり、広島市の進学準備教育の実態を追っており、その調査結果を共同執筆という形で、近藤、原田、野垣が報告している。当時の研究室は活気があり、修士課程の一兵卒であっても先生や先輩に交じって何かしていると、学問・研究の先端に触れているような気がした。研究が広がり体系化されて学問として成立していく。その過程を体験させていただいているような気がした。『学歴―実力主義を阻むもの』、『学閥―この日本的なるもの』など関連の出版物の出版のスピードにスリリングな興奮を覚えた。

一学究として生涯を終えられるのは、昭和四二年五月、横浜国立大学教育学部講師(教育社会学)として採用されたからである。この過程で新堀先生に大変お世話になった。公募に応募するに当たって、提出書類の作成等について細かな配慮を頂いた。経済的理由から公務員宿舎を希望したが一年待たなければならなかった。明くる年簔沢の宿舎に入ることができた。そこで社会学の河村十寸穂先生と出会い、親しくさせて頂いた。河村先生は後に何期か教育学部長を勤められた方で、採用のいきさつ等について詳しく知ることができた。大学を定年で退職された著名な方の応募があったが、あと五年しかない人より若い人の方が将来性もある。野垣には新堀先生の推薦状があるということでおさまったとのことであった。

新堀先生は私が横浜国立大学に赴任して一年後、文部省社会教育官として上京され、またお目にかかれるようになり、文部省や南平台のお宅に伺った。これは南平台でのこと。先生はお客様を招待されており、私に紹介しようと私をお呼び下さったのだろう。ご馳走になっていて刺身の取り箸で刺身を小皿に移したのはいいが、そのまま私用として使っているのに気付いてとても恥ずかしく、穴があったら入りたいという経験をした。

いろんな方を紹介いただいたが主任社会教育官の日高幸男先生もそのお一人で、先生ご編集の『現代家庭教育概論』(昭和四八年)に執筆の機会を頂いた。また、文部省婦人教育課長志熊敦子先生には、昭和五五年文部省家庭教育(幼児後期)に関する相談事業方策研究協力者会議委員に推して頂き、幼児期相談事業を現場で学ぶ機会を多く与えて頂いた。こうしたことも新堀先生のご配慮のおかげだと思っている。

先生は学位という言葉はお使いになられなかったが、何時でも相談に乗るとの声は何回も頂いた。広島またはその近辺にいて仲間の努力を見聞きすると、頑張らなくてはと思っただろう。実は私は肋膜炎で中三を休学しており、健康第一、無理をしないをモットーにしていたので、うれしかったが飛び付く勇気はなかった。これには横浜国立大教育学部の風土と、広島—横浜という距離が微妙に影響していたと思う。この事情を全然お話ししていなかったことを、申し訳なく思っている。

取り箸の失敗を挽回しようと思った訳でもないと思うが、先生を横浜の中華街にご案内したことがある。お好きなものがあったようでお代わりしていただいた。うれしかった。やさしさの表現にはいろんな形があることを学んだ。

新堀先生に頂いたもの、それは学問・研究に対する情熱といえば格好いいが、私はやさしさをたくさん学んだといいたい。またご著書をたくさん頂いた。今も書斎のあちこちから怠け者の私を見守ってくれている。

これは何時どんな理由で頂いたのか、二〇〇二年日韓 FIFA World Cup の記念コイン入りのコイン入れ、もう一つは Bindex-slim である。他にもいろいろあると思うが忘れてしまった。新堀先生、本当にいろいろとありがとうございました。

(横浜国立大学名誉教授)

私にとっての新堀通也先生

原田　彰

新堀通也という名前を初めて聞いたのは、高校時代、廣島高師で講義を聴講したと語る国語の教師からだった。教育愛の哲学的考察は難解だった、という。だから、というわけでもないが、小説や演劇などで明け暮れて、将来何をやればよいかわからなかった私は、演劇や演奏に熱中して勉強しなかった友人たちが浪人する中で、何となく教育学科に迷い込み、道を間違えたかな、という思いも抱え込んだ。のちに私は勤務先の大学を転々とすることになるのだが、そのたびに、「また間違えたかな」と思ったものである。

一九五六年春、私たち教育学科新入生の歓迎会があった。新堀先生は、「僕の趣味は、短歌を作ることだ」と、ご自分の歌を披露された。その後、『友朋』という雑誌に先生の短歌が掲載されているのを、私は見つけた。「おん眼まぶしと思ひ眼伏せ　おん足見ればさらにまぶしき」といった数首の歌を読んで、「この先生、何?」と奇妙な感覚にとらわれた記憶がある。ずっとのちのことだが、二〇〇六年、先生の『歌集　戦中・戦後青春賦』が出版されて初めて、私は先生の歌の全貌を知るとともに、先生の青春時代を垣間見る思いがした。

学部時代、今は亡き同級生の池端次郎君（広島大学名誉教授・西洋教育史）と時々学科の先生方のお宅に伺ったことがある。新堀先生のお宅にお邪魔したとき、私は寡黙な先生がクラシック音楽の愛好家であることを知った。『歌集』を見ると、作曲家の名前の出てくる歌がある。それらの歌は、今の私には、肺浸潤のため学徒出陣で召集されなかった先生の心と重なる。「苦しきは友みな戦に出でたるに　病みて残れる身を思ふとき」（一九四三年）。

学部三年生が洋書を読んで研究発表をする、という学科行事があった。私は先生に勧められて、フランスの社会学者ギュルヴィッチの『社会学の現代的課題』を読んだ。卒論もそれで書くことにしたのだが、先生はシカゴに行かれたため、キュヴィリエの『フランス社会学はどこへ行く？』などを参照しながら、一人で何とか書いた。修士論文は、まだ翻訳が出ていなかったデュルケームの『フランスにおける教育の発達』をもとにして書いた。論文審査会で、先生から「今後、デュルケームをもとに、『日本のこと』を研究したらどうか」という助言があったが、何をすればよいのか見当がつかなかった。

博士課程では、『学歴』の調査研究に加えていただいた。だが、少なくとも私にとっては、それは、先生のアイデアに合う調査データを整理するだけの作業であり、論理と実証のあり方を学ぶ訓練にはならなかった、と思う。その経験は、私の躓きの石となった。四国の新設女子大に就職した私は、これから先何をやっていけばよいのかわからなくて途方に暮れた。モラトリアムの院生・助手時代のあと、無気力の女子大時代が七年間続いた。先生は心配されて、フランス語の翻訳の仕事（『世界の生涯教育』）を与えてくださった。

『日本のこと』に出会う出来事が起こるのは、同志社大（社会教育担当）に移ってからだった。差別発言事件で教員が糾弾されたり、非常勤に頼っていた同和教育の授業を専任教員で担当するため研究会が作られて同和地区に出かけたり、チームによる同和教育の授業が始まると特定の教員が授業妨害を受けたり、そんなことが続発した。

その後、徳島大・鳴門教育大（社会教育・同和教育担当）に移ってからも、私は同和教育に取り組む現場の先生方と議論したり、同和地区を訪問したり、運動団体の役員と話したりしたが、この問題を自分の研究として取り込むことができなかった。運動から自立して部落問題を研究するには、どんな枠組みが必要なのか、当時の私にはわからなかった。

広島大に移って、私は初めて教育社会学を担当した。部落問題の研究をあきらめきれず、私は数人の院生・元院生たちの自発的な協力を得て同和地区の学力問題を本にまとめた。その本について、新堀先生は「君の趣味の本が出たね」と言ってくださった。「趣味」という言葉に、私は戸惑いを感じたが、「そうか、先生の短歌と、同じ趣味ということか」と思い直した。ところが、先生が逝去される直前に完成した『新堀通也著作集』の第一巻に『歌集　戦中戦後青春賦』が自分史の一環として収録されているのを見て、私は驚いた。「これはもう、趣味じゃないですよ」と、私は先生に言いたかった。同時に「部落問題は『日本のこと』ですよ」と言い返したかった。

私の妻がガンで逝って一年余り経った二〇一三年五月、私は新堀先生を訪ねた。先生と私の年齢差は一六だが、私も後期高齢者になっていた。武庫川女子大にまだ残されていた先生の研究室で、二人きりで一時間足らず話したが、個人的な話題が多かった。一人住まいの私を気遣う先生は、「食事は、どうしてる？」とか、そんなことをポツリポツリと聞かれ、私もポツリポツリと答えた。「夜、眠れなくてね」、「被爆者手帳は、助かった」という二つの言葉が印象に残った。その後少しして、先生は奥様に先立たれた。年が明けてしばらくして、先生ご自身も後を追うように他界された。『歌集』の最後の一連の歌の中に、こんな一首がある。「貧しければ我の捧ぐるものとては　ひたすら君を恋ふ心のみ」（一九四八年）。

（広島大学名誉教授）

新堀通也先生の思い出

髙旗　正人

面接　昭和三五年一一月、二日間にわたる大学院の入学試験は最後が口頭試問でした。後でわかったことですが、教育社会学講座の末吉悌次教授がご病気とかで欠席されていました。多くの先生方が取り囲むようにして、真ん中に司会の女性の先生が着席され、その前が受験生の席に配置されていました。司会の先生（荘司雅子先生）は一般的なことをたずねられ、教育社会学を希望しているので新堀先生何か質問がありますか？と言うことになりました。新堀先生からは、卒業論文は何を書きましたか、と言う質問をいただきました。母校では、新堀先生は文理大開校以来の秀才、英語・ドイツ語・フランス語・ギリシャ語・ラテン語を自由に駆使される先生、原書を一冊読むと一冊著書をまとめられる先生、などのお噂を聞いてきていましたので、質問をされたときは相当あがっていました。

T.Parsons の Toward a General Theory of Action を読んでまとめました、とお答えしたところ、先生は「それを読んでどれくらいわかりましたか」と重ねて質問されました。「どれくらい」と言う言葉に対してどう答えればよいか、後で考えると、四ないし五割方とか、七割方とか言い方があったと思いますが、その時は、思いつかず、「両手で輪を作って、これくらいとも言えず、どう言ったらよいか」などぶつぶつ言いながら、ついには「あまりわかりませんでした。」と答えてしまいました。面接会場の先生方から、笑いが巻き起こりました。

文献　大学院に入学して以来、新堀先生とは文献を介して、いろいろな思い出があります。その第一にあげなければならないのは、R.N.Bellah,Tokugawa Religion,（堀一郎・池田昭訳『日本近代化と宗教倫理―日本近代宗教論』未来社、一九六二年）です。修士論文の準備を始めたころだったと思いますが、パーソンズを読む上で具体的な社会事象を分析したような参考になる文献はないでしょうかと先生にうかがったところ、ベラーの研究がいいよ、と教えていただきました。翻訳は出ているのでしょうか、と重ねて聞くと、「日本近代化と宗教倫理」と言う書名を言われました。早速、注文して手にして驚いたのは、この研究書では、パーソンズのパターン変数とＡＧＩＬ図式を駆使して、日本の徳川時代の教育や社会規範の分析を展開していました。原書名、日本訳の書名から、私はこの本をパーソンズとも教育社会学とも結びつけることができなくて、見逃していました。新堀先生の視野の広さに凄さを思い知らされたことでした。

まだ、青山に広大の尚志会館があったころ、日本教育社会学会に参加するために教育社会学研究室のメンバー全員が宿泊していました。私は学会の合間を利用して神田の古本屋を回りN.Gross&Others,Exploration in role analysis:studies of school superintendency role を見つけて購入し、尚志会館の部屋で眺めていたところ、新堀先生が入ってこられて、私の本を覗かれ、「これはいい本だよ」と声を掛けてくださったことがありました。内容がわからないままにN.グロスの名前に惹かれて買った本をそのように評価していただいたこと今でも思い出して温かい気持ちになります。ただ私の怠け癖からこの本は、ほとんど読む機会がなく『学校革新への道―教育イノベーションの普及過程』が翻訳されるまでグロスの文献は「積ん読」のままとなりました。

私の書架に、「髙旗正人様　謹呈　編者　新堀通也」と署名のある[Edited by Michiya Shimbori, International Review of Education, XVIII/1972/1, special number,UNESCO Institute for Education] があります。新堀先生の執筆された同書の巻頭論文「教育社会学か教育の社会学か」を図書館で読み、そのことをお話しすると早速送ってくださいました。私のお宝です。

お便り　「長らくお会いしていませんが、お元気のことと存じます。只今、長年にわたる授業の社会学、協同教育に関する論文集、拝受しました。早速ざっと目を通し、多くのなつかしい思い出とともに、この道一すじを歩み学んでこられた実践に結びついた研究態度に対する敬意の念を禁じ得ませんでした。至急おん礼まで。」平成二三年に出版した拙著『論集　授業の社会学と自主協同学習』（ふくろう出版）への先生からのお礼状です。

新堀先生からは、拙著をお送りするたびに温かいお便りをいただきました。本をまとめて出版する際には誰も人様から褒めていただこうと思っています。こんな風に返事は書くものだ、といつも教えられました。

「友朋」から偉大な大切な星が消えてしまいました。新堀先生のご冥福をお祈りします。

（岡山大学名誉教授）

新堀先生の後ろ姿を追って

友田　泰正

私は昭和三三年に教育学科に入学した。初めて新堀先生にお会いしたのは学部生の終わり頃、先生がシカゴ大学から帰国されて間もない頃だったと思う。いまだにそのきっかけがよく分からないのだが、大学院に入学して以降、先生の研究室に入り浸りになった。先生の机を衝立で隔てた、入口に近い方に演習用の机があった。いつもそこで朝から夕方まで、暇な時間を過ごした。「来ないでほしい」とか「出ていってくれ」とか言われた記憶はないが、それをいいことにして居座り続けた。言うまでもなく研究室はプライバシーが保てる個室である。研究室があることが、大学勤務の大きな魅力でもある。それを平気で侵害していたのだ。

新堀先生は朝から夕方まで、昼食で学生食堂に行く以外は、殆ど机にへばりついて読書か執筆をしておられた。冷房がないので、夏には先生のお顔から汗が滴り落ちるのを見たこともある。いつのことだったか、先生が外出された時、書棚の本を取り出して頁をめくっていた。するとぽろっと何かが床に落ちたので、慌てて拾ってみると、それは、先生から奥様宛ての葉書だった。「また、本を買ってしまいました。申し訳ない」という趣旨の、先生から奥様への詫び状だった。先生の研究室では、その後『日本の大学教授市場』のための基礎データの収集と集計が、連日、行われるようになった。来る日も来る日も、出身大学別の大学占拠率などの算出に取り組んだ。するとある日、いつの間に書かれたのか、先生が「原稿ができたよ」と言って示された。その原稿は、お嬢さんが作文に使用された原稿用紙の裏面に書かれたものだった。どの先生も貧しかったが、先生も例外ではなかった。貧しい中で、本は命だったのだ。

博士課程に入った頃から、理由ははっきりしないが、なんとかして外国に留学したいと思うようになった。英会話を習い始め、フルブライトの留学試験も受けた。そのころ突然、新堀先生から「シカゴ大学に行く気はないか」と問われた。「行かせて下い」と即答した。留学が決まると、シカゴ大学に行って果たして何ができるのかという、強い不安がこみ上げてきたが、すでに遅かった。シカゴ大学比較教育センターに研究助手として着任すると、数日後にボーマン教授が来て、ひとしきり話された。しかし話の内容が全く理解できなかった。そこで教科書通りに「アイ　ベッグ　ユアー　パードン」と言うと、あっけにとられたような顔をして、再び延々としゃべり続けた。しかし私は、またもや全く理解できなかった。ここで、「申し訳ないが、理解できません」と言えば良かったのだが、つい「イエス」と言ってしまった。それからが地獄だった。その後、ボーマン先生が私のところに来ては「トモダ、アノ　シゴトハ　デキタカ？」と繰り返すようになった。私が「まだです」と繰り返すうちに、のっぴきならないところまで来てしまった。「友田は役に立たないから解雇しては？」と言う話になった。アンダーソン教授が登場して、解雇する前に役立たずかどうかテストしてみようと言うことになった。そのテストの課題は「日本の教育社会学の最近の動向について報告せよ」というものだった。ここで解雇されては推薦者の新堀先生に合わせる顔がない。シカゴ大学の図書館に日本の教育社会学関係の文献は殆どなかった。限られた文献とおぼつかない記憶を総動員して、とにかく報告を書くしかない。シカゴの大学院生や英文学専攻で留学中の日本の大学の先生に、手当たり次第に頼み込んで英文の訂正をお願いした。いよいよ発表の段になって、ふと前を見ると皆ふんふんと頷きながら聞いていた。首が繋がったと思い、ほっとした。思いがけずこの報告は、アンダーソン教授の推薦でアメリカ社会学会の Sociology of Education 誌に掲載されることになった。そして、予定通り三年近い雇用が保障されたのである。その旨報告すると、新堀先生にはとても喜んで頂いた。

新堀先生のシカゴ大学での学究的生活は、伝説とも言うべきものだった。広島大学の場合と同じように、朝、机に向かい筆をとる。昼食で中断するが、その後また机にもどって夕方まで筆を執り続ける。そのような先生のシカゴでの生活を幾たびか聞かされた。そこで執筆された論文は American Journal of Sociology を初め、多くの海外学術誌に掲載された。英文学専門でも、ネイティブ・アメリカンでもない先生が、どうして英語で文章をすらすら書かれるのか不思議でならなかった。信じられないから、先生の英文原稿を無理矢理引き取って、アメリカの有名大卒の知人に目を通してもらった。目を通したその知人の回答は "Shinbori's English is perfect" というものだった。失礼致しましたと謝るしかない。

今、また新堀先生の後を追って、先生が創設された武庫川女子大大学院臨床教育学研究科に来ている。授業で青少年の自立をテーマに、土居健郎先生の『「甘え」の構造』を紹介している。この著書は多くの外国語に翻訳されているが、その英訳本についての書評で、E．ヴォーゲル先生は「精神医学の訓練を受けた日本人によって書かれた、西洋精神医学の思考にインパクトを与えた最初の一冊」と極めて高い評価を与えた。しかし日本人の読者の多くが「何かよからぬことが生じると、それは甘えの構造だ」と言って、甘え心理の普遍性を理解してくれなかったと、土居先生は悔やんでおられる。人文・社会科学の分野で、新堀先生が先鞭をつけられたユニークな論文、特に英語論文の執筆がほとんどできなかったことと、その難しさを今痛感している。

（武庫川女子大学教授）

新堀先生の思い出

芳澤　毅

芳澤の家族が台湾から引きあげてきたのは、終戦二年後の最後の「引き揚げ船」であったと憶えている。大阪行きと聞いて乗り込んだ筈だが、翌朝目覚めてみると、小さな島の前に停泊していた。それは、たまたま両親が生まれ育った宮古島（沖縄本島と八重山の中間地点）であったので、我々は大急ぎで艀に飛びおりた。その島で、小学三年（一年、二年は学校に行っていない）から中学、高校と過ごし、それから沖縄本島にある琉球大学に進学した。当時宮古島は、台風銀座と呼ばれていたので、在学中の夏休みには、常に帰省を余儀なくされていた（台風の予防策や対策のため）。しかし、短い冬休みには帰ることはなかった（春休みはバイト）。それで正月三ヶ日には親戚の家で馳走になったり、四日目あたりには、指導教官（学部の）宅を訪ねたりして、よく歓迎されたものである。

琉球大学卒業と同時に広大の大学院に入った（西洋教育史専攻）。しかし、演習時の独逸語のヒゲ文字には大いに悩まされた。それで専攻換えを思いたち、教育社会学の研究室に受け入れて貰った。その時に相談に乗って頂いたのが、末吉、新堀の両先生であった。

以下、新堀先生との忘れ難い思い出を二点ほど記してみたい。

入学後、私は一時期、高須（己斐の次の駅だったか）に間借りしていたことがある。専攻変更後の最初の正月四日目であったと思うが、学部時代のように、ノコノコと新堀先生宅に新年の挨拶に出かけた。というのも、この沿線に先生が住んでおられることは、時々電車で登校時にお会いしていたので知っていたからである。勿論、訪問するのは初めてのことでもあり（恐れ多くもあったので）、私は玄関先の挨拶だけで失礼する積もりであった。しかしビックリされながら（と私には思えた）も、和服姿の先生は、「せっかく来たのだから、まあ上がりなさい」と云われ、しきりに勧められるので、正直のところ戸惑いながらも、私は上がり込んでしまった。いつものように先生は黙り込んでいるので、私は「今年もよろしくお願いします。それに修論のこともありますので・・・・」などとしゃべっているうちに、大きな器（例のスシ屋の内側は真紅で外側は漆黒）が運ばれてきた。中にはニギリが一〇個ばかり（？）並んでいた。先生が「まあお食べなさい」「さあ遠慮せずに」と急かすものだから、恐る恐るひとつずつつまんで、みんな平らげてしまった。その間先生は、一言も口を開くことはなかった。後で考えると「これだから田舎者には閉口する」と思ったかも知れないと考えたり、「ひょっとするとあれは、お正月にご夫婦の昼食のために注文しておいたものでは」と思ったりしたが、後の祭りであった。

これが一つ目である。二つ目は、小生の留学中（ニューヨーク州北部のシラキュース）に、所用があってニューヨーク市にも寄るという連絡を受けた（手元に送られてきた先生の略年譜によると、一九六七年のプエルトリコでの学生運動の国際会議出席後の帰途ではなかっただろうか？）。滞在時のホテル名と日時が記されていたので、そのホテル目差して、深夜の三時頃（当時、ニューヨークまでは六時間かかるということを知っていたので）妻と共に高速をぶっ飛ばしてホテルに着いたのが午前一〇時頃か、丁度先生は、外出のためホテルの玄関を出た所であった。よすぎるほどのタイミングのよさに、双方ともビックリしてしまった。すぐに、近くに「日本料理店があるから」と誘われて、テンプラ定食をご馳走になった。テンプラは、時々、妻が作ってくれてはいたが、その時の定食のうまかったことを、未だに（その味を）憶えている。

以上の二件が今なお、鮮やかに私の脳裏には残っている（恐らく今後も忘れることはないであろう）。多くの人にとっては、「恩師の憶い出」といったものは、受けた学恩について記すのが当たり前であろうが、拙文の場合は、さしずめ「食恩」とでも云うべきだろうか。

（琉球大学名誉教授）

新堀先生を偲んで

有本　章

新堀通也先生が二〇一四年三月二四日にご逝去され、日増しに寂しさが募ります。わが恩師として陰に陽に厳しく温かくご指導いただいた先生との邂逅は、私にとって一生の僥倖になりました。想えば、大学二年生の時（一九六二年）に、フルブライト交換教授を終えシカゴ大学から帰国されて担当された教育社会学概論を受講しました。それは先生の個性的な講義スタイルにふれる最初の機会でした。先生は颯爽とした蝶ネクタイ姿で登壇され、至極あたりまえのように英語のレジュメを使って講義をされたので、当時の学生は少なからず面食らいましたが、講義はそのような空気には頓着せず淡々と進みました。

同様に面食らったのは、三年生の時です。ＶＯＡ（Voice of America）の社会学シリーズのテープを使用して教育社会学演習を担当され、一〇名ほどが受講しました。学生の英語力をもってしては内容が理解できず、結局テキストを読むはめになったわけです。これは先生にとって想定外のようでした。先生の描かれる授業水準と学生の実力のギャップを図らずも証明した一幕でしたが、その時の衝撃は半世紀が過ぎた今も忘れられないものです。

先生の温かい面は、四年生の時に、私を中心に先生方に「とっておきの話」を昼休みの時間にご披歴いただくことを企画した時に観察しました。新堀先生は奥様を見初められた時期の御足の裏を短歌に読まれた秘話をご披露されましたので、そのことによって日頃から寡黙で謹厳実直な先生には想像できない意外な一面を発見することができました。

指導教官として導いていただいた点は多々あります。三年生の時に指導教官をお引き受けいただき、卒論、修論、博論の薫陶を受けました。卒論を書いた当時は、受験地獄の解決が懸案であり、先生は大学進学や学歴主義の研究の最中でしたし、「大学紛争」の時に入学した私自身も大学自体をはじめ大学進学や入試は大きな関心事でした。米国のCEEB（College Entrance Examination Board）は長年にわたって適性検査の入試を開発していましたから、それを題材に取組みました。修論では逸脱論の一環としてロバート・マートンのアノミー論を紹介していただき、その概念を媒介に科学社会学の世界へ踏み込むことになり、博論の「マートン科学社会学の研究」に至りました。こうして先生に手ほどきを受けながら教育社会学を専攻し、科学社会学を方法論として大学論、高等教育論、アカデミック・プロフェッション論などの研究に取組むことになった次第です。

実はある日、京大の比較教育学講座助教授の職へ招聘されて進退を思案しているとポツリ言われ驚きました。結局、広大への残留を決断されましたが、その決断がなければ広大の講座の発展も大学教育研究センター（現高等教育研究開発センター）長への就任も、私が大学院で指導を受ける機会も永遠に実現せず終わったでしょう。広大にも私にも幸運でした。

先生は、酒もたばこも強く、風邪ひとつひかない頑強な心身をお持ちでした。特に仕事が速いのに驚かされました。私が修士の学生の頃に文部省へ社会教育官として出向されて、社会教育の「四六答申」を執筆されました。その出向前に就任された学生課長の時には、学生との団交の合間に使用済みの原稿用紙の裏側に「中央公論」から依頼された原稿を猛烈な勢いで速記されていました。清書の前にそれを判読するのはかなり難しいほどでした。それは学生団交の最中に見聞したことを材料にすぐ論文にするという「短期決戦」の研究でした。それほど左様に原稿書きなどの仕事は電光石火というか驚異的な速さでした。その勢いを生涯失わず持続し教育社会学の新領域を次々と開拓されたのではないでしょうか。

先生は出来の悪い学生を叱咤激励してくださいました。大阪教育大学に赴任している時点で、国際文化会館の第一回新渡戸フェローに審査員の一人を務められた先生のご推挙のお蔭でもって、西部邁氏や井上俊氏らと共に選ばれ、私には米国のイェール大学、ドイツのマックス・プランク研究所、英国のランカスター大学に客員研究員として留学する機会が与えられました。後に、上記の大学教育研究センターへ呼び戻していただいたのも新堀先生でした。前後しますが、大学問題調査室（大学教育研究センターの前身）から大阪教育大学へ転出した年に先生と奥様に媒酌人をしていただきました。また後に東広島市に家を新築した時はご夫妻で神戸から遠路お祝いにお越しくださり恐縮しました。先生からは「初心忘るべからず」や「学問的野心」など種々の教訓や指針を頂戴しましたが、大阪から広島へ移るときには「着眼大局着手小局」と色紙に揮毫いただき、その後座右の銘として大切にしております。先生の厖大な御業績を拝見するにつけても、この指針をご自身が標榜し実践されたものと拝察せずにはいられません。ご他界の直前に頂戴したはがきには「生涯一研究者を自認しているけれども最近若い人が尊敬してくれなくなった」という意味深長なことを記されていました。今や先生の偉大さを理解できぬ世代が出現しつつあるのかと密かに慨嘆した次第です。

往時、何かの折に「年寄りは早く没する」と仰っていたのを記憶していますが、先生は男性の平均寿命八〇歳の今日、九二歳という天寿を全うされ、「新堀通也著作集全七巻」の浩瀚な自選著作集を出版されて鬼籍に入られました。言うまでもなく、この著作集は私だけでなく斯界の人々にとって熟読玩味すべき業績が満載された金字塔であります。とりわけ教育社会学の学徒にとっては精読が不可欠でしょう。先生は「初心」である教育社会学の構築をシカゴからの帰国後寸暇を惜しんで追究されました。著作集はまさしくその結晶である以上、学徒にとっては世代を超えて研究指針となる貴重な遺産だと確信する次第です。

先生のご生前を偲んで私の拙い想い出を書かせていただきました。その他、筆舌に尽くしがたいほどの想い出や御恩の数々が走馬灯のごとく脳裏に浮かびますが、紙幅が尽きましたので擱筆し、謹んで先生のご冥福をお祈り申し上げます。

（くらしき作陽大学学長顧問、高等教育研究センター所長、広島大学名誉教授）

師匠のことば

住岡　英毅

これまで私は、師が身近に存在することの意味とその重みについて、どれほど自覚してきたであろうか。この峻厳な問いに突如として直面した時の動揺は、新堀先生が急逝された日から半年余を経た今も、リアルな衝撃の記憶として残っています。

学問や芸術の師、それに職人の親方など、世の中には様々な師匠が存在しますが、その存在の意味は、多くの弟子たちにとっておそらく共通している。また、失ったときに初めて、その重大さに気付かされるという点においても、それは同様の意味あいを帯びているように思われます。

九十二歳、大往生とはいえ、あまりにも足早に逝ってしまわれた先生の最後は、私たち弟子に抗しがたい動揺をもたらしました。待ち望んでいた先生の著作集が出た直後で、近々お祝いの会をと関西の弟子仲間で目論んでいた矢先であっただけに、その動揺はとてつもなく大きいものでした。だが、その動揺は、師の姿が目の前から突然消えてしまったという、咄嗟には受け入れにくい現実への抗いがもたらしたもので、時間が経つにつれて、少しずつ薄められ癒されていく性質のものです。

でも、師を失うことの本当の動揺や悲しみは、その後からやってきました。それは、先生から教えを受けるために過ごしたあのこと、このことの記憶を辿って行き始めたときに、また、先生の著作の一つを読み返しているときに、じわじわと押し寄せてくるようなものです。先生にはこれまで、学問研究のこと、教育のこと、人生への構えなど、多くのことを教えて戴きましたが、その一つひとつの記憶を掬いあげ紡ぎ直していると、「しまった。もう遅いではないか！」、という悔恨の思いがどこからともなく競りあがってきます。それは、「師匠の生き方」のすべてを、その長短を含め丸ごと手にして座右におくことができるという、弟子に与えられた一週の機会を生かしきってこなかった自分に気づいたときの、無念の思いを伴う動揺であり悲しみでした。

それでも、気持ちを立て直して、先生がそれこそポツリ、ポツリと口にされていた折々のことば、のあれこれを反芻していると、なんだか豊かな気持ちに浸ることができます。それは、これまでにも、仕事のことで悩み苦しんでいる私の耳に、やさしい仏の声として届くこともあれば、研究のアイディアを練っているときに、天啓のように聞こえてきたりしたものです。もちろん、それほど大袈裟でなくても、ふいに前触れもなく、私の傍でささやくように聞こえてくることのほうが多かったようにも思います。そうしたことばが、短いフレーズながら今なお私の耳に残っています。いつ、どんな場所で口にされたかについては、記憶が定かでありません。おそらく研究室での共同研究が一段落し、ほっと一息いれるコーヒータイムの時間であったか、あるいは先生を囲んで一杯やる弟子仲間の集まりの席であったか、いずれにせよ、くつろいだ、気楽な団欒の場であったに違いありません。思い出される数々のことばのうち、なぜか何度も聞こえてくることばが三つあります。

一つは、「まあ、なんと言うか、この世に渦巻いている全ての事象が研究テーマになるね」、といったもの。身のまわりの社会的事実に関心をもっていさえすれば、そこからいくらでも研究テーマを汲みだすことができる。「そうだ、私にもおもしろい研究ができるかも知れない！」、とそんな思いをふつふつとわき起こしてくれる、これは今でも、私に元気を与えてくれる魔法のことばになっています。

二つは、「テロのことだけどね。テロはこの世から決してなくならないと思う〜」、といった予言者ばりのことば。国際的なテロが今日のように日常化していない、テルアビブ空港乱射事件のあった一九七二年頃の先生のことばです。変転する時代や社会の動向、そしてなによりも、そこに生きているわれわれ人間の業に向けられた先生の鋭い洞察の眼が光っています。これもあなどれないことばとして私の脳裡に焼きついています。

三つは、「論文を書いた、本を出したというけど、まあ、われわれの業績なんてどれほどの値打があるかねえ、ゲーテやミケランジェロのような業績ならいざしらず、たいしたことはないと思うな」、といったものです。これには脱帽しました。あれほどの業績をものにしておられる先生の口から出たことばだからこそ、味があります。人生への諦観が漂う素敵なことばとして、私の記憶箱に保管してあります。

いずれも、寡黙のなかにややはにかみを含んだ先生の表情とともに、私の耳の奥でまるで生き物のように飛び跳ねている、「師匠のことば」です。

（滋賀大学名誉教授）

「新堀未知夜荘」について――すべてはそこから……――

山野井　敦徳

武庫川女子大学を退職された新堀先生から私信（二〇〇七年一〇月四日付け）を拝受し、広島市西区井口鈴ガ台の旧宅に向かったのは一〇月一四日のことであった。そこは私が学生だったころから人生の転機において機会あるごとにお尋ねした想い出深い特別な場所であった。とりわけ、筆者は近くの隣町に住んでいたこともあって、旧宅の建築時から最近手放されるまで一番多くお世話になった一人かも知れない。お尋ねした理由は、「旧宅の処分はまだ考えてないが、とりあえず、この一四日からの三日間で書斎、応接間、台所等の書籍、家具、台所用品など整理したい」とのことであった。君は様子もよくわかっているので、協力してほしいとのご要望であった。

当然、筆者一人では手に余るので、広島大学大学院生諸君の協力を得て先生宅にお伺いした。玄関をノックすると、そこには先生、奥様、長女のるみ子お嬢様が満面の笑みを浮かべて出迎えてくださった。そろってお会いするのは何年ぶりだろうか。ご挨拶そこそこに寡黙な先生の最初のお言葉は、数冊の本を手に「これらを君に受け取ってもらいたい」であった。一瞬、我が目を疑った。目に飛び込んできた最初の一冊は、論文をまとめる際にお借りしたことのあるあの懐かしい Kaplow & MaqGee の The Academic Marketplace（新堀未知夜荘蔵書 No.2783）ではないか。とっさに、私は「このような大切なものを頂戴するわけにはいきません。私の座右の書にしている先生の『日本の大学教授市場』で十分です。」と強く固辞した。が、「いや」と例の調子で強く拒まれた、このたびは相当な決意で臨まれた様子が御顔から拝察された。同僚の支援で拙編著の『日本の大学教授市場』を上梓したばかりのところもあったので、「お預かりして次の世代に引き継がせていただくことにします」とお答えせざるを得なかった。

案の定、「新堀未知夜荘蔵書」を今後どうするか、以下の単刀直入なご指示に決意のほどが示唆されていたように思う。

1. 稲富栄次郎著『広島原爆記—未来への遺書—』、教育社会学研究室編『広島市内小学校の被爆後写真集』は原爆記念館への献本手続き。
2. 『プラトン全集』、『ルソー全集』、「沖縄関係資料」等は武庫川女子大学へ配送。
3. 『大学関係文献』は広島大学高等教育研究開発センターで必要なものは寄贈。
4. その他の蔵書の処分。
5. ＬＰレコードは自宅へ。
6. 家具・置物・道具等の処分ないしは譲渡。

未知夜荘を構成する書庫は、先生の一階書斎（六畳）の東側の壁に沿ってガラスケース付きの本棚二脚、そこには原書のプラトン全集、ルソー全集等が収納されていた。多くのご蔵書は書斎と応接間の西側を貫いて先生の手作りの本棚に整理されてあった。その他に、一階南の廊下側一部と二階六畳部屋に本棚二脚、それに屋外の倉庫（文庫類）にまさに万巻の書が収納されていた。

蔵書は、その人の思想や思索の遍歴を示唆する。後世、新堀通也研究を試みたいと願う研究者が出てくるかもしれないが、ご蔵書全体を「新堀文庫」として残したいという思いに駆られるのは筆者ばかりではあるまい。今後、散逸可能性が高いので、先生から自由に持って帰ってもらって結構だというお言葉をいただいたので、以下の文献だけは収集した。すなわち、先生の博士号製作過程の分かる博士論文の草稿、初期の大学・学閥・学問的生産性等に関する雑誌論文、数冊の教育社会学に関する英文・独文からの翻訳ノート、大学個別史、初期のIDE雑誌、中でも、「日本の大学教授市場」論文が掲載された『朝日ジャーナル』（一九六三年一一月号　Vol.5　No.47　そのジャーナルには先生の切り抜きで朝日新聞に掲載された、当時、我が国のオピニオンリーダーであった経済学者の都留重人氏の「閉鎖社会に窓をあける異色論文」としての評論や、ジャンヌ・ダルク研究で著名な西洋史学者の高山一彦氏の逆説的な批判的評論の切り抜きが最後のページに添付されている）は、現在では入手困難である。上記の書物を中心に筆者自身の選書で、我が家には「新堀先生小文庫」が先生の本棚とともに鎮座している。

トラックのレンタカーを借り切って三日間で何とか関係方面に蔵書を配送・運送した。被爆資料の記念館献本に関しては、中国新聞への報道調整もあって二ヶ月後になった。

いずれにせよ、広範なご蔵書全体について分析することは、紙幅が限られているので別の機会に譲らざるを得ない。ここでは感想めいたものを以下、箇条書きするにとどめたい。

1. 恩師が公私にわたって私淑しておられた稲富栄次郎先生の『広島　原爆記』に新堀先生の被爆のご様子が言及されている。その後、阪神・淡路大震災にも遭遇され、先生は運命論者として、生き残った者の使命感に強く抱かれたようだ。

2. ご蔵書の中には『論理学』に関する読書遍歴が随分とあった。名文家の稲富先生の言語学や教育哲学を背景に、新堀先生の緻密な文章展開の背景はここにも一因があったと思われる。順説・逆説・正反・真逆・潜在・顕在等を駆使し、分析的図表化される。いずれの論文も文章表現も完成度が高く、実証的数値を入れれば文章は前もって出来上がっていると、学生時代から噂されたものだ。この背景にはどうも論理学が影響しているようだ。

3. さらに、言語やその使用法にきわめて鋭敏で造語の創出の名人であった。この未知夜荘という呼称もそうだ。短歌のごとく、奇を衒らいながらも悦に入っているところが先生らしい。新しい研究テーマへの着目もこうした先生の言語的狩人のひらめきが反映している。新堀先生の重要な洋書には必ず重要なターム・法則・事項等に関する先生独自の自家製引用の該当ページが整理されている。こうしてネポティズムの社会学、マタイ効果、エポニム、教育ポピュリズム、ポリティカル・コレクトネス、等の洋語が誕生する一方、知日家、殺し文句、見て見ぬふり、後世恐るべし、等々の和語もテーマ化された。個性的な研究への発端や動機はこうした思考法から由来しているが、「君、どう思うかね?」と新タームを提案しては、その評価と確認作業の相手をよくさせられたものだ。

4. 教育社会学へ転向して、その基礎理論とも言うべき数冊の英独の翻訳に取り組まれている。質といい量といい尋常ではない。大学ノート一行分のところに二行にわたって、それも細かな字でぎっしりと書き込み、何冊にもまとめている。広島高師英文科卒という素養とフルブライターとしての経験を背景に、このような努力を通じて外国語能力のレベルアップと同時に、当時の世界の教育社会学の核心部分に関する第一人者として精通されたようだ。誰よりも一歩も二歩も先んじて学会をリードし、広島という地方にあって、弟子が海外の最新情報に触れることができたのはこのおかげだ。

5. あらゆる面で整理と記録に留めておられたが、一流の外国研究者との国際的研究企画や会議記録、業績記録ノート、新聞切り抜き、とりわけ出版界関係者の名刺リストや内外の著名な方からのお手紙が散見されたのには驚かされた。自ら交際下手だと謙遜されていたが、国の内外の人脈を非常に大事にされた。マスコミ界とのコミュニケーションは細心の注意を払っておられたようだ。

6.二階のるみ子お嬢様の部屋にあった本棚には、恩師の出版された雑誌等があり、圧巻であった。単行本の多くは全集に収録されているが、筆者が初めて目にする雑誌も少なくなかったので、いくつか収集させていただいた。

7.弟子たちへ注がれた思いやりである。学界のゲートキーパーとして、いろいろな書類やスカーラーシップ等への記録が残されていた。弟子への深い配慮がなされていたが、古き世代の真の意味での師弟関係が構築されていたように思われる。

8.旧宅における「新堀未知夜荘」の対象期間は、先生が広島大学をご定年退職されるまでである。武庫川女子大学にご勤務された一九八六（昭和六一）年以降はご自宅の新しい「未知夜荘」に引き継がれている。先生の博士論文、自著および武庫川女子大学時代の教育研究関係図書（臨床教育学等）はご自宅の手元に置かれていたが、それらの一部は武庫川女子大学に二度にわたって寄贈された（「新堀通也寄贈図書目録」武庫川女子大学教育研究所『研究レポート』第三九号　五九―一一〇頁、一回目一一五一冊、二回目一四三六冊）。しかし、まだ自著や弟子の博士論文出版物を中心に、数多くの蔵書が保管されているという。

以上のごとく、われわれ新堀学徒は、この「新堀未知夜荘蔵書」の恩恵をもっとも深く受けているが、我が国の教育社会学が世界的な視野から着実な方向性を見出すことができたのはこの人の御蔭であると蔵書は物語っている。多くの方から先生は才に恵まれた方という評価を勝ち得ているが、その蔵書の量と質から判断して、これだけ学問的に苦しみ通した学者を私は寡聞にして知らない。未知夜荘の整理中にお伺いした先生の血液型はＡＢ型。このタイプは一般にあらゆる関心を抱く天才肌が多いと言われるが、たしかにネポティズムの社会学構想は一つの特定テーマにのみ集中して集大成されることはなかった。しかし、先生のご姓名も示唆するように、教育社会学という草創期の新分野において、次々と新しいネポティズム的な着想を「新しい堀を通す也」の使命感から寸暇を惜しんで精進され、いろいろな領域でエポックを確立された。教育哲学から教育社会学へコンバートされた背景には、その教授であった末吉悌次先生（前高等師範学校教育学教授）の強力な推薦があったといわれるが、先生のご記述によれば、「自ら進んで新設の教育社会学講座への所属」を願われたという（『わが研究の軌跡』二〇〇五年、三頁）。このような決断や思いの深さがあってはじめて、聳え立つ未知夜荘が出来上がったのだろう。

わたくし事になって恐縮だが、そのような恩師の謦咳に接し、研究テーマも『日本の大学教授市場』のご業績の中から着想できた。すなわち先生のネポティズム社会学の中核をなす学閥とは、ある意味で対極にある「流動性」(Mobility)研究というライフワークに愚直に執着できたのも師弟関係の恩恵である。さらに、大局的な見地から述べることが許されるならば、日本教育社会学会草創期において、多彩な方々が学会に貢献せられたが、とりわけ清水義弘先生や新堀通也先生のような、時代の構造と方向性を見事に読み切った稀有な人材に恵まれたこと自体が学会全体にとってもじつに幸運であったという他はない。しかも、生涯現役という理念を実践してこられ、最後には見事に臨終教育学まで提唱されて去られた。本当に、長い間、お疲れ様でした。そしてお世話になりました。

合掌

（広島大学・くらしき作陽大学名誉教授）

昭和一九年一月古書賛歌「たのしきは長く欲りせる古本に蔵書の印を押せるひととき」（未知夜）

新堀通也先生の思い出

相原　次男

「高齢者よ、大志を抱け」。新堀先生の著書『老兵の遺言状―現代教育警世録』（一九九七年、東信堂）の序章に記された言葉である。高齢者一般に対する励ましの言葉ではあるが、先生ご自身は終生、大志を抱き続けてこられた方ではなかったかと拝察する。

先生は時代の風潮や雰囲気、また学問の動向を鋭い観察力と分析力と持ち前の知性を駆使され、社会学、教育学、特に教育社会学分野の開拓者として、常に研究世界の先頭を走ってこられた。

先生のあのエネルギーはどこから出てくるのか。凡人である私には理解できない。先生は秀才ではあったが、単なる理論家ではなかった。青春時代の熱い思いを綴った歌集『歌集　戦中・戦後青春賦』（文芸社、二〇〇六年）は、先生のその後の学問的生産性を知る貴重な資料でもある。先生の瑞々しい感性は青春時代だけでなく、何歳になっても衰えることはなかった。汲めども尽きぬ感性が、先生の活動のエネルギー源であったのかもしれない。

さて、私が先生から直接ご指導を受けたのは、主として大学院時代の五年間である。限られた期間ではあったが、思い出は多い。

修士一年のあるゼミの時間、先生の学位論文『デュルケーム研究』を渡され、次週のゼミでそれを発表せよとの指示を受けた。新堀ゼミの厳しさの洗礼を受けた最初である。ありきたりの知識はあったが、デュルケームの著作はもちろん、解説書も読んだことのない私にとって、苦難の作業である。一週間の後半の三日は徹夜で読み続け、レジメを作成し、報告した記憶がある。お粗末な報告ではあったが、ゼミ終了後、「大変だったね」とねぎらいの言葉をかけていただいた。胸をなでおろすとともに、頑張らねばと心した瞬間でもあった。

ゼミでは研究者としての心得や研究姿勢についても色々ご指導を受けた。「研究者として一流を目指すこと」「大学に就職してもローカルの徒になってはならないこと」「学位論文については、誰もやってない、しかし研究的には大いに価値のある、そういうテーマや分野を見つけ、それを徹底的に耕すこと」など。院生時代には博士論文など自分と関係ない問題ではあったが、先の先生の言葉は不思議なくらい私の心の中に息づき、就職後、私の研究の方向に大きな影響を及ぼすことになった。

院生時代、私は研究の方向が定まらず、あれこれの分野をつついていた。学生運動が盛んだった時代的背景もあり、ソビエト社会や教育に強い関心を持ち、ロシア語の文献を読んで小論も書いていた。あるとき、「教育社会学研究」に投稿する目的で準備した、ソビエト関係の論文の原稿にお目通しいただいたことがある。わずか、七、八分ではなかったかと思う。読み終え、二、三箇所訂正文を入れ、原稿を返された。「先生、可能性はどうでしょうか？」「うーん、何ともいえんね。」結果的には条件つきではあったが、論文は採択された。先生のお陰だと思っている。

大学院を終えて以降、私はソビエト教育の問題に焦点を定め、研究を続けた。その一つの成果が『ソビエト教育社会学序説』（東洋館出版）である。先生からお手紙をいただき、「マルキストでない著者による本格的なソビエト教育の研究書」として私の著書を評価してくださった。先生の励ましが、その後の学位論文にもつながったと信じている。

ところで、先生が広島大学をご退官されて以降、先生にお会いするのは学会の時ぐらいであった。控え室で、また懇親会で、にこやかに談笑される姿、また気軽に教え子たちに声をかけられる姿に接し、私の先生に対する印象が大きく変わった。私にとって新堀先生は、院生時代はもちろんその後もずっと雲の上の人であり、力量不足も手伝い、近寄りがたい怖い存在であった。しかし、もはやそのイメージはない。大家の風格というか、引きずり込まれるような魅力を感じた。先生は本来そういう方であったと思われるが、かかわりの薄い私にとっては大きな驚きであった。

米寿のお祝いが大阪で開催された。ご高齢のせいもあるのか、一回り小さくなられた感じであった。この機会が、先生にお会いした最後となった。お祝いの会が始まる前、先生はロビーにいる私を呼ばれ、穏やかな表情で、「相原君、元気だったかね。君、いま、学長か何かやってるの。」と尋ねられた。日ごろの非礼をお詫びし、「とんでもありません。定年を前に、どこか再就職口があればと案じているところです。」とお応えした。学会にも参加せず、暑中見舞いと年賀状のやり取りだけのお付き合いになり、近況もお知らせしていない。何とも不詳の教え子か。先生のお気遣いに感謝しつつ、申し訳ない気持ちで一杯だった。

この四月から私は地方の小さな大学の学長職に就いている。今思えば、この偶然も先生のお導きによるものだったのかも知れない。研究者としては一流にはなれなかったが、先生の学恩に報いるためにも、ロシア教育に関する研究書をもう一冊出したいと考えている。数年前からの構想であるが、生来の怠惰さも手伝い、いまだ筆があまり進んでいない。時間がかかっても、何とか完成させたいと念じている。

(宇部フロンティア大学学長)

新堀先生の学問的情熱

西根　和雄

新堀通也先生の学問的情熱は、いかにして生まれたのであろうか。なお、ここでいう学問的情熱とは、「まさに努力を『発明』して止まないもののこと」（三谷太一郎『学問は現実にいかに関わるか』（東京大学出版会、二〇一三年、一四頁）である。先生の学問的情熱を生み出した要因としては、次の三つが考えられるのではないか。それは、（一）文学体験（詩歌を含む）、（二）被爆体験、（三）留学経験、である。それらを以下、順を追って述べてみたい。

（一）文学体験（詩歌を含む）　社会科学を研究するには、文学を読む必要があるといわれる。確かに、多くの研究業績を上げた著名な社会学者たちは、その成長過程において、内外の文学作品を多く読んでいる文学青年であったこと（西根和雄『増補版現代社会と教育』ぎょうせい、二〇〇五年、一〇六頁）が共通している。先生自身も文学青年であった（『新堀通也著作集第一巻』〈以下『一』と略記〉二四五頁）と述べておられる。したがって、多産的な研究者になるためには、「芸術的・文学的才能が豊かで情緒ある詩の世界をもっていること」が、特に重要になってくる。それは、この「芸術的・文学的才能」とりわけ「情緒ある詩の世界」が、あらゆる創造性・独創性の基層となり、またすばらしい文章が書ける「文章力」の核になるからである（拙著『生き方を求めて』ぎょうせい、二〇〇六年、五三頁）。

先生の文学的才能は、ゲーテ、シラー、ハイネなどのドイツ文学や夏目漱石、森鷗外、島崎藤村などの日本文学を丹念に読むことによって醸成されたものと思われる（『一』、一七一頁、二四九頁、『第七巻』四八二頁）。

次に情緒ある詩の世界においては、詩一五篇、外詩習訳二篇、唐詩訳歌六篇などを作・訳詞されている。しかし、先生の場合特筆に値するのは、戦中・戦後の六年間に、先生の生活や心情を歌った千首あまりの短歌を作っておられることである。この驚くべき作歌にいたる開眼に影響を与えた歌集と歌人たちは、『万葉集』、『新古今和歌集』、西行、本居宣長、橘曙覧、与謝野晶子、北原白秋、宮沢賢治、吉井勇など（『一』六頁）である。

（二）被爆体験　先生は、第一巻の解説に、一見、順調で平凡、あるいは幸運な一生だったが時代的にいえば、原爆や敗戦、阪神淡路大震災など劇的なドラマを身をもって体験した（『一』X頁）と述べておられる。それらの中でも最も大きな体験は「被爆体験」であったのではないだろうか。

「昭和二〇年八月六日の原爆。……偶然の運命、紙一重の差が生死を分けることを体験した私は、一種の運命論者になる一方、不運にも命を失った多くの仲間の霊を慰めるためにも力いっぱい生きなくてはならないと決意した（『一』第四章一―二頁）。この引用文の中でも私が傍点をつけた箇所が、先生の人生を大きく変えることになったと思われる。

私が思うに、先生は、その被爆体験後、少しの時間も無駄にしないという強い時間への渇望を抱かれ、飽くなき学問的情熱を燃やし続けて、今年九二歳で亡くなられるまで生涯現役として活躍され、公刊された書物、著書だけでも優に百冊を超えるほどの膨大な研究業績を残されたのである。

（三）留学経験　先生が、フルブライト交換教授として、シカゴ大学比較教育センターに留学されたのは、一九五九年から六〇年までの一年間である。そして、その時の指導教授がC. A. アンダーソン教授であり、その指導の結果、先生が到達された考えが、achievability と accessibility という考えであった。アチーバビリティの原理とは、価値ある業績の上がりやすさ、その予想ということであり、アクセシビリティの原理とは、対象への接近のしやすさということである（『一』三二一頁）。この二大原理でもって、帰国後にまず取り組まれたのが、一九六〇年に執筆された「ネポティズム社会学の構想」（『一』三六五―三九一頁）という論文である。ネポティズムとは、日本語の「閥」に相当するものであり、藩閥、閨閥などとともにある「学閥」について研究されていくことになった。

年譜をもとに先生の研究業績を、留学前と留学後に分けて、その単行本化された冊数をみると、留学前で七冊、留学後で九〇冊となる。したがって、先生の学問的情熱が一段と加速していったのは、留学後ということになる。

先生の研究業績を一本の巨大な樹に例えると、哲学・思想研究（ルソー）が「根」の部分となり、理論研究（デュルケーム）が「幹」の部分となり、高等教育の社会学、新比較教育学、教育病理学などの研究が三つの大きな「枝」の部分となり、その他の多くの研究業績が、それらの枝にたわわに実ったということができる。

（広島大学名誉教授）

新堀先生からの私ならではの学び

田中　亨胤

○「教育社会学入門」の教え—課題と方法と立ち位置を見定める

新堀先生との出会いは大学院修士課程途中からである。文部省から広島大学に戻られて、最初の特別研究で、「教育社会学入門」が配布された。特別研究には、大学院生（修士・博士）と必要に応じて教官も参画し、新堀先生の指導が進められた。

「教育社会学入門」を説明される中で、次のような諸点が、明確に示された。①教育社会学は、課題とその方法の開発の学的領野である。②教育学、社会学、統計学をはじめ隣接科学を基盤にすること。③英語のみならず複数の外国語を身につけ、研究に駆使すること。④ローカル大学にはローカルの強みがあり、課題を追究してインターナショナル、グローバルなる評価を得ること。⑤資料や文献の検索とレビューを確かなものにしておくこと。これらをふまえて、⑥研究の継続的公表（研究成果の生産）を心がけること。

東京大学に負けない、広島大学ならでは特色、役割、期待などについて、淡々と説明が行われた。大学院生の私にとって具体的な受け止めには限界があった。いずれ大学に勤務し、教育研究者を希望する私には、その言説は衝撃であった。これまでも反芻し、私なりのペースでプロダクツを心がけてきた。「教育社会学入門」は、私の出発点であった。

○「特別研究」における雑誌報告―本当に読んだか

自分にとって学部から大学院の学修には、かなりの落差があった。「特別研究」では、自分の力量が否応なしに試される。教育社会学講座として科研費を得た課題研究に取り組むことはもちろんであるが、定期的に外国のジャーナルを分担しての報告が大学院生にはもとめられた。「イギリス」「アメリカ」「フランス」「ドイツ」「ソビエト」などの雑誌が選定された。大学院生は、それぞれに得意とする外国語があり、それを尊重して雑誌の分担となった。私は、アメリカのAJSを担当した。教科「英語」の教員免許状を取得していたからであったと考える。

雑誌の論文からは、相当の刺激を得たことは間違いない。レジュメを作成し、「特別研究」の時間に報告をした。論文の内容（学問的基本視座、最新情報、結果としての知見）をとりあえずは直訳してレジュメを作成した。参加者の教官、博士・修士の大学院生からの質問にも応じた。そのやりとりの途中で、新堀先生からは、「本当に読んだのか?」との一言があった。論文の内容が読み取れていないことの指摘であった。論文の背景知識、専門分野の理論仮説などについての把握と理解が十分ではないことの厳しい指摘であった。その課題にかかわる専門的基礎知識・教養が不十分だと論説が読み取れないことを痛感させられた。新堀先生の豊かな語学力と学問的基盤の専門性と教養をモデルとすることの必要を実感した。

○論理的表現リテラシー：朱書きを読み取る

大学院生の頃のみならず、これまでも、課題参画への誘いをいただいた。原稿をとりまとめ、締め切りまでには提出した。新堀先生からは、すぐさま朱書きでの修正が届いた。その大筋の論理性について、明確にするための指導が、朱書きには込められていた。論理的枠組み、論理的表現性、テクニカルタームの明確な用い方、センテンスの簡潔性などが、さりげない朱書きに指摘されていた。とりまとめた執筆内容のマクロとミクロの整合性を確かなものにする加筆修正であった。それぞれの箇所を、そのように読み取りながら、修正し課題をとりまとめた。このことを話す知人や職場の同僚からは、「指導教官がお元気で、いつまでも指導してもらえるのは、あなたは幸せなことだ。新堀先生は、私も存じていますよ。」とある。

○新堀イズムにふれた幸せ

縁があって、二五年間兵庫教育大学にて教育研究者として勤務した。その間、兵庫県などの審議会で新堀先生とご一緒したこともある。会長を新堀先生が、副会長を私がとなる。さすがに緊張する。審議会の進行や報告書作成において、会長のお手伝いをする。「田中君がいるので、安心だ。」と、ぽつりと言葉がある時などは、夢のような心持ちになった。

いつもダンディで、インテリジェンスのある鋭い眼光の新堀先生。それでいて新堀先生の笑顔に癒された。ただただ、新堀先生に感謝感謝です。合掌

（兵庫教育大学名誉教授）

新堀先生を偲んで

南本　長穂

先生に最初にお会いしたのは、一九七二（昭和四七）年四月に大学院に入学した時でした。私は出身大学が徳島大学教育学部で、その時の指導教官が教育社会学研究室出身の池田秀男先生でした。池田先生からは「新堀先生はすごい先生ですよ」としか言われていませんでした。しかも、大学院に関する知識はほとんどなく、教育学をもう少し勉強して、その後、郷里の徳島で中学校か高校の数学の教師になろうかなといった漠然とした気持ちで大学院に入学したしだいでした。

新堀先生が教授になられた時に大学院に入学し、助教授は空席で、教育社会学研究室は先生一人が運営されていました。入学すると、研究室所属の先輩の院生の方々の真摯な研究態度に圧倒されました。新堀先生のもつ学問的雰囲気が充満している感じを受けたことを強く記憶に残っています。この雰囲気に圧倒され、郷里に帰って教師をしますとは言いだせず、結果として自分の学問的能力には自信を持てないままに、大学院に在籍し、大学に職を得る結果になったと思います。

新堀先生が教授になられて研究室で初めて進められた共同研究の『日本の教育地図』に修士課程（二年）と博士課程（二年）の計四年間、参加させていただき、この共同研究で、研究とはどのようなものなのかを、おぼろげながら理解できたのでないかと思います。

博士課程に進んだ時には、大学への就職状況が良かった時期なのか、先輩の院生方はあっという間にいなくなり、研究室所属の院生は同学年の新富康央さん、博士課程前期一年の伴恒信さん、押谷由夫さん、私を含め四人になり、新堀先生もさぞ心細く、頼りなく思っていたのではないかと推察していました。しかし、その分、先生からいろいろと学ぶことができ、また、四人だけの院生の期間が二年間続いたもので、研究仲間としてとても仲良くなり、その後も、変わらぬ関係が続いています。後でふり返っても、先生にも恵まれ、仲間にも恵まれた院生時代でした。

研究にかかわること以外で新堀先生が話をされたという記憶はないのですが、印象に残っている出来事は、新しいものが好きであることです。忘年会の時には行ったことのない店を好むとか、喫茶店では珍しいものに目を留めるとか。新しい研究領域を次々に開拓されてきた研究での先生のイメージは、先生の日常生活における嗜好性とも重なっているのではと思ってしまいました。

愛媛大学に就職後、先生の共同研究にはかかわることはなくなり、学会などでお会いするだけになりました。だが、著書を出版された時にはいつもお送りくださいました。著書を拝読し、研究業績では無理でも、研究への態度だけでも先生に近づきたい、研究に打ち込まれる先生を研究者のモデルとしたいと考えた院生時代の初心を思い起こしました。

さて、忘れることができない事件(?)ですが、先生が愛媛県の生涯学習センターの開所式の記念講演に来られた時に、県の関係者に教えられセンターに伺い、三千人収容のホールで生涯学習の講演を聴きました。その時の様子には少し驚きました。講演が始まり一五分ぐらいすると、会場のあちこちでバタンバタンと音がするのです。開所式で配られた大部のセンターの案内資料が入った袋を眠り込んだ聴衆が床に落とす音でした。でも、先生は顔色一つ変えず、淡々と話を進めていました。講演に付きものの事例やエピソードを入れて聴衆を感心させたり驚かせるということも全くなく、理路整然とした生涯学習の重要性や今後の方向を語っていました。三千人の聴衆に一切迎合することなくです。

私は久しぶりに先生のお話を聞き、先生は聴衆（読者）が何に興味をもっているかとか、どのような話しをすれば満足するかといった視点では、講演したり、著書を出版していないのではないかと、この時から考えました。先生の著書の多さ、学問的生産性の高さを考えると、先生は自分が考えた（思索した）ことをすべて著書や論文にあらわしたのではないかと、推察します。先生のすごさは考えたことすべてがそのまま著書や論文になるというレベルの高さです。私のような平凡な研究者は考えたことそのままでは論文や著書のレベルには届きません。また、講演を頼まれるとついつい聴衆に迎合し、受けるだろうかなどと下世話なことになりがちです。

二〇〇〇年四月に先生のお住まいと同じ兵庫県西宮市にある現在の勤務大学に移り、先生にお会いでき、楽しくお話しができる機会を持てるようになっていたのですが。悲しみとともに、先生あってのこれまでの自分の研究者人生だと振りかえる日々です。

（関西学院大学教授）

もっと面白くできませんか

新富　康央

「小生、妻を八月末に失い、現在喪中の身です。（中略）幸い娘や孫が近くに住んでいて、たえず来泊してくれていますので、リハビリに勤めながらも、来春、自選著作集（全七巻）、出版を楽しみに生活しています」

この葉書をいただいて三ヶ月後の訃報でした。それだけに、信じられないという思いを強くしました。今も、と言った方が良いかも知れません。不肖の弟子の反省とお詫びをこめて現在、この新堀先生からの最後のお便り（葉書）を仏壇に飾らせてもらっています。

「もっと面白くできませんか？」。学術研究の上で、新堀通也先生からいただいた、所謂名言は多々あります。その中にあって、この言葉は一見、学術研究的な意味合いとは不釣り合いな言葉のようです。しかし、私にとって、この言葉は新堀先生の学問に対する深遠な哲学が含まれているように思われました。この言葉を聞いたのは、卒論発表会の時でした。まだ学部生ということもあり、レポート的な卒論発表が続く中、いつものように穏やかな口調で、新堀先生の口からぽつりと出た言葉でした。当時、修士学生であった私には、学問研究の面白さとはこういうことなのだ、という勝手な解釈と思いが湧いたものでした。

「もっと（学術的に）面白くできないか」。この視点で新堀先生の著述を覗くと、学歴主義社会の分析、高等教育論、科学の社会学、教育病理学など、新分野を次々と開拓し、多種多様な手法を使って展開する、新堀先生の学術研究の精神的なエネルギーの根底を垣間見る思いがしたものです。また、「県別教育診断」「教育病理分析」などの共同研究を通して、「もっと面白くする」とはどういうことかを、具体的に指導していただきました。

このことを再発見したのは、一年足らずの滞在でしたが、米国留学中のインディアナ大学での社会科学系研究者との交流でした。どちらかと言えば、日本の研究者がオーディエンスに対してでは無く、相対的に所属学会に対してコミットメントしようとする傾向性が強いのに対して、彼らは米国の一般市民すなわち公民に問い、働きかける市民科学的な要素が強いという印象でした。その事実を違和感無くとらえることができたのは、新堀先生の学問研究への真摯な取組から享受するものがあったように思われます。私自身も「もっと（学術的に）面白くできないか」を追究したかったのですが、実際には新堀先生に顔を合わせることができない、不肖の子弟で終わろうとしています。先の新堀先生からの葉書にも、「しばらくお会いしていませんが」の文言が記入されています。

「学問への真摯な取組」と言えば、新堀先生の短歌の雅号が「通也」を文字って、「未知夜」とされていたことは周知のことでしょう。生前、青春時代からの短歌集も出版されていました。雅号のとおり、学術研究に没頭して気がつけば朝焼け、という生活を送っておられたことが読み取れます。新堀先生が出張先から帰られると、大封筒の裏表紙には、一面びっしりと小さな文字が書き込まれていました。新幹線の車中でも、常に原稿書きをされていたのです。「真摯な取組」とは、こういうことなのだと、その都度感動したものでした。私も真似をしようとするのですが、やはり車窓から外の景色を眺めているうちに、目的地に着くという始末です。たしかに、新堀先生が好んで使われた言葉の一つは、「真摯」でした。

真摯に取り組むとは、どういうことか。これも新堀先生から言葉だけで無く、先生の正に真摯な学術研究への取組姿勢から、私たち院生は自然に学んだものです。しかし、私自身は、「未知夜」という面があったとしても、それが学術研究部門では無く、ここ二〇年大学運営、学部創設部門の活動において「未知夜」という、新堀先生にお詫びしなければならない状況です。しかし、新堀先生は「大学運営に」あるいは「学部創設に、がんばっているようですね」など、度々励ましてくださっていました。学術研究面に限らず、文部省社会教育官、文部省各種委員をはじめ、日本教育社会学会長、大学・学部運営や研究所運営（武庫川女子大学）などでも、組織的かつ制度的な課題にも真摯に取り組まれた先生の言葉だけに、こんなことをしていてどうなる、と悩んでいる小生には、甘えることのできる大きな力添えになりました。

「今日、新堀先生が笑った」。とくに私の大学院時代は、そんなことが話題になる、自分に厳しい先生でした。ユネスコ国際会議で講演して帰国された翌日、広島の県北の片隅の町で教育講演されるという、真にグローバルな先生でした。恥ずかしそうにイギリス土産のスコッチを差し出す先生でした。大学院（新堀研究室）への入学希望を報告すれば、しばらくの沈黙の後、愛想無く、黙って科学社会学関係の本を積み上げ、書籍カードに書き込むように指示される先生でした。その上、何日か徹夜状態でタイプを打ち、その書籍カードを持参すると、「明後日、大学院入試だったの」と、愛すべき発言をされる先生でした。私たちは、新堀先生の学術的な偉大な研究業績はもちろんでしたが、「ここに学者が居る」と思わせていただけた、そんな先生の弟子であることが今も、これからも、誇りです。不肖の弟子の一人として懺悔するとともに、心よりご冥福をお祈り致します。

（國學院大学教授）

研究、そして人生の導師、新堀先生

伴　恒信

私の心の中での新堀先生との出会いは、実に人生を変える衝撃的なものであった。正確な日付も内容も遥か記憶の彼方にありながら、当時世間の耳目を集める学生運動に関し朝日新聞の一面を使って「広島大学の新堀助教授」が書かれた論説が私を広島へと誘《いざな》ったのは紛れもない私の内面の事実なのである。新堀先生の新聞記事を読んでから図書館で御著書『日本の大学教授市場』を見つけ、現実の趨勢を数字で分析するこのような研究の仕方もあるのかと新鮮な驚きを感じたその感覚を覚えている。

昭和四四年一月一八日、過激派学生によって占拠されていた東大の安田講堂に機動隊が導入され、火炎瓶と放水による学生と機動隊との攻防戦が全国にテレビ中継された。その事件と相前後して正式に昭和四四年度の東大と東京教育大の入試中止が決定され、東京在住の私は国立大学一期校の受験大学探しに翻弄されることになる。ただ、大学紛争を通じて教育問題に関心を深め、教育に係る学問研究を目指すようになったのは東大の安田講堂事件よりだいぶ前のことであり、新堀先生の新聞記事をいつの時点で目にしたのかは定かでない。少なくとも父親に反発し自分の生き方を模索していた者にとって、広島という全く未知の地が闇の中の光明となっていたのは間違いない。

しかしいざ、広島大学教育学科に入学して見ると、こちらも大学紛争たけなわで全共闘学生のバリケード封鎖によって授業は無く、毎日オルグと討論会ばかり、いい加減うんざりして東京に舞い戻り、二重に学籍を取得していた早稲田大学に通ったのである。昭和四四年八月に広島大学の方にも機動隊が入り、大学封鎖も解除されて授業が開始され期待して授業に出てみたものの、今度は教育学科の専門の授業の退屈さに辟易としてしまう。しばらくは授業もサボって部活動や種々の社会活動に首を突っ込んでいたりしたが、当時文部省社会教育官として出向しておられた新堀先生が一時集中講義のため大学に戻って来られて、その講義を受けて再度身震いを感じたのである。私が直接新堀先生にお会いしたのはこの時が初めてで、今にして思えば講義の仕方も学生を見ずにひたすら講義ノートを読み上げるような形でとても上手いと言えるものではなかったが、とにかく学問を究めた人の持つ威厳と迫力があったのである。知的エリートが子どもを作らず、人類全体の知的水準が低下しているという講義内容もショックだったのか、講義の後、しばしノートを見ながら呆然としていた記憶がある。

私の大学院生時代は、多くの時間を同僚の諸氏とともに共同研究の作業に費やす日々であったが、個人の研究については教育社会学の領域を離れてアイデンティティの概念で脚光を浴びつつあったエリク・エリクソンの発達論に関心を持っていた。そこで、エリクソン研究に関する日本の権威でもあった臨床心理学の鑪幹八郎先生の研究室にお邪魔し、鑪先生が呼ばれた河合隼雄、土居健郎、小此木啓吾といった方々を交えた研究会へ参加させていただいた。後に、鑪先生の誘いで『エリク・H・エリクソンの研究』や『恥とアイデンティティ』の訳者に加えていただいたが、他の研究室への所属院生の出入りを鷹揚に認めてくださったのも、新堀先生の自信と度量の大きさを示すものだと言えるであろう。こうした研究環境に恵まれたお陰で、院生時代から社会学の学会誌『社会学評論』に「教育社会学との関連におけるサイコヒストリーの方法論的特質」と題する論文を掲載することができたのである。

博士課程修了後国立教育研究所に身を置いたことで第二の恩師の木田宏先生に出会うことになるが、これも新堀先生の人脈の恩恵の上に立っている。木田先生が自ら語られた話によると、木田先生が文部省社会教育局長の地位におられた際に、研究業績で前から注目していた新堀先生を文部省の社会教育官として引き抜いたとのことである。その新堀先生の弟子と言うこともあって、文部省事務次官退官後国立教育研究所所長の立場で私に新聞社依頼の原稿の基礎統計資料作りなどをさせながら、木田先生が権威ある相手とも知らない私のような若造の分析説明にも熱心に耳を傾けてくれていたようである。教育行政の実際を知り国際事情にも通じた教育研究者を育成したいとの木田先生の期待を担う形で私が文部省に送り込まれ、ユネスコに派遣される結果となったのも、私自身が関知しないところで木田先生が文部省への影響力を行使していたためとのちに分かる。

こうして今日振り返ってみると自分の能力の限界や怠け心もあって、とても新堀先生や木田先生のご恩や期待に報いる仕事をしてきたとは言えないまでも、曲がりなりにも研究者としての私の基盤を築いてくださったのは、まさに新堀先生に他ならないと断言できるのである。

（鳴門教育大学大学院教授）

新堀通也先生への感謝と報恩への決意

押谷　由夫

新堀先生へのご恩は語りきれません。心に刻みつつ少しでもご恩返しができればと決意を新たにしています。そのための記録としてここに記し、先生への哀悼の辞とさせていただきます。

1　先生との出会い

新堀先生について知ったのは、学部（滋賀大学教育学部）で教育社会学の講義を受講した時でした。高旗正人先生から、すごい先生だということをお聞きし、脳裏に焼き付けられました。

大学院入試では、先生を確認することはできなかったのですが、研究室の前に行き、先生のもとで研究ができればいいなと夢のような気持ちで表札を眺めていました。入学式後に、笑顔で「おめでとう」と声をかけていただいたことが忘れられません。

2　研究室の一員としての自覚

入学後、早速に教育社会学講座に所属するにあたっての心構えを、先生作成の冊子を基にお話しいただきました。心に残っているのは、世界を視野に入れた研究を目指すこと、知的禁欲主義を貫くこと、身近なものから深く掘り下げること、といったお話です。新堀先生のようにはできないまでも、心構えは持ち続けようと誓ったことでした。これが研究室の一員としての自覚をもった第一歩です。

入学したとき、ちょうど日本の教育地図に関する研究の最後の学校教育編を、科研研究で研究室の先輩を巻き込んで取り組んでおられました。その仲間に入れていただいただけでなく、その中の一部を担当させてくださいました。学校教育編にかかわって教育病理の研究へと進められるのですが、その中の教育的浪費に関する担当を任されたのです。泳げない幼児が水の中に投げ入れられたようなものです。アップアップしながらも、新富先生、南本先生、伴先生に助けられながら、何とか任を果たすことができました。今から見ても私の担当部分が不十分なのはよくわかるのですが、外部から入学し、専門的な教育をこれから受けようとする小生に、平等に役割を与えていただいた新堀先生のご配慮に心より感謝申し上げる次第です。そのお陰で、水に浮くことができ、少しずつ泳げるようになりました。

3　研究者としての旅立ち

博士課程2年の時に、新富先生が佐賀大学に赴任された後を受けて、研究室の助手に採用いただきました。先生にご迷惑ばかりおかけしている助手でしたが、先生のおそばでお仕事のお手伝いをさせていただけたことが大きな財産になりました。

その後、高松短期大学に赴任しました。理事長であられた佃範夫先生と親交をもたれており、高松に来られるごとに行動を共にさせていただきました。研究者として、独り立ちしなければいけない時期でしたが、先生の励ましをいただきながら、学会誌への論文掲載や科研費採択など基礎固めをさせていただきました。この時期、新堀先生のところで学んだということが誇りとなり、どのようなところでも物おじしなくなりましたし、いろんなことにチャレンジできるようになりました。

4　結婚式での思い出

高松短大に赴任して二年目に結婚しました。仲人をお引き受けいただきました。忘れもしません。強風の吹き荒れた四月八日でした。心に焼き付いているのは、先生からの祝辞です。「一流の研究者になるための目安として、二〇代で外国留学、三〇代で著書を出版し、四〇代で博士号を取ることだと考えるが、押谷君は一〇年遅れで頑張ってほしい。ゆっくりと早く、という言葉を送る。」というものでした。「ゆっくりと早く」は、ローマ帝国初代皇帝アウグストゥスの座右の銘だとお聞きしました。この言葉が今の私の支えとなっています。

5　文部省、文部科学省時代

文部省に道徳教育担当の教科調査官として赴任した時、ご挨拶に伺いました。にこにこしながら「日本で一人だけだからねえ」と一言おっしゃいました。この言葉も胸に響きました。文部省に来られる度に立ち寄っていただきましたし、道徳教育講座や各種の本や雑誌への論文も引き受けてくださいました。最初の本『道徳教育新時代』を書いた時に、書評をお願いしました。「教育社会学の手法が十分に反映されている」とのお言葉をいただきました。心底、うれしかったです。

博士論文の執筆をしているときに、いろんなことに気づきました。昭和三三年に道徳の時間が特設されるときの小学校部会の責任者（座長）が稲富栄次郎先生でした。稲富先生は、新堀先生が敬慕されていた恩師です。孫弟子としての幸運を感じました。実は、学部時代に稲富先生の本に共感し、数冊読んで、冊子にまとめたことがあります。不思議な縁を感じました。

博士論文が本になった時にも先生に書評をお願いしました。「海後宗臣先生の本に匹敵する本である」という過分なお言葉をいただきました。恐縮しつつも、この上ない喜びでした。

6　昭和女子大学時代

昭和女子大学に赴任してからも、たびたび先生の所にお伺いしました。いつも笑顔で迎えてくださいました。雑談の中で、「君は道徳教育をやるのにふさわしいよ」と言っていただいたのも忘れられません。先生の著作集を出版いただけないかとお話にお伺いしたとき、ことのほか喜んでくださり、「冥途の土産になるね」と冗談でおっしゃっていました。それが現実となってしまいました。著作集は先生の最後のお教えです。一生の支えとしてご恩返しに尽力したいと誓う次第です。ご冥福をお祈りします。

（昭和女子大学教授）

新堀先生の思い出と「無手勝流・教育社会学」

河野　員博

新堀先生との最初の出会いは、大学紛争の余波も冷めやらぬ学部三年（一九七〇年）の授業の時だった。当時、先生は文部省社会教育官として在京であり、教育社会学の集中講義のため帰広されていた。同じクラスの先鋭的意識の某君が、その授業中、突然にも活動家張りの過激口調で先生に何やら詰問をし、私などノンポリ一般学生は固唾をのんで成り行きを見守った。すると先生は、例のぎょろりとした目で辺りを睥睨し一言二言返すと、平然として授業を続けられたのだった。威圧された某君が呆然と立ち尽くしていたのは言うまでもない。物事に動じない泰然としたその姿に、今をして思えば先生の人間としての大きさを垣間見たと僭越ながら記憶する。

当時の私の関心は、教育社会学というよりも社会学全般にあり、教育に特化した研究に対しては若干の抵抗もあって、結局卒業後は公務員行政職の道に入った。しかし初任の電子計算課という職場に馴染めるわけもなく、四年後教育社会学の院を受験する仕儀となったのであるが、その際に快く相談に乗っていただいたのも新堀先生である。先生にとって私など一介の受験生でしかないわけであろうが、私にしてみれば現職を捨てる覚悟であり大きな曲がり角である。研究者への道筋をつけるきっかけは、まぎれもなく先生との邂逅であったと、謝して思うばかりである。

大学院では修士二年と博士二年を過ごし、中途退学ののち最初の職場（公立短期大学）に赴任することとなった。この間、研究室では幾つかの実証的共同研究をマルチで行っており、私もそれらに参画すると同時に、修士論文にも取り組んだ。学部時代からの社会学基礎論志向の思いは依然としてあり、結果としての修論タイトルは「社会科学における価値自由への一考察」というものであった。マックス・ウェーバーあたりを渉猟した社会学論文（?）であって、教育学論文はもとより、教育社会学論文としても適格であったか、今でも不可解である。推測であるが、これをパスしていただいた経緯には、「科学の社会学」も射程に入れた先生の幅広い学識のもとの援護射撃があってこそと、私には思えてならない。ついでに言えば、学部の卒業論文のタイトルは、「産業社会における社会階層構造」であった。多くの先輩・同僚・後輩諸氏の研究テーマからすれば、恐らく私ほど教育社会学的メインテーマから逸脱したテーマを追っかけた例は無いと思う。定年を迎える今に至るまで、この度し難い偏向の性《さが》は生き続けているのだが、そのことを思えば思うほどに先生の寛大なお心に恐縮してしまう我が身である。

結局、公立短期大学に十年、公立大学に二十五年と勤務し、しかもその三十五年間、めぐり合わせとはいえ出身地広島から一歩も出ることなく教員稼業を全うするという、「井の中の蛙」になってしまった。このような稀有なキャリアも、先輩・同僚・後輩諸氏には珍しいケースのはずである。さらにさらに所属先が教育学部のようなところではなく、一般大学の教職課程であるため、狭い意味での教育学に殊更に囚われない、その意味ではプレッシャーの少ない職場であったことは私には幸いであった。比較的自由な研究環境を確保できたのも、「河野君には、その生き方が向いているよ」と私のお気楽人生を見抜いていた先生の慧眼、眼力に改めてひれ伏すばかりである。

しかし自由に羽ばたいた筈の私の研究も、振り返ると先生の影響を受けること実に大なるものがあったと言わざるを得ない。一九八四年刊行の『資格社会――教育と階層の歴史社会学』（有信堂高文社）は、ランドール・コリンズ著を先生が監訳されたものであるが、学歴を身分や階層というマクロ社会学的背景のもとで考察する視点が実に新鮮であり、当時関心のあった日本的就職慣行を分析する格好の補助線をいただいた思いである。あるいは絶えざる研究不正や社会現象としての科学的営為の抜きがたい曖昧さに見られるごとく、科学や科学理論の「そもそも論」追及がテーマの一つであった私にとって、日本における「科学の社会学」研究の嚆矢たる先生の研究は、私のアプローチへの大いなる触媒となったのは間違いない。いささか胡散臭い、我が「無手勝流・教育社会学」は、こうしてみれば、新堀・教育社会学の単なるエピゴーネンでしかなかったというお粗末の一席でもあるのだが………。

定年で武庫川女子大に移られるまで、先生は広島市の新興団地にお住まいであったのだが、私もその頃割合近くに住んでいたこともあり、何度か先生宅にもお邪魔した。またマイカー通学の私は、バス通勤の先生を御宅までご一緒したこともあった。廊下に書棚がびっしりと鎮座ましまして、しかも書物の一つ一つに透明カバーが丁寧に施してあるのが印象的だった。パソコンなどが無い時代、膨大な文献や資料をどのように整理されていたのか、未だに不思議でならないのだが、その書物の整然とした管理の様子から窺うに、きっとパソコンを凌ぐ高機能の新堀版ハイスペック・マシーンを駆使されていたのであろうと、今となっては推察するほかはない。

近年は手紙のやり取りくらいで、直接お目にかかることはなかった。しかしごく稀にだが、電話をいただいたことがあって、お声などからはいつもと変わらぬご様子に思えた。昨冬、自選著作集を楽しみにしているとのお葉書を賜ったのが、私にとっては最後のメッセージになった。心残りは、近著の我が「無手勝流・教育社会学」の一書を先生にお目にかけることが叶わなかったことである。長い間、本当にありがとうございました。先生のご冥福を心よりお祈りいたします。

（県立広島大学教授）

新堀「工場」での研究を通した教育

山崎　博敏

新堀先生のお部屋を初めて訪問したのは、四年生の時だった。二年生のころまで岩波新書などで社会思想史や西洋哲学、フロイトなどの啓蒙書を読んでいた。教育学では、教育哲学や教育方法学などを勉強しようと思っていたところ、三年生の後期だと思うが、新たに創設された総合科学部で安田三郎先生の社会統計学の授業を受け、教育と社会移動という研究分野と社会学の実証研究を知った。同時に教育学科の図書室で、「日本の大学教授市場」、「学閥」、「学歴」を発見し、新堀先生の御研究と教育社会学という学問も知った。四年生のある日、最初に片岡徳雄先生に相談し、新堀先生に面会させていただいた。緊張して教官室に入室したことを記憶している。二言、三言だけの会話だったが、これで教育社会学研究室にお世話になることになった。

大学院での金曜日午後の特別研究では、新堀先生と当時助教授の片岡先生と院生全員が集まり、ローテーションで院生が欧文雑誌の紹介を行った後、共同研究の途中経過の発表を行うのが日課であった。学部時代にはなかった、研究について活発な意見の交換は新鮮で、学問の世界に入ったことの喜びを感じた。大学に入って初めて居場所を見つけた気持、水を得た魚のような気持であった。院生全員、先生のコメントを聞き漏らさまいとメモしていたことが思い出される。

大学院に入学時の最上級生は新富さんで、伴さん、押谷さん、末友さんが続き、修士には河野さんがおり、加野さんと私がM一であった。金曜日の特研で成果を発表すべく、毎日、「作業」と称するデータの作成や分析、資料作成を行った。当時は、タイガー計算機は姿を消していたが、紙の集計表に数字を記入し電卓で平均値などを計算していた。質問紙分析のための「ソーター」という機器もあったが、過渡期にあった。大学の大型計算機センターに統計ソフトSPSSが導入されたばかりの時期で、私はいじめや長期欠席児童数などの県別データを主成分分析し、共同研究の学会発表に貢献できた。そして、『教育の県別診断』の約一頁分を苦労しながら作文した。

共同研究ではアカデミック・プロダクティビティーの研究も行われていた。国立国会図書館の「雑誌記事索引」から教育学者と社会学者の論文を手作業で拾い出し、論文数と規定条件を統計分析した。教育学部紀要と『学者の世界』では一部を分担執筆させていただいた。つたない原稿であったが、先生は簡単なコメントを述べられただけであった。

院生との共同研究の成果が毎年のように出版されることからであろう。後日、東京のある教授から、「新堀工場」ということばを聞いた。東千田町教育学部新館四階端の院生の研究室では、上級生の指示のもとで毎日のようにデータの収集と集計・分析を行ったが、これらを我々は「作業」と呼んでいたから、実際、会社の事務作業者に近かったかもしれない。しかし、これらを通して、データの収集、分析、図表作成から論文執筆、学会発表まで、実証研究の流れを一、二年で具体的に学ぶことができた。まさに、研究を通した教育であった。作業をしながらの耳学問は楽しかった。夕方、社会学者は社会を知らないといけないと言って上級生に広島市内に連れていってもらったことは、忘れられない思い出である。私は博士課程の一年で当時の大学教育研究センターの助手となって研究室から半分外に出たが、その後は、加野芳正さんが、学問の社会学、知日家の研究といったプロジェクトを率いてくれた。

新堀通也先生のもとで教育の実証研究のしかたと姿勢を学ばせていただき、そして高等教育研究への道を開いてくださったことは幸運であったというしかない。私はアカデミック・プロダクティビティー、科学の報賞体系、研究活動の組織、大学院教育と学位などで先生の後を継がせていただいたと思っている。あらゆる面で先生には足元にも及ばず、忸怩たる思いがしているが、多大な学恩に厚く感謝している。

（広島大学教授）

新堀先生の思い出――共同研究のことなど――

加野　芳正

私が大学院生の時に、先生は附属中・高等学校の校長先生になられた。そのせいか、研究室のコンパでは舟木一夫の「高校三年生」をよく歌われた。この頃、私は研究室のレジャー部長だったので、コンパを盛り上げるための「歌集」作りを頑張っていた。片岡先生のパーソナリティもあり、コンパは賑やかでとても盛り上がったが、新堀先生は音痴であった（人のことは言えないけど……）。実は、新堀先生は校長の役割がとても苦痛だったようで、「やめたい」と愚痴っておられた。この愚痴が吉と出たのか、凶と出たのか、私がＤ２になった時に教育学部長になられた。

Ｄ２になると、先輩たちや同級生の山﨑博敏さんなど、みなさん就職が決まり、自分が研究室の最上級生になった。最上級生の役割は、新堀先生の共同研究を進めることである。教育学者や社会学者を対象として、誰がどのような量の論文を書いているか、『教育社会学研究』に掲載された論文の参考・引用文献から、誰のどのような研究が引用されているかを、時間をかけて調べた。これら調査結果は『学者の世界』（福村出版）や『学問の社会学』（東信堂）に収められている。『学者の世界』は先生が学部長をされていてお忙しそうだったので、送り仮名を統一したり、文体をそろえたりと、編集のまねごとをさせてもらった。自分の書いた原稿が、本になって出版されるなど、大学院入学前には考えたこともなかったので、とても嬉しく、また、誇らしく思った。

Ｄ２の秋、研究費獲得のために二つの申請書を下書きした。その一つは「アカデミック・プロフェッションの総合的研究」（科研）である。翌年の一一月頃に遅れて採択の連絡があり、それから大急ぎで『全国大学職員録』（廣潤社）をもとに、『日本の大学教授市場』（東洋館出版社）から二〇年、大学教授市場はどのように変化したのかを分析した。年末年始も大勢のアルバイトを雇用し、比較的短期間にデータが上がってきたのではないかと思う。

もう一つは二一世紀文化学術財団の「知日家の形成過程に関する研究」である。確か、広島での比較教育学会の時だったと思うが、審査を担当した元文部事務次官の木田宏氏が、審査員の一人が「教育学で世界的に活躍しているのは、新堀さんだけだ」というので、私も「そうなんだ」と応じた、というような話をされていた。木田氏は、旧制広島高校の出身で、社会教育官として新堀先生を文部省に招いた人である。この知日家の研究は面白かった。七月の暑い頃であったが、三、四日の間東京に行き、新堀先生のインタビュー調査のお供をした。最初に訪問したのは、木田宏氏（その当時国立教育研究所長）である。その木田氏に紹介状を書いてもらい、元国連大使の斉藤鎮男氏、文部省の光田明正留学生課長、フォーリン・プレスセンター笠木事務局長から聞き取りをした。また、日本学術振興会の天城勲理事長（元文部事務次官）も訪問した。インタビューが終わった後、のども渇いていたのでビールを飲もうと言うことになり、お店に入った。そこにアルバイトと思われる若い娘が浴衣姿でやってきて（七夕の日だったかもしれない）、ビールを注ごうとしてくれた。私は少し嬉しかったのだが、新堀先生は「ここはいいから」と追い払われてしまった。恥ずかしかったのだろうか。とても先生ははにかみやであった。

インタビューは、その後池田秀男先生にお供することになった。池田先生はとても精力的で、選挙区が同じだからと宮沢喜一事務所を通じて、自民党本部の国際局に出向いた。宮沢本人には会えなかったが、エレベータでは、後に派閥のボスとなる三塚博代議士と一緒になった（今から思うと自民党本部のセキュリティーは甘かったように思う）。また、文部省の光田課長の紹介で、外務省の青木盛久課長に二時間ほどインタビューをした。ペルーの日本大使館人質事件があったとき、青木課長はペルー大使になっていて驚いた。それにしても池田先生は「ああしろ、こうしろ」の指示が多かったが、新堀先生は殆どなく「まあ」とか「さあ」とか言われるだけで、お供するのが楽だった。

この研究は『知日家の誕生』（東信堂）として出版された。村上光朗君と福岡ユネスコの会合に行ったとき、永井道雄氏（元文部大臣）が出席されており、会の冒頭でこんないい本が出版されたと言って『知日家の誕生』が取り上げられた。朝日新聞の書評でも取り上げられ、評者の三浦雅士（当時『現代思想』編集長）は「おそらく、いまほど諸外国の正しい日本理解が必要とされている時はない。その日本理解の要となるのがいわゆる知日家である……」と本書を広げるのに一役買ってくれた。

大学院の五年間はあっという間で、博士課程を修了すると香川大学に赴任することになった。私は新堀先生のそばにもう少しいたいという思いがあったので、香川大学に就職が決まったとの電話を新堀先生からいただいた時は、うれしさ半分、さびしさ半分、であった。そのためか、片岡先生から「新堀先生が、（就職が決まったことが）あまり嬉しそうではなかった、どうしたのかなと心配していたよ」と伝えられた。

高松に住むようになって新堀先生とお会いする機会は少なくなった。平成二五年三月に、日本教育学会が進める「戦後教育学の遺産」というプロジェクトでインタビューをお願いした。私にとってはそのインタビューが新堀先生とお会いする最後になった。新堀先生は九二歳で亡くなったので長生きされたとも言えるが、一〇〇歳まで生きられると思っていたので、私には突然の死のように思われた。

（香川大学教授）

追記　教育社会学会会長を務めていた関係から、日本教育社会学会のブリテンにフォーマルな追悼文を書かせていただいた。併せてお読みいただければ幸いである。

■故新堀通也先生を偲ぶ

本学会の名誉会員である新堀通也先生が、本年三月二四日、逝去された。享年九二歳であった。

一九四五年八月、旧制広島文理科大学で教育学を専攻する学生であった先生は原爆を体験、翌月には戦時中の繰り上げ卒業によって大学を卒業、ただちに広島女子高等師範学校教諭、一九四六年広島高等師範学校助教授に配置換えになった。五二年にはこれら諸校を母体として発足した広島大学教育学部助教授になり、七二年教授に昇任された。広島大学在任中には、附属中・高等学校校長、教育学部長、大学教育研究センター長などを併任されている。

一九八五年に広島大学を定年により退職された後は、二〇〇五年まで武庫川女子大学に勤務し、長くそこの教育研究所長を務められた。先生の教員生活は実に六〇年もの長きにわたり、文字通り「生涯現役」を実践された。

先生は新制大学に教育社会学の講座が誕生すると同時に、そこの助教授に就任された。この頃のことを、教育社会学は戦前には完全には存在しなかった新しい分野であり、それだけにオリジナルティを発揮しやすいと述べられている。先生が『教育社会学研究』に最初に寄稿された論文は「教育学と教育社会学」（第六集、一九五四年）であり、今から六〇年以上も前のことである。以来、清水義弘先生、馬場四郎先生、永井道雄先生らとともに、我が国における教育社会学の学問的確立と発展に尽力された。

先生がはじめて学会理事に就任されたのは一九六一年のことであり、以後、一六期三二年間にわたって理事を、八一年から八三年にかけては学会長を務められた。そして、九六年に日本教育社会学会名誉会員に推挙された。また、教育社会学の研究によって、一九八三年に中国文化賞を受賞されるとともに、八七年に紫綬褒章、九二年には旭日中綬章をそれぞれ受章されている。

先生は戦前の教育哲学、西洋教育史が中心の教育学のなかで学問的社会化を受けられ、教育の本質に迫るという問題意識から「ルソー」や「教育愛」についての著書を刊行されている。新制大学で教育社会学を担当されるようになってからは、「基礎論、学論のない学問は、いわば根なし草である」との問題意識から、デュルケームの教育社会学理論を研究された。すでに一九五三年の日本教育社会学会第五回大会において、「デュルケームにおける道徳性の概念」を発表されている。この研究は一九六一年の学位請求論文として結実し、六六年に『デュルケーム研究─その社会学と教育学』として出版された。

このように先生は、若い頃は理論研究に傾注されたが、フルブライト交換教授（一九五九─六〇年）としてシカゴ大学に留学されてからは、しだいに実証的研究へと転身されていった。その嚆矢は『日本の大学教授市場』『学歴』『学閥』の三部作であるが、実証研究のアイデアはあり余るほどに豊かであり、そこに新堀教育社会学の神髄があったように思う。『アカデミック・プロフェッションの研究』や『知日家の誕生』『「殺し文句」の研究』『私語研究序説』『教育の県別診断』など、どうしてこんなユニークなテーマを思いつかれたのかと驚嘆してしまうが、それを支えるのは、先生の知的好奇心と若い時の理論研究であろう。

二〇一四年一月に刊行された『新堀通也著作集』(全七巻、学術出版会) の主要著作目録を見ると、単著四一冊、共著六冊、編著二七冊、共編著一三冊、訳書（共訳などを含む）一一冊となっている。これに、編著書や雑誌に掲載された論文などを加えると気の遠くなるような分量である。広島大学を退官するにあたっての記念論文集に、後継の片岡徳雄先生は「先生がその全精力を注がれたのは、ご自身の研究の進展と後継者の養成、の一点でした」と結んでおられる。

教育社会学の歴史に偉大なる足跡を残された新堀通也先生に、会員一同、深く感謝申し上げるとともに、心よりご冥福をお祈りします。

先生への詫び状

村上　光朗

私には、先生にどうしてもお詫びしておかねばならないことがふたつほどあるのである。

ひとつは、「教育風土シリーズ」を先生に企画していただき、その著者の一人に加えていただいていたにもかかわらず、ついに脱稿できなかったことだ。その頃（一九八六年時分）は、私は死生学（thanatology）に凝っていて、関連文献を多数収集し、単なる死ではなく、「社会的死」（social death）の観点から教育風土に迫ることが出来ないかを模索していた。「いじめ」も社会問題化していた頃であるから、そうした現象と関連付けることも一案としてあったはずだが、結局結実しないままに終わってしまった。このことは、私自身にとっても大きな挫折であったし、シリーズが先生の著作のみで単発に終わる原因をつくってしまうことにもなったと思う。本当に慚愧に堪えない。シリーズの出版元であった東信堂の下田勝司社長にも（実に遅ればせながらではあるが）深くお詫び申し上げる次第である。

もうひとつは、天国の先生に対して、出来ることならば土下座でもして謝らねばならない程の大きな失敗である。「知日家の研究」は、八〇年代はじめの新堀研究室における一大プロジェクトだった。この研究成果は、『知日家の誕生』や『知日家人名辞典』として結実したものの、私には未消化な気分が大きかった。それは「知日家へのアンケート」（以下、「知日家アンケート」と呼ぶ）を、十分には分析できなかったという思いからであった。

私は、知日家の研究を、世代を越えて代々伝えられてゆくひとつの家業的視点から捉え直してみたいと考え始めていた。そこで、先生のお許しをいただき、西条の広大キャンパスの倉庫に眠る「知日家アンケート」をお貸しいただくことにした。新しく広大教授に着任された原田彰先生からも許可を頂き、ダンボールに詰めたアンケート6箱を、とりあえずわが家へと送り、わが家の蔵のなかに置いておくことにした（このとき、私が在職する大学宛に直接送らなかったことが今でも悔やまれてならない）。

わが家の蔵は、下が石張りで室内も気温が安定しているので、安心してダンボールを置いておくことができた（はずだった）。ところが、思わぬ事態が生じてしまう。ちょうどその頃、わが家は改築をしていた関係で沢山の木材（外国産のラワン材だったと思う）が切れ端として残されていた。私の父・之義は、風通しを良くするという親切な思いがあったのだろう、私が直接床に置いておいたダンボールの下にラワン材を潜らせて隙間を作るようにして設置しなおしたのだ。後にこれがとんでもない事態を招き寄せてしまう。

ちょうどその頃、父は、思わぬ大病を得ることになった。顔の上顎部分に悪性の腫瘍（いわゆる骨肉腫）が出来てしまったのだ。腫瘍を除くための手術を受けたものの、目の周りの腫瘍までは取りきれず、その後肉腫は再び大きくなり、一年後にはターミナル病棟で死を迎えた。顔の半分が失われ、ぽっかりと空洞化するほどの壮絶な癌であった。

父の忌が明けた頃、私は、ダンボールを在職する大学へと転送しようと蔵に入った。ところが、積まれている六個のダンボールの様子がどうもおかしいのだ。半分ほどが黒ずんでいるのである。最初はカビがついたのかくらいに思っていたのだが、中を開けてみて本当に腰を抜かしてしまった。そこには、考えられないくらい大量の小さなシロアリの群れがびっしりと、それこそ隙間ないくらいにダンボールのなかで溢れ蠢いていたのだ。

私は、泣く泣くシロアリが蠢くダンボール箱三箱を畑で焼却した。気持ちは果てしなく落ち込み、しばらくは食事も喉を通らなかった。まず、新堀先生への申し訳ない気持ちが膨らみ、そして同時に、歴史的に貴重な資料を台無しにしてしまったことへの自責の念が続いた。さらには、加野先生をはじめとする当時の研究室のメンバーたちへの申し訳なさもあった。これらの気持ちが繰り返し私を襲い続け、しばらくは、欝状態になり、落ち込んでやる気も出ない有様であった。とくに、ライシャワー元駐日大使の自筆アンケートがそのなかに入っていたのが、一番のショックであった。

ただ、不思議なことに、三個ずつ積み上げてあった六個のダンボールのうち、左半分だけがシロアリに食われており、右半分の三個は全く何の被害も受けていなかった。そして、偶然ではあろうが、父・之義の失った顔もまた、左半分なのであった。

これが、ふたつめの先生への詫び状である。

先生には、本当に申し訳ないことばかりで、ご迷惑の掛けっぱなしであった。大勢の弟子たちのなかでも、私は、本当にどうしようもない馬鹿者であったし、怠け者であった。弟子の末席を汚すことすら恥ずかしいのであるが、それでも先生は本当に寛大に接してくださった。いや、心から愛してくださった。それは、事あるごとに頂戴するご自筆の葉書の内容や、時折かかってくる電話口での言葉から痛いほど伝わってきた。

「初志貫徹」。これは、私の大学院修了を祝して、先生から贈られた直筆の色紙に記された言葉であった。逸脱研究の分野で初志貫徹をするようにとの先生の思いがこもっていたと思う。だが私は、あれこれとつまらない寄り道ばかりに現を抜かし、本道とすべき逸脱研究からは大きく逸脱してしまった。本当はこれこそが、先生に対して一番お詫びすべきことなのかもしれない。

（鹿児島国際大学准教授）

新堀先生を偲んで——平和と先生——

村上　登司文

私が広島大学で新堀先生に指導していただいたのは、卒論研究の四回生時と大学院の三年間（一九七七—八一年）であり、それは先生が五六歳から五九歳の間である。私の教育学研究を社会学的アプローチの方向に導いて下さったが、新堀先生ご自身は、若い頃は報国思想の影響を受けたリベラルな文学青年であったことを『歌集　戦中・戦後青春賦』（二〇〇六年発行）で後に知ることになる。

私が大学院に進学した頃、社会学研究室は私にとって自由な雰囲気で、伴恒信先輩達の明るい人柄と教室運営のおかげで、居心地が良く楽しく過ごすことができた。教育社会学研究室で著名な新堀先生と片岡先生の指導を受けながら、自分が限りなく小さな存在に思われた。新堀先生が『ルソー再興』（一九七九年、八頁）において、歴史上の偉人は「わたくしどもにとって導きの星となり励ましの鞭となるが、あるときには私どもの卑小さを感じさせる絶望の源ともなる」と記されている。現在私は大学の教員になっているが、院への進学時、自分が能力的に大学で働く研究者になれると思えなかったし、先生は「絶望の源」でもあった。

私が大学院生時代、一年に一、二回開かれた研究室の懇親会で、院生が編集した歌集に載った軍歌を先生はよく歌われた。当時の若い私には何となく違和感があった。戦時中に広島高等師範学校と広島文理科大学の学生であった先生に、被爆体験の有無をお聞きしたいと院生時代からずっと思ってきた。先生が被爆されたときの様子は、二〇〇六年発行の『信濃教育』（一四三一号、二〇〇六年）に記されている。被爆後七ヶ月目に先生が再び書き始めたご自身の日記（一九四六年三月三〇日付け）を長く引用する形で被爆時の様子が記されている。その一節に、「・・・何という地獄絵巻が私の眼前に繰り拡げられたことか。私自身、顔と肩に火傷を受けながら―」とある（『新堀通也著作集』第一巻、二四五―八頁）。先生には多くの論文著書があるが、「ヒロシマについての教え方」をテーマとした著述は見られない。

私は一九八四年頃から長く平和教育の研究に携わり、現在では自分の専門を「平和教育学」と名乗ることもある。平和教育実践の中心は、今でもヒロシマ・ナガサキの被爆体験の継承にあるといえよう。戦後の日本において、平和教育の一番の推進母体は日本教職員組合であった。そのため、私は研究者として教職員組合の平和教育実践運動と関わっている。しかし、新堀先生は『学生運動の論理』（一九六九年）で記述されたように、左翼学生運動に批判的である。それに輪をかけて、戦後教育における日教組について批判する先生の舌鋒は厳しい（『著作集』第七巻、三二〇―三五頁）。平和構築に向けて先生の和解実現の方法は、「暗い過去でなく明るい過去を中心にして関係を結んでこそ近隣諸国との未来志向的な真の和解が生まれるのではあるまいか」（『戦争責任の宿題』一九九四年、二三頁）というスタイルである。

孫悟空とお釈迦様の話でいえば、私は新堀先生の手の内側で研究を進めてきた。私の研究手法の多くは先生が述べられた理論枠に依拠しており、その意味で新堀学派の一員である。私が研究テーマとして「平和教育」に着目したのは、先生の「ネポティズム社会学の構想」（一九六二年）から影響を受けている。「我が国に集約的に存在する特徴的な現象があり、この特徴に目を着け、それとの関連において研究の見通しが得られるなら、材料は豊富なのであるから、優れた成果が期待できるであろう」（『著作集』第一巻、三八五頁）から示唆を得た。「日本的な題材」を研究対象とする意義を説かれるこの一節が、私をして平和教育を研究テーマに選ばせたように思う。日本の教育の特殊性の一つに強い平和主義があり、研究対象としての普遍性（価値）があると思う。

平和が重要と思うが故に、また私の非力さ故に、平和教育研究のみに研究成果が限られる。新堀先生の弟子である私は、平和教育実践を推進したいがイデオロギー的にはなり得ない。えてして教条的になる平和教育実践運動に対し、私が研究者としての醒めた目を持つ理由もそこにある。平和教育を重要と思うが故に、実情や客観的事実に即した研究が実践の基礎に必要だと思うのである。平和を信奉して教条主義的に教え込むならば、それは教育とは言えず、学習者の尊厳を低めることになるので平和教育とはいえないと考える。このように私の平和教育研究に、社会学的アプローチが強い影響を及ぼしている。

新堀先生は実は褒め上手である。私が博士課程一年生の時に、東北大学で開催された日本教育社会学会大会で、教育社会学研究室の共同研究の報告をした際に、一言褒めていただいた。その一言が、自分で「独自に思考すること」への拠り所となった。教育社会学研究室を出て約三〇年後の二〇〇九年に、博士論文を上梓した著書をお贈りして、次に先生にお会いした時に「あれ読んだよ、いいね」との一言があった。この二言が研究者としての私を今まで支えていただいたように思う。京都教育大学に赴任してから新堀先生に何度かお目にかかる機会があったが、弟子達を見る先生の優しい眼差しを記憶している。

（京都教育大学教授）

かけがえのない二年間

植田　由美子

「教え子」と名乗るのも畏れ多い。博士課程前期修了後、公立中学校教諭として教育現場に出たので、学部生時代から研究室に出入りしていたとはいえ、新堀通也先生の近くで過ごさせて頂いたのはわずか二年間である。しかし、この年月は、その後の教員生活の核となり土台であった。

院生時代は心配ばかりおかけした。先輩方に混じり初めて参加した学会でのこと。次々発表者に質問され滔々とお話になる姿に、先生の偉大さを感じ入るだけで、一年目はあっという間に過ぎた気がする。二年目に入り修士論文の構想段階、焦点が絞られず論点も曖昧なまま、私は焦っていた。もう秋だったか、修論の中間発表の日だったと思う。自分でもあまりに不完全な内容だとわかっていた。その夜、学部時代のチューターでもあった片岡徳雄先生が電話をくださった。

「大丈夫かね。新堀先生も心配なさっている。」

今でも忘れられない。何とお答えしたかは全く覚えていないのだが、片岡先生のお声はそのままに蘇ってくる。実際にお見かけしたわけでもないのに、新堀先生の力強い目の力、横顔を思い浮かべることができる。怖い、というより自分の力の無さ、情けなさを思い知った感覚であった。先生は多くは語らずとも、たゆまず努力せよとサインを送り導いてくださっていたのだ。そのお蔭で何とか書き上げた修士論文だった。その最終発表会の日だったと思う。これまた自分の話した内容はさらさら思い出せないのだが、全部の発表が済んだ後、新堀先生が声をかけてくださったことは鮮明に覚えている。

「質問があって良かった。何も質問が出ないというのは、寂しいものだからね。」

研究者の道を歩まない選択をした私にも、先生は分け隔てなく教育者としての愛情を注いでくださる。感謝の気持ちでいっぱいだった。そのときは自分のことだけで精一杯だったが、こうしてあのときのことを思い出しながら、学会での先生の発言は後進の者たちへの励ましだったに違いないと、今ならそう思える。

就職した頃、公立中学校は荒れに荒れていた。どんな状況であっても、学校教育を通して本や新聞が読める力を身につけ、自ら成長する子どもたちをサポートしたいという希望は、あっという間に吹っ飛んだ。授業中の私語は序の口。〝勉強〟とはかけ離れた態度。優しく話を聞くだけでは何も解決しない問題。かといって大きな声を上げ怒っても高が知れている。力をつける、等とんでもなかった。でも、反発する生徒も助けてくれる生徒も皆〝先生〟。同僚の先生方にも支えられ助けられ教えられた。そんな中、ある先生に言われた「生徒の顔が見えるか」という衝撃の一言。はっきり意味がつかめたのは四年目だった。

「朝の読書」活動を知り、自分のクラスだけでやり始めたのは、教員生活一六年目からである。それで気づいたのは、自ら伸びる生徒たちの姿だった。朝のＨＲの時間、読書する静けさの中、生徒の顔や思いが伝わってくる。見えてくる。誰も皆伸びたいと願っていること。本を読むことで自分の変化・成長を実感していること。手応えを感じた活動だった。そして、それは新堀先生がおっしゃった次の言葉と結びついたのである。

「我々が教育の研究をしているのは、学校からの落ちこぼれを作らないためではない。社会からの落ちこぼれを作らないためなのだ。」

いつだったか、研究室のゼミでお聞きした先生のこの言葉が、ずっと心に残っていた。学校の中だけではない、大きな視点から教育を把えること、生徒を見つめることを忘れてはいけない。先生の口調は穏やかだったが、私には強烈な一言だった。教育現場で一方向からの評価だけに陥りそうになる度、私はこの言葉を思い出していた。そして、この活動に出会ったことで、漸く先生の教えのほんの一部を実践できたように思えた。広島での「朝の読書」ブームが来る前にやり始めていたこともあり、自分の取り組みを雑誌に紹介する機会も得た。勿論、締めくくりは先生の言葉の引用である。出来上がったものをお送りすると、先生はとても喜んでくださった。その後は、年に一度の近況報告にも、読書活動に励むようにと応援してくださる言葉が添えてある。先生から後押しされ、自分のやっていることは間違っていないと、前に進むことができ、教員時代の支えだった。

最後に先生にお会いしたのは、四年前、父が亡くなって二ヶ月近くたった頃だった。先生が広島大学を退官されて以来だから、四半世紀も経っている。無性にお会いしたくて阪急西宮駅からお電話し伺った。突然に、失礼なことをしたものだ。でも先生は優しく迎えてくださった。いくらかお痩せになっていたが、お声は少しも変わらない。今でもあの日のことを思い出すと鼻の奥がツーンと痛くなる。別れ際「お元気でいてください」と手を握らせて頂いた場面を思い出すためか、亡き父を同時に思い出すためか。先生と父は同い年だったのである。私にとっていつも温かく見守り、励めよと言ってくださる大きな存在、そんな新堀先生を中心とした大きな円の片隅に置いて頂いている、そう思える幸せを、今かみしめている。

新堀先生のまなざし

太田　佳光

私の手元に一枚の写真がある。ある会の控え室でのスナップで、新堀先生が穏やかに微笑んでおられる。先生の特徴は、その穏やかな微笑の中に潜んでいる独特のまなざしだと思ってきた。最近、目力という言葉をテレビなどでよく耳にするようになったが、まさに先生のまなざしには多くの目力を感じてきた。その思い出を語ってみたい。

初めて先生にお会いしたのは、学部一回生の講義の時間である。一般教養的な教育学の講義を先生は担当されていた。テーマは「学閥」に関するものであったと記憶している。最も印象に残っているのは、淡々と話される先生の姿に、研究が好きでたまらない情熱が見え隠れしていたことである。もちろん一回生の私には、その内容を完全に理解することは難しかったのだが、なぜかその印象は強く残っていた。その「研究者としてのまなざし」は、今、研究者としてその端くれに身をおく私にも理解出来る。講義の中で、少なくとも自分の研究成果を話す時間は単純に楽しい。ゼミで、解釈学などのテーマに沿って論文を購読するのも楽しい時間である。先生もお忙しい時間の中で、学生への講義を楽しまれていたのかも知れない。その後、学部で直接先生に接することは少なかったのだが、大学院に進学した後、多くの時間をご一緒することになる。

「眼光鋭い」という言葉がある。先生のまなざしは、まさにその言葉通りのものであったと思う。特研の時間、院生のつたない研究発表に対しては多くを語られなかったが、そのまなざしがすべてを物語っていた。また、ご自身が関心を持たれているテーマには、とことんこだわられて質問をされていたことを思い出す。当時、ある院生が「シンボリック相互作用論」を修論のテーマとしていたのだが、ご自身が納得されるまで、院生に質問を繰り返されていたことを憶えている。こうした先生の研究テーマに対する幅広い好奇心は、院生の私にとっても学ぶべきものが多くあった。科学社会学の研究や知日家の研究など、独自のテーマを切り開かれていく姿勢は、その後の私の研究にも多くの示唆を与えてくださったと考えている。大した成果も出せないのでお恥ずかしい限りだが、私が質的な逸脱研究に関心を持ってそれを続けようと考えたのも、先生の研究に対するまなざしに影響されたものと思っている。

院生の時に、私は結婚をした。その仲人を先生にお願いをして、結婚披露宴にご出席いただいた。ほめる事の少ないであろう出来の悪い院生の私にも、精一杯のスピーチをして下さった。「太田君は読書が好きで……」という先生の優しい言葉が、今も耳に残っている。結婚後のご挨拶で先生のご自宅に伺ったとき、廊下にまで溢れている書物の山にど肝を抜かれたことも今となっては懐かしい。玄関先まで迎えて下さった奥様の優しい笑顔も。こうした先生の「人としてのまなざし」には、いつも励まされてきた。その思いやりや優しさのまなざしは、幸せな事に、ふとした時にいつも感じさせていただいてきた。

私が助手になった年には、先生が会長を務められていた日本教育社会学会の大会を、広島大学で開催した。その準備のため、先生とご一緒する機会が多くあった。ある時、列車で長時間向かい合わせに座って移動することがあった。先生は、自分も足を投げ出すから、私にもそうすると良いとおっしゃって下さった。今考えると、大変失礼な振る舞いだと思うのだが、緊張しながらも足を投げ出させていただいたのを憶えている。また、学会の準備に関しては、すべてを私たちに任せてくださった。ここにも、先生の優しさや深さがあることを、今となっては良く理解出来る。ところで、本年度、愛媛大学・松山大学共催で日本教育社会学会大会を開催した。私が助手として関わって開催してから、実に三二年ぶりの事である。現在の会長が、加野先生であることにも感慨深いものがある。

日本の教育社会学研究の第一人者として走り続けてこられた先生に、直接教えを受けたことは、研究者としての私にとって非常に光栄なことである。生涯を研究に捧げられた先生の姿をみならい、私なりにこれからも歩んで行きたい。

新堀先生、本当に有難うございました。そして、安らかにお眠り下さい。


（愛媛大学教授）

先生の「先見の明」と私の愚蒙さ

菊井　高雄

訃報を聞いた時、驚きよりもついに新堀先生が逝かれたのだと、その場で座り込んでしまいました。大学院在学中に先生から学ばせていただいたことは多々ありますが、一番覚えているのは「誰も目を向けない事象を、研究対象とせよ」です。この点から三つほど思い出話をしたいと思います。

一つ目は、修士時代の citation index に関わる研究です。当時は右も左もわからず、ある論文を誰が何回引用しているか、これを調べることが「学問の生産性」評価に関連するとはとても思えませんでした。学会発表でも「そんな小手先のやり方で何がわかるのか?」とコメントされたくらいです。そんなやり取りを先生はほとんど気にかけず、悠々と現代における citation index の重要性を説かれておりました。それから約三五年たちますが、citation index はとりわけ理系の世界では業績評価の基準として確立しております。「学問の生産性」という当時誰も目を向けなかった社会現象の分析に携われたことは、幸運以外の何物でもないと思います。

二つ目の思い出は、世界における日本研究機関のディレクトリーを作成したことです。これは私が確か（先生の最後の）助手をさせていただいた頃だったと記憶しております。世界中の日本研究機関と思しき所へ（質問紙をしたためた）手紙を出し、返ってきたデータや資料を使って研究機関目録を作りました。

実は先生からその年の博士課程演習で何をやろうかと相談されていたのです。最後だからという理由で、マートンの『科学社会学』を読みたいと申し出たのですが、「いや、今さらマートンもねえ…」と言われ、結局特別研究に組み込まれてしまいました。当時の私はそれが不満で、わざわざ時間と労力をかけて「日本研究機関目録」を作成しても、いったい誰が必要とするのか、と愚痴をこぼしておりました。しかし、現在はどうでしょうか。日本の政治的・社会的な事情を世界に知らせるオピニオンリーダーが、これほど求められる時代はありません。そういえば当時先生はよくおっしゃていました。「日本通を育てる核になる研究機関と人材が必要なんだ」と。

思い出の三つ目はやはり「エポニミー研究」でしょうか。正直これには参りました。研究室に入って学閥再調査に始まり、citation index 分析、「日本研究機関・日本研究者」の研究ときて、最後は何と「冠名現象」の歴史社会学的研究ですから。さすがに「先生は何考えてるんや」と研究室で皆が零しておりました。一応作業リーダーとして「まあ、何か深遠なお考えがあるんやろ。ここはひとつがんばらんとしょうがないな」と後輩を鼓舞したり、自ら開き直ってみたり。学会発表でも学会員の反応が鈍くて、「いったいこのテーマは？」とあきれられていたことを思い出します。

そして現在、残念ながらエポニミー研究がメジャーになったとは思えませんが、ひとつだけ私にとって良いことがあるのです。それは、当時科学の歴史をかじった経験が現在の私の講義にとても役立っていることです。二〇年ほど前ですが、ＵＣＳＦ（加大サンフランシスコ校）の客員講師をしたことがあります。そのとき医学部の医史学講座で少し勉強をさせていただいたことがきっかけで、本務校の医学史講義を担当することになりました。お礼奉公をせよというわけです。そのための勉強といっても泥縄式の付け焼刃ではありますが、この時ほどエポニミー研究時代の（余分な？）知識が役に立ったことはありません。西洋医学史は科学の歴史そのものですから。

それからエポニミーの共同研究者として中山茂先生に御講義していただいたことも懐かしい思い出です。「昔は著作権という概念がなかったから、自分の考えを残すためにみんなプラトンやアリストテレスの業績にしたんだよ」という中山先生の言葉が誘い水となり、新堀先生と長時間にわたり相当専門的な議論をされていたことは忘れられません。新堀先生は普段何もおっしゃられないけれど、専門的な学識のみならず広くて深い教養があるんだと感心しました。中山先生は、その手の話をしだしたら楽しくてもう止められない、という感じでした。現在、講義のためではありますが、素人ながらプラトンやアリストテレスを真剣に読むようになったのも、このお二人のおかげだと感謝しております。

こうやってつらつらと学生時代の先生と自分を思い返してみますと、先生はいくら奇抜で変なことをやっているように見えても、その根底には研究へのたゆまぬ情熱と「先見の明」がありました。それに比べて私の愚蒙さはこの年になるともはや手遅れになるほかありません。そんな私でも弟子の末席に加えていただき、感謝しております。

（宮崎大学医学部准教授）

新堀先生を偲んで

藤村　正司

同じ研究室の院生でも、どの時代で新堀先生との出会いを経験したのかは、その後の研究者としてのライフコースに影響を与えているのだと思う。私が研究室入りを許されたのは一九八〇年で、年譜を見ると新堀先生が五九歳の時である。この年に先生は研究科長に、翌年は教育社会学会長に就任されている。私も含めて同輩諸氏は、新堀先生の退官までの最も多忙な時期にご指導を頂いたことになる。というより、新堀先生は自嘲気味に「搾取」とおっしゃっていたが、先生の仕事のお手伝いをさせて頂いた。

当時の研究室は共同研究の伝統が確立し、科学社会学、大学教授職、知日家研究、エポニミーなど、異なるテーマで精力的に研究成果を刊行した頃である。先生は、「残された時間がないから時間との競争だ」とよくおしゃっていた。今から思えば、院生は個人研究、共同研究、アルバイトで相当にきつかったはずである。院生は、修士課程から共同研究に組み込まれ、新堀先生のアイデアをどう展開するか、皆で相談・分担し、特研で報告して先生からコメントを頂く、その繰り返しであった。今のようにPCや表計算ソフトがなかったから、データベースの作成は人海戦術のなせる業である。私はもっぱら大型計算機センターに行って、パンチカードに穴を空けてプログラムを作り、研究室に戻っては同輩諸氏とプリントアウトしたデータから図表を作成した。

まだ研究とは何か、有名人研究が何の役に立つのかも不明だったが、与えられたテーマをどうやって面白くするか、テーマごとに頭を切り換えることと数を数えることの大切さを学び、そして修士課程の院生にも原稿執筆の機会を頂いたことは、その後の私の研究生活にとって有益だった。実際、共同研究のお陰で、助手を経て直ぐに新潟大学に就職することができたし、現在、高等教育の研究に携わることができるのも、ひとえに新堀先生の導きだと思う。しかし、私は「月月火水木金金」の研究室勤務が嫌で、新堀・片岡先生の目を盗んで大学教育研究センターや喫茶室ルノアールに逃避した。

私は、院生時代に新堀先生とはあまり会話をした覚えがない。ただ一度だけ、修論のテーマでご相談に伺ったことがある。「高等教育のこういうテーマで書きたいのですが」。しばらく沈黙が続いた後、「じゃあ、この本」と書棚から洋書を取り出された。「あのー、こういう方向性で」、「じゃあ、これ」。気がついたら本が高く積み重なっていた。もしや全部読みなさいということかと恐れをなして早々に退散したが、修論は自分でやりなさいという意味だと理解した。この指導は、私一人だけではなかったことを聞いて安心した。修論を提出するために学部長室に伺ったら、「秘書に預けておいて」の一言。後から「修論は面白かった。」と言って下さったことは大変うれしかったのだが、「他の成績が良くない。可があるではないか。何をやっていたのか。」と叱られたことが思い出される。

先生と親しく話ができるようになったのは、新潟大学に赴任してからである。学会ではよくご一緒して発表を聞きに回った。「細かすぎてついていけないね」、「知った人が少なくなった」と寂びしそうにおっしゃっていたが、懇親会後の恒例の二次会「新堀先生を囲む会」でのひとときは、楽しい思い出である。新堀先生は名誉会員で学会費免除だから、皆でおごってもらおうという魂胆ではなかったかと思う。

著作の多い先生だが、武庫川に移られた後も出版は絶えることなく、生涯現役を貫かれた。とくに、『夜間大学院』（七八歳）の参考文献に付せられた几帳面な解説と『新堀通也の教育歴年史 一九七九—二〇〇四』（八四歳）には、新堀先生の学者としての誠実な仕事を知ることができるが、新潟でマンネリ化に陥っていた私自身の襟を正された思いがある。それにしても、先生はなぜあれだけの膨大な著作を残されたのだろうか。院生の就職と広大教育社会学研究室のプロダクティビティを広く内外に認知させるためもあったのだろうが、「新堀イズムと業績主義の精神」は、世間から忘れられたくないという名声への強いこだわりがおありだったのかもしれない。

新潟に赴任し、広島に異動してからも毎年暮れに地酒をお送りし、すぐに闊達な字で近況をお知らせ頂き恐縮していたのが、昨年暮れのハガキには「国立大学は大変でしょう。新潟大学はどうですか。」と弱々しい字で書かれていた。私が広島に異動したことはご存じだったと思うが、体調を崩されてお忘れになっていたのだと思う。

現在の大学院教育は、一人の師の周りに弟子が集って薫陶を受ける時代から、一人の院生に複数の教員がサポートする時代になり、院生への経済的支援は給付制奨学金からローンになった。今も昔もキャリア・パスの見えない大学院だが、奨学金をもらって勉強させていただき、諸先輩や多くの先生方と知遇を得る機会を頂いた新堀先生には、改めて感謝すると共にご冥福をお祈りします。合掌。

（広島大学教授）

研究ＤＮＡ―「Shimbori イズム」との出合いとその後―

島田　博司

久しぶりに、福岡伸一氏の『生物と無生物のあいだ』を手にした。本を開くと、いきなり気になるフレーズが目に飛びこんできた。そこには、「生命とは何か?」という問いに対して、二〇世紀の生命科学が到達したひとつの答えが「自己複製をするシステムである」とあった（プロローグ）。「生命」というところを「新堀研究室」とおきかえれば、この追悼集に言葉を寄せた研究者たちに共通するなにかをあぶりだしてくれそうだ。それは、「Shimbori イズム」とでもいえるものだろう。

いわゆる「Shimbori イズム」との出合いは、学部時代にまで遡る。一九七九年、三年生になった私は、教育社会学研究室に所属することになった。先生担当の演習科目では、「外国人のみた日本の教育」がとりあげられた。これを探るため、受講生たちが手分けして文献を探し、紹介していった。八一年、その成果をまとめた論文が『日本の教育』に所収され、公刊された。私たちは、「後記欄」に共同研究者として紹介されていた。それまでは「研究の消費者」にすぎなかったが、ある日突然、「研究の生産者」の側にまわった。不思議な感動があった。だが、論文自体は、およそ自分たちの力でまとめきれるものではなかった。

その後、この研究は、大学院の進学先の新堀研究室で、大きな実を結んでいく。研究テーマは〈知日家の研究〉に引き継がれ、『知日家人名辞典』や『知日家の誕生』などが出版された。私も執筆機会を得、研究室の面々から型を叩きこまれた。先生からのアドバイスで印象に残っているのは、「大胆に、かつ慎重に（書け）」だ。また、「研究の研究」をする〈科学社会学〉という分野があり、本研究はその事例研究の対象として〈日本学の研究〉という形に姿を変えて引き継がれ、先輩たちの作業を手伝うなかで『学問の社会学』が出版される現場を目の当たりにした。

論文執筆の指導でもわかるように、新堀研究室では「共同研究体制」をとっていた。先生と院生が一心同体となって日々研究をすすめていくなかで、よく池田秀男先生が「Shimbori イズム」と連呼されていた研究スタイルや共同体感覚を身につけていった。修業の過程を示す言葉に「守破離」があるが、大学院時代は研究の型を身につける「守」の段階だった。

個人研究としては、私は卒業論文で手をつけた科学社会学をもう少し極めたくなり、先生が広島大学を退官される博士課程後期二年まで指導を受けた。修士論文では、科学的創造性に関する理論的な研究を行った。博士課程後期では、科学的創造性の事例研究としてエポニミー（冠名）現象の研究を行い、共同研究の一端を担うものとして『学問業績の評価』に収録された。（ちなみに、「Shimbori イズム」もエポニミーである）

大学院を単位取得満期で退学し、広島大学で助手を一年務めおえた八七年四月、先生が勤めておられた武庫川女子大学に招かれた。と同時に、先生が所長をされている教育研究所の初の研究員となり、同僚として研究を進めることになった。当初一、二年こそ形式的に共同研究という形をとったが、その後は大学教育研究を中心に自由に研究させてもらった。私の関心の赴くままに、研究が研究を呼ぶ感じで、社会的にも注目される研究を次々と行うことができた。

先生は、大学院臨床教育学研究科の発足に尽力され、九四年に研究科長に就任された。全国初の夜間開講の独立大学院で、定員二〇名のところに二〇〇名以上が受験し、大学院ランキングで第一位になるほど活況を呈した。とにかく忙しい日々だったが、先生は悠然と仕事をこなしておられた。

九八年三月、私は、それまで行ってきた大学教育研究の総括として、社会変化が大学に及ぼす影響を俯瞰する「SLGEモデル」（島田モデル）を構築し、世に問うた。これは、自分が研究や教育をしていくなかで壁にぶつかるごとに型を破り、自分なりのスタイルを確立していく「破」の段階が生んだ成果となった。

一区切りがつくと、次なる課題として、自分の世界を広げるために、どんな状態でもどんな状況でも適応して研究や教育をしていく力をつけていくことが浮かびあがってきた。それにチャレンジするために、九八年四月、先生のもとを離れ、甲南女子大学に異動した。そこでは、いかに自分をメタモルフォーゼさせていくかが試された。これは、ワクワクする体験となった。単著や編著もどんどんだせるようになった。SLGEモデルに基づく大学教育の実践研究で、博士号もとれた。今や、かなり臨機応変に融通無碍に研究や教育ができるようになった。

学生たちが私につけたあだ名は、「島梟」（絶滅危惧種）。他の先生にはない不思議な空気感は、「島田ワールド」とか「島田マジック」と呼ばれている。どうやら「離」の段階に入りつつあるようだ。

武庫川女子大学の大学院には、二〇〇〇年三月まで非常勤講師として務めたが、先生のお姿は変わることはなかった。最後にお話したのは二〇〇九年の秋に開催された武庫川学院創立七〇周年記念式典後のパーティーの席だったと思うが、元気なお姿でおられた。

この場を借りて、お世話になったことに感謝を申しあげるとともに、先生のご冥福をお祈りいたします。

（甲南女子大学教授）

身をもって示して下さった先生

浦田　広朗

新堀通也先生に初めてお会いしたのは、私が広島大学教育学部教育学科に入学し、直後に行われた対面式の場であった。対面式と言っても、小さな講義室に学科の先生方と私たち新入生が向かい合って座り、当時の学科主任・吉本均先生の下で助手をしておられた小野擴男さんの司会で先生方が一言ずつお話をされるという、三十分ぐらいの簡素なものだった。

先生方がどのようなお話をされたか、ほとんど記憶にないが、新堀先生は、私たち新入生の出身県と出身高校が記載された名簿をご覧になりながら「今年の新入生は、広島県出身が十名、広島より西が十名、広島より東が十名。ちょうど三等分されている」と言われた。広島大学教育学科が地域社会と全国から万遍なく入学者を集めていること、そして、そのことが意味するところについてもお話しになったと思うが、詳細は覚えていない。しかし、言ってみればこれが、高等教育の計量分析に接した最初であり、一枚の資料から多面的に考えることを示して下さったと思う。

先生は当時、学部の教育社会学概論は担当しておられなかったので、私たちは先生の講義を受けていない。大学院でも新堀先生の講義はなかったので、先生から体系的な教育を受けたことはない。むしろ、共同研究プロジェクト「知日家の形成過程に関する研究」「アカデミック・プロフェッションの総合的研究」「科学におけるエポニミー現象の研究」などを通して伝授していただいことが多かったように思う。

伝授と言っても、先生は、私たちに細かい指示をされるようなことはなかった。当時は、研究室の最上級生であった加野芳正さんがリーダーであり、加野さんを中心に進めた資料収集や分析結果の報告を、毎週行われる特別研究（特研）でお聞きになり、簡単なコメントをされる程度であった。私たちを押さえつけることなく、機をみて必要最小限のことを示唆し、私たちが気づくのを待つというのが先生の教育方法だった。

研究室に所属したばかりの私は、特研では書記を務めたが、当時は先生のコメントの意味を十分に理解することなく、今にして思えば不十分なメモをとっていた過ぎなかった。その二十五年後、武庫川女子大学での先生の最終講義を元に書かれた御論文「教育研究の六十年―分析図表の提唱―」（『新堀通也著作集』第一巻に収録）をいただき、当時から先生が一貫して私たちに伝授しようとされたのは、こうした分析枠組に基づく研究なのだと感じ入った次第である。

「教育研究の六十年」に掲載された二十七点の図表には、それまでの先生の御著書・論文の中で示されたものが集約されている。六十年に及ぶ御研究から湧き出たアイデアの一部であるが、研究の分析枠組としてだけでなく、初学者が教育について体系的に学び考える上でも大変有益なものと私は考え、勤務校での授業にも取り入れさせていただいている。先生のアイデアを、次の世代に多少なりとも伝えることができればと思っている。

先生は一九八五年三月に定年により広島大学を退職された。私は博士課程の二年目であったので、先生の方が先に研究室を去られたことになる。その年の卒業生送別会の時だったと思うが、「君たちも、他の人がやっていないテーマを見つけて十年も続けると、ひとかどの研究者になれるよ」と言われたことがある。

このお言葉を伺った時は十年という時間の長さを思ったが、すでにその三倍の年月が経過した。一定のテーマに集中することなく過ごしてきた研究生活を恥じるのみだが、別の年の、やはり卒業生送別会の席で先生からいただいた

「まだ」人間と「もう」人間の話も肝に銘じておきたい。大したこともできぬまま「もう」これだけの年月が経ってしまったと悔いるのではなく、まだまだこれからと一歩でも前進することが、生涯現役を身をもって示された先生からの期待に応える道であるように思う。

先生と私との間には、教育者としても、研究者としても、あまりに大きな差があるが、一つだけ共通点がある。それは、自らのキャリアを中等教育教員としてスタートさせたことだ。先生は女子高等師範学校付属の高等女学校教師として、私は私立の高等学校教師として、若き情熱を傾けた。

違いはその先で、学校現場での経験と思考を、先生は御著書『教育における愛の問題』に結実された。その後先生は、広島大学学生課長を併任されると、その間の経験を踏まえて『学生運動の論理』を、文部省社会教育官を併任されると『社会教育の方向』を、広島大学附属中学校・高等学校長を併任されると『学校管理職の現実と課題』などを出版された。これを先生は「転んでも、ただでは起きない」とおっしゃっていたが、キャリアの中で与えられた職務を真摯に追求し続けられた結果だと思う。

先生は、こうしたことも身をもって示して下さった。感謝申し上げるばかりである。

（名城大学教授）

私と「新堀通也先生」

大膳　司

私は昭和五七年度四月に広島大学学校教育学部中学校教員養成課程数学専攻から、自身の特徴が生かせる計量データを使う傾向の強い教育社会学を学ぶために大学院教育学研究科教育社会学研究室に進学し、新堀先生が広島大学を退職された昭和六〇年三月までの三年間指導を受けることができた。

先生は、私が教育社会学研究室に入学する前年に日本教育社会学会長に就任され、私が入学した昭和五七年に広島大学で日本教育社会学会大会が開催された。修士一年生として、大会の受付をやらせていただき、日本教育社会学会員の著名な先生方を知る良い機会を与えてもらった。さらに、先生は、昭和五九年二月から約一年間、大学教育研究センター（現在の高等教育研究開発センター）長をされた。そのような管理・運営で忙しい中でも、先生は研究を活発に展開され、新堀先生編著の『外国大学における日本研究』（高等教育研究叢書六〇号）や『学問業績の評価—科学におけるエポニミー現象』（玉川大学出版部、一九八五年）において執筆する機会をいただいた。私の高等教育研究者としての基礎を築いていただいた。

実際に、新堀先生から受けた直接の指導は短かったけれども、その後の新堀先生とのお付き合いや、新堀先生から直接指導を受けた先生方や関係のあった先生方とのおつきあいから、新堀先生からの直接のご指導と同様の影響をうけた。

H．ズッカーマンが『科学エリート—ノーベル賞受賞者の社会学的考察』（一九八〇年）の中で「ノーベル賞受賞者は、ノーベル賞受賞者関係集団から輩出される」ということを明らかにしている通り、著名な新堀先生を中心として、多くの優秀な大学教員の集団が形成され、私のような凡才もそれらの先生方から多くの影響を受けて今も大学教員を続けることができている。

三年間という短い指導ではあったが、私と新堀先生との出会いが、『古事記伝』を著した若き本居宣長と時の國学の大家賀茂真淵との出会いのようになったら、と願っている。宣長はその出会い日より、古事記の解読へまい進し三四年の歳月をかけて『古事記伝』を書き上げる大業を成した。私も、高等教育研究者として社会に貢献できるよう努力していきたい。

先生が広島大学を退職された後、学会等で会えば、ニコッとして「よう、お元気」とはにかむように声をかけていただいた。私にとって新堀先生は雲の上の人なので、シャイな私はニコッとして頭をしっかり下げるのみであった。先生が亡くなられる三ヶ月前の年末、先生からお電話があった。いつもの通り、「お元気」と話かけていただき、まさか、その三ヶ月後にお亡くなりになられるとは思ってもいなかったので、ただ「元気です。寒くなりそうですからご自愛下さい。」とのみ回答してしまった。いろいろなことを感謝の言葉を添えて会話しておけば良かった、と悔やまれる。

天国でも思索にふけっておられる新堀通也先生、これまでいろいろとお世話になりました。感謝申し上げます。

（広島大学教授）

武庫川女子大学での二〇年

安東　由則

私が広島大学大学院に入学したのは、新堀通也先生が退官された一年後、一九八六年であった。山口の短大を経て、私の故郷にある武庫川女子大学に採用され、そこの教育研究所長であった新堀先生と初めて出会ったのは、一九九八年のことであり、先生は七六歳になられていた。その後、二〇〇五年に先生が八三歳で退職されるまでの七年間、様々な面で薫陶を受ける幸運に恵まれた。先生が武庫川女子大学教育研究所長を務められた二〇年を中心に振り返る。

生まれ故郷で第二の研究生活へ

新堀先生は、一九八五年に広島大学を退官された後、旧制神戸一中時代の恩師の強い招きにより、生まれ故郷・神戸に隣接する西宮へ、武庫川女子大学教育研究所所長として戻ってこられた。定年はなく、自分で去就を決められるという特別待遇であったと聞く。

武庫川女子大学に移られてからも研究活動は活発で、広島時代に書かれた諸論文、エッセイを集めた『「殺し文句」の研究―日本の教育風土』（一九八五）、退官前後の著作を再構成した『「見て見ぬふり」の研究』（一九八七）を相次いで出版された。それまで、大学院での共同研究成果を主とする学術書が中心であったが、そこから解放され、日本の教育風土や教育問題を縦横無尽に、小気味よく分析された。学術論文では取り扱いが難しい諸問題が論じられ、今読み返しても示唆に富む。新堀社会学の大きな成果の一つだと考える。先生はおそらく、なぜこうした問題・課題に、教育社会学研究者は切り込まないのかと思っておられたことであろう。その後も、単著だけで二年に一冊のペースで世に出された。

新たなチャレンジ―社会人大学院と臨床教育学

教育研究所では、大学評価、大学授業（私語）、生涯学習などをテーマとして共同研究を推し進められた。中でも、広島大学退官後に先生が残された最大の業績は、二〇一四年に二〇周年を迎えた夜間制の社会人大学院「臨床教育学研究科」の創設（一九九四年）とその関連研究である。教育研究所を基礎とするこの独立研究科は、日本の大学院の歩みにおいて、次に述べるようないくつもの新たな扉を開いた。

第一に、専門職にある社会人リカレント教育の場として大学院を位置づけたこと。学部レベルではなく、大学院レベルでの学びを深め、スキルアップすることを目指したもので、専門職大学院の先駆けとも言える。第二に、働きながら学べる夜間大学院としたこと。教員の場合、派遣型大学院はあったが、そこには選別があり、学びたい者が学べない。何より二年間も職場を離れて学ぶことは不可能に近いという現状を鑑み、専門職が働きながら学べる大学院モデルを示した。第三は、教育病理の解明、治療、予防には、従来の枠組みに囚われない学問領域が必要だとして、学際的・実践的な「臨床教育学」構築のパイオニアとなったこと。新堀「臨床教育学」の独自性は、それを教育学の枠内にとどめず、心理学、福祉学を含めた三分野を核とする学際的なものとしたことにある。（『教育病理への挑戦―臨床教育学入門』（一九九六）を参照）

夜間制社会人大学院の設立は、決して思いつきではない。生涯教育の概念が唱えられた一九六〇年代よりユネスコの国際会議に出席され、文部省の社会教育官も務められた先生は、生涯教育システムの必要性と、日本における余りに貧弱な現状を熟知しておられた。また、教育病理研究から、その解決・予防に向けた「専門職再教育」の重要性と必要性を強く認識されていた。よって、一九九一年に大学審議会より「大学院の量的緩和について」が答申され、法的整備が進むその機を掴まれ、専門職の社会人が働きながら学び、研究できる大学院を、祐宗省三先生（初代研究科長）らとともに誕生させたのである。先生はほとんど苦労話をされなかったが、構想から書類づくり、人材集めに至るまで、労は多大であったと想像する。創設後は、夜間大学院や臨床教育学という新しい制度・組織や学問の理論づけをすべく共同研究を実施し、その成果は『夜間大学院―社会人の自己再構築』（一九九九）、『臨床教育学の体系と展開』（二〇〇二）を上梓された。

パイオニアの気概

第二次世界大戦後、新たな学問「教育社会学」を発展させるため、その理論構築を率先されるとともに、その後の諸研究、そして上記の社会人大学院設立に至るまで、常にパイオニアとして歩まれた。先生の業績を振り返ると、大局を見ながら機を的確に掴み、一般的には怖気づくようなテーマにも怯むことなく挑まれたことが分かる。「学生運動」研究しかり、「学閥」研究（『日本の大学教授市場』など）しかり。先生がよく揮毫された「「大胆細心」そのものである。この背景には、学徒としてのルソーらとの邂逅、「世の中の為に役立たないといけないという念を強く抱くようになった」原因としての強烈な戦争体験があろう。

やがて征く友と飲みしや酒一升　共に生死を誓ひけるかな（戦中）
この道は終わりなき道ひとり道　されど宇宙を眺め得る道（戦後）
死するまで学びの道を歩むとき　心の凪は得らるるものか（戦後）

『歌集　戦中・戦後青春譜』（二〇〇六）より

強い意志は最期まで

二〇一三年春、先生の著作集を出版することとなった。その三年ほど前より、冬になると肺炎を起こされるようになり、身体も急速に細くなられた。夏場の苦しい編集作業であったと拝察されるが、著作の選択から、文献採択箇所の指示、ページ数計算、巻の順序、各巻の諸言・解説に至るまで、残された力を振り絞るかのように一人で、自筆で行われ、生涯現役の範を見事に体現された。

二〇一四年一月、著作集が完成し、病床でそれを手に取って喜ばれたとお聞きした。また、ご自身の葬儀については周囲に知らせないようご家族にきつく指示され、お墓も望まれず、七カ月前に先立たれた奥様とともに神戸の海への散骨を希望されたとうかがっている。

先生、学恩に報いられるよう、努力いたしますので、見守っていてください。

謹んで、ご冥福をお祈りいたします。

（武庫川女子大学教授）

新堀先生の遺産

山田　浩之

新堀先生が広島大学を退官されたのが、私が学部二年生の時だった。三年生になって教育社会学研究室に入ったときには、すでに新堀先生は研究室を去られていた。残念なことに真面目な学生ではなく、また少し体調を崩したこともあって、私が一年生、二年生の時に新堀先生の講義を受けた記憶はない。つまり、私は広島大学の学部で新堀先生と入れ違いになったことになる。

それゆえ、私の学生時代には新堀先生とまったく接点を持つことはなかった。もちろんご著書や論文はいろいろと読ませてもらい、先輩から数多くの逸話を聞きもした。また、教育社会学会の大会後などに開かれた修了生の集まりでお会いしたこともある。だが、挨拶以上のことはずっと話せないままであった。

だからかもしれないが、私や後輩たちにとって新堀先生はまさに伝説上の人物であった。広島大関係者ばかりでなく、さまざまな領域の方々から新堀先生をめぐる逸話や伝説を聞かせてもらった。虚実織り交ぜる形になるかもしれないが、新堀先生との接点をもたない下の世代を代表し、私たちがよく耳にした「伝説」を紹介したい。

ゼミや学生指導で、新堀先生は学生の方を向くのではなく、反対側を向くか、ついたてを隔てて座られていたという。学生で議論などしても、その中に入ってこられるわけではなく、小さな声で短いコメントをされるだけであった。しかし、そのコメントは非常に含蓄に富んだものであり、学生は新堀先生の言葉を聞き逃すことのないよう一心に耳を傾けていたそうである。

このような新堀先生のところに東京や京都から若い大学院生が教えを請いにくることがあった。しかし、そうした院生に対しても新堀先生は同じような対応をされた。つまり、ほとんど話をされなかった。いつもの新堀先生を知っている人にとって、それは当然のことだったのかもしれないが、初めて会う院生にとっては屈辱に感じることだった。新堀先生に無視された、蔑ろにされたと考えてしまった。そう考えた彼らは、その悔しさをバネに、新堀先生を乗り越えようと研究を進め、その後、優秀な研究者に成長したという。

考えてみれば、辻褄があわないところもあるので、これは作り話の部分が大きいのかもしれない。だが、こうした話がまことしやかに広島大関係者以外でも語られることが新堀先生という存在の大きさを表している。

研究会などでも、私が広島大学出身だと知って、新堀先生の話をされる方は何人もおられた。新堀先生の業績を高く評価されるとともに、その一部をそれぞれの研究テーマにひきつけて議論される。なかには新堀研究や新堀批評ともいえるような濃厚な話をされる方もおられた。それは日本だけに限られない。とくに中国では何度も新堀先生の研究について話題にされた。そうした話を聞き、また議論に加わりながら、私自身、あらためて新堀先生とその業績の大きさを実感するとともに、私とは接点がないにもかかわらず誇りに思うようになった。

もちろん、こうした伝説を通じてだけではなく、新堀先生の業績から直接、間接に私自身も強い影響を受けてきた。学歴研究をはじめとし、学閥研究は学位論文に続く研究を始める際には、その基礎となった。また現在も教員の分析をしながら、新堀先生の論文に現在の問題を先取りし、それを解く鍵になる議論がされていることを発見することもある。

さらに広島大学で大学院生の指導をするようになってからは、院生の指導の方法も新堀先生から学ぶべきものの一つになっている。もちろん学生時代に接点のなかった私は新堀先生から直接教わったことはない。しかし、数多くの優れた研究者を輩出するとともに、長い間慕われ続けてきた指導の仕方、研究室の運営の仕方をぜひ学びたいと考えている。

こうした多様な領域での新堀先生の遺産を新しい世代に伝えるとともに、それを乗り越えられるよう努力することが、現在、広島大学に在職する私の使命なのだろう。ただ、乗り越えるにはあまりに高く険しい道である。なんとかその一部でも乗り越えられるよう努力を続けるとともに、さらにその上を乗り越えていく人材を育てたい。それが新堀先生の背中を遠くにイメージしながら抱く私の夢である。

（広島大学教授）

新堀通也、その仕事

定価はカバーに表示してあります。

2015年6月20日　　初版第1刷発行

〔検印省略〕

編者©新堀通也先生追悼集刊行委員会　　発行者 下田勝司　　印刷・製本／中央精版印刷株式会社

東京都文京区向丘1-20-6　郵便振替00110-6-37828
〒113-0023　TEL(03)3818-5521　FAX(03)3818-5514

発行所
株式会社 東信堂

Published by TOSHINDO PUBLISHING CO., LTD.
1-20-6, Mukougaoka, Bunkyo-ku, Tokyo, 113-0023, Japan
E-mail：tk203444@fsinet.or.jp　http://www.toshindo-pub.com

組版・装丁／有限会社ホワイトポイント

ISBN978-4-7989-1291-2　C3037

東信堂

転換期を読み解く―潮木守一時評・書評集　潮木守一　二六〇〇円
大学再生への具体像〔第2版〕　潮木守一　二四〇〇円
フンボルト理念の終焉？―現代大学の新次元　潮木守一　二五〇〇円
いくさの響きを聞きながら―横須賀そしてベルリン　潮木守一　二四〇〇円
大学教育の思想―学士課程教育のデザイン　絹川正吉　二八〇〇円
国立大学法人の形成　大﨑仁　二六〇〇円
国立大学・法人化の行方―自立と格差のはざまで　天野郁夫　三六〇〇円
大学は社会の希望か―大学改革の実態からその先を読む　江原武一　二〇〇〇円
転換期日本の大学改革―アメリカと日本　江原武一　三六〇〇円
大学の管理運営改革―日本の行方と諸外国の動向　江原武一・杉本均編著　三六〇〇円
新自由主義大学改革―国際機関と各国の動向　細井克彦編集代表　三八〇〇円
新興国家の世界水準大学戦略―世界水準をめざすアジア・中南米と日本　米澤彰純監訳　四八〇〇円
東京帝国大学の真実―日本近代大学形成の検証と洞察　舘昭　四六〇〇円
原理・原則を踏まえた大学改革を―場当たり策からの脱却こそグローバル化の条件　舘昭　二〇〇〇円
改めて「大学制度とは何か」を問う　舘昭　一〇〇〇円
原点に立ち返っての大学改革　舘昭　一〇〇〇円
大学の責務　立川明・坂本辰朗・井上比呂子訳　D・ケネディ著　三八〇〇円
大学の財政と経営　丸山文裕　三二〇〇円
私立大学マネジメント　(社)私立大学連盟編　四七〇〇円
私立大学の経営と拡大・再編―一九八〇年代後半以降の動態　両角亜希子　四二〇〇円
大学事務職員のための高等教育システム論〔新版〕―より良い大学経営専門職となるために　山本眞一　一六〇〇円
高等教育における視学委員制度の研究―認証評価制度のルーツを探る　林透　三八〇〇円
戦後日本産業界の大学教育要求―経済団体の教育言説と現代の教養論　飯吉弘子　五四〇〇円
イギリスの大学―対位線の転移による質的転換　秦由美子　五八〇〇円

〒113-0023　東京都文京区向丘 1-20-6　TEL 03-3818-5521　FAX03-3818-5514　振替 00110-6-37828
Email tk203444@fsinet.or.jp　URL:http://www.toshindo-pub.com/

※定価：表示価格（本体）＋税